大国士

《环球人物》杂志社 主编

中国出版集团　现代出版社

图书在版编目（CIP）数据

大国士 /《环球人物》杂志社主编. -- 北京：现代出版社，2024.5
（《环球人物》典藏书系）
ISBN 978-7-5231-0717-1

Ⅰ.①大… Ⅱ.①环… Ⅲ.①知识分子—列传—中国—现代 Ⅳ.①K825.4

中国国家版本馆CIP数据核字（2024）第007126号

大国士

主　　编　　《环球人物》杂志社
责任编辑　　袁子茵　陈　丹

出 版 人　　乔先彪
出版发行　　现代出版社
地　　址　　北京市安定门外安华里504号
邮政编码　　100011
电　　话　　(010) 64267325
传　　真　　(010) 64245264
网　　址　　www.1980xd.com
印　　刷　　北京飞帆印刷有限公司
开　　本　　889mm×1194mm　1/16
印　　张　　21.5
字　　数　　266千字
版　　次　　2024年5月第1版　2024年5月第1次印刷
书　　号　　ISBN 978-7-5231-0717-1
定　　价　　68.00元

目录

绝未忘一"国"字

觉醒年代的顶流

国之重器

家国共同途

绝未忘一"国"字

黄遵宪，把手稿埋在日本

有人拿着礼物请求拜见，有人希望珍藏他的作品。

2012 年 11 月，奥巴马胜选连任美国总统，2013 年 1 月将开始第二个总统任期。大选期间，各党竞选人争相辩论，你方唱罢我登场，在今人看来，早已稀松平常。而 100 多年前，在清代人眼中，却是前所未见的稀罕事。

1884 年，晚清诗人黄遵宪在美国时适逢选举年，目睹时任总统、共和党人切斯特·阿瑟和民主党候选人格罗弗·克利夫兰两派相争的过程。选举的一切令这位拖着大辫子的满清官员目瞪口呆，他写诗形容两派拉票的场面，"开口如悬河，滚滚浪不竭。笑激屋瓦飞，怒轰庭柱裂"；两派候选人互相揭底的演讲，"彼党诃此党，党魁乃下流"。在感到惊奇、不解的同时，他既做出"共和政体万不能施行于今日之吾国"的结论，却也在其他诗中表示不必遵从古法。

作为一名生活在动荡时代的文人，他与众不同的人生经历，结合时事、世事，让人回味不已。

看出中国会变

黄遵宪，字公度，号"人境庐主人"，亦号"东海公"。记载中说他"长身鹤立，额高而广"，用现在的话说就是：瘦长的身材，高高的额头；"好学若性，不假师友，自能博群书，工诗文，善著述"，不必老师怎么费心传授，就自己学得有模有样，博览群书，写一手漂亮文章，还著书立说。看上去，这个黄遵宪与传统文人士大夫有一脉相承之处。

1848 年，黄遵宪出生在广东梅州嘉应（今广东蕉岭）。此地与大清割让给英国的香港岛仅一水之隔。他成长在近代中国风起云涌的时期和地方，注定了他的一生会焕发出不一样的光彩。

黄遵宪的高祖名叫黄润，家境贫寒，以替人书写牛契为生。当时，外国银元刚刚在广东的市场上流通，他就能够通过银色、声音的差异来辨别真伪。于是，他在集市上摆一张桌子，替人鉴别、兑换银元，广聚四方之财，几年后就发家致富了。30 岁时，黄润开始创立自己的典当铺，并在晚年把当铺发展到四五家。

虽然自己弃儒经商，黄润却没让儿子继承家业，而是让其专心读书。黄遵宪的父亲是咸丰举人，曾在贵州、广西等地为官。黄家先辈在儒、商之间的身份转换，让子弟们意识到科举并非唯一的通天途径。

黄遵宪 4 岁入塾，10 岁时，先生出题"一览众山小"，命诸位学童作诗，黄遵宪吟出"天下尤为小，何论眼底山"，先生为之惊叹。亲自教导过他的曾祖母听后极为高兴，认为"此儿志向远大"，更对其钟爱有加。18 岁时，婚后不过数日，太平天国的军队攻破嘉应，黄氏举家避难，此后家道中落。黄遵宪在二十二三岁时两次赴广州参加乡试，均未中。他在考试后绕道游历香港，大开眼界。27 岁时，赴京师考试，仍不中。"我来仍失意，走问近如何"，"长安人踏破，有客独居难"，那段时间，他写了很多诗句，里面都暗含仕途失意之情。因他的父亲当时在京任职，他于是留京侍奉，并与一些同为粤籍的京官过从甚密。

黄遵宪很早就认识到大清不能固步自封，他对通晓洋务的翰林院侍讲何如璋说："中国必变从西法。其变法也，或如日本之自强，或如埃及之被逼，或如印度之受辖，或如波兰之瓜分，则我不敢知，要之必变。"就是虽然料不到将来会变成什么样，但认为中国绝对会被西方制度所影响。这种对未来的通透，让他深受何如璋赏识，为日后赴海外任职埋下了伏笔。

一本书能给大清省 2 亿两白银

没有功名却有见识的黄遵宪，当时不单被一位大人赏识。丁日昌任福建巡抚，曾邀请他入幕；李鸿章与他一番交谈后，称他为"霸才"。29 岁时，黄遵宪终于考中，名次在百名以外，以五品衔拣选知县待用。也就是说，已经有了当知县的资格，准备准备，就能入仕了。正在此时，何如璋被选为首任赴日正使，邀请他当随行参赞。

清朝晚期社会动荡，变法的雷声隐隐，波谲云诡，远离京师、朝廷，充任一个未有先例、前途未知的外交官，是需要极大勇气的。黄遵宪却不顾亲友们的劝阻，毫不犹疑地选择了赴日。他自幼居住在侨乡，有过海外游览的经历，而且，他对古人之学始终抱有怀疑的态度。

1877年，何如璋率第一届驻日使团乘轮船从上海出发，抵达长崎。在龙旗飘扬下、21响礼炮声中上岸。他们到任第一天，就有琉球臣子前来拜谒，痛哭流涕，说日本阻挠进贡，力图废藩。此后，日本又觊觎朝鲜，日、俄两国都希望将朝鲜据为己有，英、法、美、德也希望与之通商。黄遵宪与何如璋商议，应该先发制人，上书总理各国事务衙门，将朝鲜废为郡县，以绝后患。此计不行，又请求派使主持朝鲜外交。在朝鲜使者访日时，黄遵宪劝朝鲜亲中国，联美国。日本人得到情报，刊载在报纸上，并称赞黄遵宪的见识远超李鸿章。可惜朝鲜并未听从。

在日期间，黄遵宪一人独行，走本州、过北海道，在镰仓的江之岛、伊豆的热海先后停留半月。"采风问俗，搜求逸事"，打听日本民间风俗习惯，光书就看了200余种，准备数年，最终写成《日本国志》和《日本杂事诗》，上到国俗遗风，下到民情琐事，无一不编入其中。黄遵宪说，写作的根本目的在于"为我国所用"，所以"凡牵涉西法，尤加详备，期适用也"。

《日本国志》出版之时，中日战争已爆发，而大清节节败退。有人将此书推荐给张之洞，并遗憾地说，如果早点读到此书，可以为大清王朝节省2亿两白银——正是《马关条约》中向日本赔款之数。

35岁时，黄遵宪奉命调任美国三藩市（现译作旧金山）。2月12日抵达美国，3月，美国国会通过限制中国移民法案。因赴美之国人多为华工，此项法案实际是针对华工的，但学生、商人、游客，乃至侨胞也受到波及，被视如囚犯。黄遵宪向负责外交事务的总理各国事务衙门求救无果，于是自图良策，为回国的侨胞颁发护照，作为返回美国的凭据，尽可能提供便利。

当时三藩市的华工贫苦，往往数十人挤在一个屋子里住。美国法律中有一条"方尺空气"的规定，即每人需享有56平方米空气的范围。违者，房主处以 500 美元以下罚款，房客处以 50 美元以下罚款或监禁。黄遵宪抓住这条法律，在视察华工住地后，又亲自探望关押华工的美国监狱，见到数十人被囚禁于同一牢房，就叫随从丈量监牢面积，责问美国人必须按照"方尺空气"给予相同待遇。

美国任满后，黄遵宪归国探亲，适逢朝中赏识他的大臣失势，他又不屑自降志气，逢迎上司，于是赋闲在京。数年后才再任驻英二等参赞，后调任新加坡总领事。只是，晚清懦弱，又不擅外交，往往以求和了事。他感到才华没有发挥之地。在新加坡任职 4 年后，国内政局不稳，张之洞为招揽人才，特地调他回国。据说他"自负而目中无权贵"，在拜见时"昂首足加膝，摇头而大语"，引起张之洞不满，最终未受重用。

黄遵宪一生中，游历日、美、英及新加坡等国家共 13 个年头。他曾说："儒生不出门，勿论当世事。识时贵如今，通情贵悯世。"长年出门在外的他，用诗歌的方式，介绍了诸如电灯、电车等新鲜玩意儿。比如他笔下的电车，"别肠转如轮，一刻既万周。眼见双轮驰，益增中心忧。"既表现了新的时代特点，又有传统诗歌的情感意境。

将《红楼梦》全书首次介绍到日本

明清以来，东渡日本的中国学者对日本影响最大的有两位，一位是明末清初的朱舜水，一位即黄遵宪。

黄遵宪在日本很受尊重，史载"日本人士耳其名，仰之如泰山北斗。执贽求见者，户外屦满"，日本人听到他的名字，把他当作泰山、北斗那样来仰慕。拿着礼物求见的客人络绎不绝，门外都是客人脱下来的麻鞋！

与他交好的日本人遍布政坛、文坛，其中有汉学家、历史学家、政治家、诗人、散文家、书法家，等等。著名的有日本内阁首相伊藤博文、陆军创建者大山岩等。有时虽言语不通，但日本人都认识汉字，彼此往来聚会，以笔代舌，因此能够互相沟通。黄遵宪为提倡风雅，对日本文人所呈诗文，都悉心评点。每一篇出，"群焉宗之，日本开国以来所未有也"。其至曾任高崎知事的源辉声，还将笔谈的纸片装裱成册，用以珍藏纪念。

黄遵宪特别推崇《红楼梦》，是近代以来高度评价《红楼梦》的第一人。他曾对日本友人石川英说：《红楼梦》乃"开天辟地、从古到今第一部好小说，当与日月争光，万古不磨者"。他不辞辛劳，将《红楼梦》亲自圈点后送给日本友人，这是完整的《红楼梦》全书首次被介绍到日本。而他本人，也做了一件和"黛玉葬花"一样风雅的事。1879 年，黄遵宪出版《日本杂事诗》，受到日本朋友的追捧，有人提出希望珍藏他的手稿。黄遵宪说："愿得一片清净壤，埋藏是卷。"想把自己的手稿埋掉。

于是，源辉声帮着他将手稿埋藏于东京宅中园林，由黄亲题"日本杂事诗最初稿冢"9 个字，刻石树碑。源辉声逝世之后，安葬于东京北部的平林寺。他的儿子遵从父亲遗愿，也将诗冢迁到了平林寺。这不但是一桩文坛雅事，也见证了中日之交的睦邻友好。

对梁启超合掌膜拜

黄遵宪生活在近代中国前所未有的巨变时期，一生与保皇党、改良派都有所交往，并情谊甚笃。

32 岁时，他在日本结识改良派思想家王韬，天天游宴，酒酣耳热中谈论天下大事。39 岁时，两广总督张之洞曾命他巡查南洋诸岛。从海外回国后，黄遵宪与康有为、梁启超二人过从甚密。康有为赞赏黄说："久游英美，以其自有中国之学，采欧美之长，荟萃熔铸，而自得之，尤倜傥自负，横览举国，自以无比。"黄遵宪则在给梁启超的信中说："国中知君者无若我，知我者无若君。"他自发捐了 1000 元，作为梁启超《时务报》的开创基金。黄遵宪对梁启超的文章更是赞赏有加，亲切地称梁是"罗浮山洞中一猴"，东游之后，修炼成了孙悟空，有 72 变，愈变愈奇。而自谦"吾辈猪八戒"，对梁启超只能合掌膜拜而已。

晚年，黄遵宪协助陈宝箴、梁启超在湖南推行新政，先后创办时务学堂、南学会、保卫局、课吏馆、不缠足会、《湘学新报》《湘报》，使湖南成为当时全国最活跃最有朝气的一个省。

因新政之功，1898 年，黄遵宪被任命为出使日本大臣。当他抵达上海时，戊戌变法发生。据说事发之后，他藏匿了康有为、梁启超二人，还不畏危险，立刻通知康有为的学生离开，并通过自己的影响，联络英国领事馆，解囊资助，保护康、梁家人。由于英国驻上海总领事和日本驻华公使等人的干预，清政府没有追究，而是允许黄遵宪辞职还乡。

还乡后，黄遵宪思想郁闷，经常和倡导新学的丘逢甲唱酬往来。1905 年，他在致梁启超的信中说："吾之生死观与公略有异，谓一死则泯然渐灭耳。然一息尚存，尚有生人应尽之义务，于此而不能自尽其职，无益于群，则顽然七尺，虽躯壳犹存，亦无异于死人。无避死之法，而有不虚生之责。"3 月 28 日，在家逝世。

黄遵宪的诗现存 1000 余首。诗文在他看来，是提不上台面的"余事"，却是他一生最大的成就。他的《日本杂事诗》总数达 200 首，内容涉及日本历史和社会生活的各个方面；《逐客篇》写美国排斥华工运动；《纪事》如实描绘了美国的总统选举。至于他心血之著《日本国志》更是给近代中国以巨大影响——梁启超评价为："乃知今日本，知日本之所以强；乃知中国，知中国所以弱。"戴季陶说道："中国到日本去留学的人不少，除了 30 年前黄公度（即黄遵宪）先生著了一本日本国志而外，我没有看见有什么专论日本的书籍。"傅斯年说道："其日本国志成于甲午之前，今 50 余年，不闻有书可代之也。"周作人则谓："其中学术志 2 卷，礼俗志 4 卷，都是前无古人的著述。至今也还是后无来者。"

以诗歌来观中国、看世界，呼吁人们学西方、维新救国，黄遵宪可以称为一代"诗史"了。（文 / 李芳）

追忆章太炎

章念驰：祖父章太炎的"疯""癫""狂"

第一次和章念驰先生通电话提出采访要求时，他婉言谢绝了，原因是"作为一个历史人物的后裔，评价先人，向为大忌。"他说，历史科学应"断感情，汰华词"，而这是后裔难以做到的。

章念驰是知名的台湾问题专家，上海东亚研究所所长。他的祖父章太炎是我国近代杰出的民主革命家、思想家，"辛亥三杰"之一（其他两杰为孙中山、黄兴）。

提起章太炎，其"国学泰斗"的称誉毋庸置疑。他早年的十大弟子，如黄侃、钱玄同、鲁迅、周作人……个个名满天下。但作为一位政治家，章太炎伟大却不高明，充满着爱国者的心酸、革命者的颠沛、学者的悲愤。他曾因大胆褒贬人物，口无遮拦，被人视为"疯子""天生的怪人"；他的言行超越政见和党见，惊世骇俗，常为世人所不解，成为桀骜不驯的代名词。

在辛亥革命100周年之际，章念驰先生在上海接受了《环球人物》杂志记者的独家专访。在采访过程中，他始终强调，这是"一个陌生人对另一个陌生人的解读，没有掌故趣说，完全不是后裔的回忆，而只是用史实来刻画一个真实的章太炎，以纪念祖父。"

30年潜心研究

章念驰1942年生于上海，其父章导是章太炎的长子。记者观察到，他的寓所客厅中悬挂着达摩（禅宗始祖）画像和祖父章太炎的墨宝，他说正是祖父的思想与达摩的面壁精神影响了他的一生。"我之所以喜欢达摩，并不是因为宗教原因，而是听说达摩曾入嵩山少林寺修行，面壁九年，不为名利所动，不为世俗所诱，不为权势所畏，终成正果。"

谈到研究祖父的缘由，章念驰感叹："我们这个家族的人是非常少的。章太炎共有五个子女，第二代如今已先后离世，第三代我家有四个兄弟姐妹，也只有一人生了男孩。我的大侄子至今未婚，所以再下一代可能就更远了。当时如果我不做这项工作，家史就缺失了。"

章念驰生于"动荡"时期（抗战），长于"忧患"年代（各种政治运动），"文革"结束时已近不惑之年。他说："在这之前，作为一个'可以教育好的子女'，我几乎乏善可陈。"改革开放后30年，章念驰先后从事了两项工作：先是在上海社科院历史所，从事《章太炎全集》的研究、整理和出版；后是在上海台湾研究会、台湾研究所、东亚研究所从事两岸关系研究。前者是要对50年前发生的事情做出客观公正的评价，后者则是对每日发生的台海关系做出准确的判断。回顾这些日子，章念驰坦言："探究历史与现实的真相，都是坐冷板凳的活儿。追求历史的真实，诚非易事；追求国家的统一，在两岸博弈中坚持求真务实，不人云亦云，实在可以说是一个悲怆与无奈的职业。"章念驰认为自己一生做的两件事情，都近乎于"谏"，"而自古以来，最难莫过于'谏'，'真'字说来容易做来难，其甘苦寂寞难为世人所知"。

章念驰认为，研究一般历史人物大概三年五载，而研究祖父章太炎的一个侧面可能就要十几年。一方面，章太炎出生的时间距今已有140多年。另一方面，鲁迅作为他的弟子，曾评价章太炎是一个"有学问的革命家"，他擅长经学、小学、史学、文学，现代人非常难读懂，连鲁迅都常常读不懂他的文章。"现代人做学问都找简单的去研究，所以很少有人研究章太炎。也正因为如此，关于章太炎的各种'演绎故事'层出不穷。"

于是，章念驰决定"沉"下来寻找历史的真实，但他没有想到，这一"沉"就用了30多年。"我从祖父所处的年代开始研究，甚至精细到了每一天。我收集史料中提到的报纸，一天天地翻阅每条消息，还原他们的足迹。祖父30岁以后就很有名了，报纸上几乎每天都有他的消息，然后根据这些消息，再去研究相关的历史事件和人物关系。"章太炎经历了戊戌变法、辛亥革命、二次革命、护法运动……直到抗日战争，几乎参与了所有重大政治活动。章念驰便将他的文章和演讲稿一篇篇抄下来翻译，"他的学问深奥，文字晦涩，研究他的人既要通近代史，还要通学术史，要花双倍力气。"经过研究，章念驰发现，社会上很多刊物甚至学者，对祖父存在"子虚乌有""道听途说""似是而非"之论，面对记者，他慢慢地还原了一个真实的章太炎。

章太炎的"疯"

章太炎 1869 年 1 月生于浙江余杭，1891 年入杭州诂经精舍，随著名学者俞樾（音同"越"）攻读经书。1894 年中日甲午战争后，他毅然摒弃书斋，加入康有为组织的"强学会"，并任《时务报》编辑，宣传维新变法，要求改革现状。不久变法失败，他遭到通缉，避地台湾，后又出走日本。在日本，他结交了孙中山，"相与谈论排满方略极为相得"，使他对反清革命有了新的认识。

早在 1900 年的"中国议会"成立大会上，章太炎的张狂之气就已经显现，当他听到会议的宗旨是"一面排满，一面勤王"时，当即表示："我们要光复，应该明着推翻清朝，不宜'首鼠两端'，倘要勤王，我不敢赞同。"他当众剪去辫子，脱去"戎狄之服"，换上"欧罗马衣笠"，扬长而去。在场的人全都惊得目瞪口呆。

1912 年冬，章太炎任袁世凯政府东三省筹边使，被袁骗到北京。1913 年"二次革命"失败，许多革命党人再度流亡海外，他却"挺剑入长安"，"临总统府之门，大诟袁世凯的包藏祸心"，结果遭到袁世凯囚禁。传说在软禁期间，袁世凯下令要好吃好喝地伺候这位名士，规定起居饮食用款不限，而且毁物骂人，听其自便。每月再另给"工资"500 元（当时一个大学教授每月也不过 400 元）。但章太炎一点不领情，"疯病"变本加厉：他在住所的门窗、桌上到处都写着"袁贼"二字，以杖痛击之，称作"鞭尸"；还扒下树皮，写上"袁贼"字样，然后丢入火堆烧掉，高兴地大呼"袁贼烧死矣！"为了排解失去自由的郁闷，他每餐必饮酒，必以花生佐食，吃时去蒂道："杀了'袁皇帝'的头！"

就这样，章太炎被囚 3 年，直到 1916 年袁世凯死后方得自由，前往上海。1917 年 3 月，他对段祺瑞参战主张表示反对，7 月参与护法运动，任海陆军大元帅府秘书长，为孙中山作《代拟大元帅就职宣言》。1918 年，他离开广州途经四川、湖南、湖北，东下上海。上世纪 30 年代后，章太炎活动限于上海、苏州一带。1935 年，在蒋介石资助下，他于苏州锦帆路开设章氏国学讲习会，并公开招收了一批学生，其时因年岁已高，章太炎的身体已大不如前。1936 年 6 月 14 日，他因气喘病发作，逝世于苏州。

章太炎的一生，生活在风云际会的特殊时代，他的人际交往之广之杂，地位身份之显要，堪称民国之最。学术上他师从俞樾、谭献、黄以周等饱学之士；交往的友人有孙中山、黄兴、宋教仁、邹容、章士钊、蔡元培、刘师培和苏曼殊等；结交的政要、名流有袁世凯、黎元洪、孙传芳、蒋介石和杜月笙等。面对这些大人物，他或放言无忌，举止无束；或荒诞怪异，让人看不懂。他不怕杀头，不怕坐牢，七次遭通缉，三次被幽禁，从容应对，面不改色，以"民国之祢衡"名世。

对于章太炎的"疯""癫""狂"，章念驰感叹："其实在当时的社会，只要你说些反对社会的话，人家就说你是疯子。"章太炎用这种世人难以理解、看起来疯癫不羁的举动，大胆表露了一个知识文人的风骨和正气。"但值得反思的是，现在这类传说与故事不绝于世。历史人物被演绎化，成了市民茶余饭后的谈资。真正的章太炎离我们越来越远。"

对历史谣传的解读

历史上对于章太炎谈论最多的，便是他与孙中山的关系。作为同时代的两个历史人物，并肩战斗了几十年，对中国近代历史进程产生过重大的影响。他俩的政治主张，在大的方面多半是一致的，但也有矛盾之时。这给历史研究者带来重重迷雾，很多文章也借机大肆宣传两人的关系不好。对此，章念驰查阅了许多材料，"其实，革命过程中同志间出现一些矛盾和分歧是很难避免的，例如祖父与中山先生曾在《民报》经费的分配、《民报》的停刊与复刊、起义的地点和革命的策略，以至武器的选购等问题上，都发生过分歧。大概历史上，除了章太炎外，几乎没有人敢批评孙中山。为什么？"他翻阅当时的历史照片时发现，"有个现象很奇怪：只要是有孙中山和章太炎的合影，孙中山都会让祖父坐在中间，而孙中山和其他人合影，都是孙在中间的。所以他们两人之间的感情，很可能并不是许多人理解的那样。孙中山最困难的时候，找章太炎当他的秘书长，为他主持工作，但是当获得权力以后，权力分配上就出现了问题。比如孙中山当临时大总统，他想请章太炎入阁做教育部长，但是孙中山的战友都不同意。因为章太炎太正直了，批评人不留余地，这些同僚都对他有很深的成见。"

章念驰说，对于孙中山和章太炎之间的关系，是现代历史讲不清楚的，不是反对和拥护孙中山这么简单。章念驰发现，孙中山有四本著作如《革命方略》《赤十字章程》等，都是章太炎写的序言。"孙中山没有请过第二个人为他写书、写前言，现在革命博物馆展出的《革命大纲》《土地规划》，都是他们一起研究并起草的，真正是出于对革命的热爱和投入，真正是研究和实干。他们的吵架很有名，比如当初为了建都在哪里、是否向日本人借款等问题，两人对着喊，声嘶力竭。在外人看来就是吵架，其实不然，或许只是他们探讨问题的方式。"

关于研究章太炎的论述，章念驰读了不下 2000 篇，其中写得翔实精彩的很多，而荒诞离奇的也不少。他举例，"写得最离奇的要算陈存仁先生的回忆录。陈存仁是一位著名医生，自称太炎晚年的弟子。他的回忆录从香港到台湾，从台湾到大陆，被学者竞相引用，给章太炎研究罩上了巨大迷障。"陈的书中写道，某年春间，章太炎夫妇在杭州与蒋介石夫妇不期而遇，蒋主动向章问好，询问章太炎近况，并送手杖作为纪念。"这件事完全无中生有。众所周知，章太炎终生与蒋介石交恶，对蒋从无善言，特别是对蒋介石暗杀光复会副会长陶成章一事耿耿于怀，一直批评不断，还被国民党通缉，蒋又怎么会对他有'赠杖'之雅举？我在众多蒋介石传记中也没有找到这个例子。"

关于章太炎的婚姻，更有各种"版本"。陈存仁写的《章太炎师结婚考》一文洋洋万言，记述了章太炎的婚姻情况。说他先纳妾后结婚，并在《顺天时报》刊登征婚广告，条件为五项，"要以湖北籍女子为限，要文理通顺，要大家闺秀，要出身于学校不要缠足，丈夫死后要再婚"等等。"陈存仁也说他曾查过当时的《顺天时报》，未见到这则征婚启事，但仍然根据日本人的文章所载，也没有加以考证，便添油加醋渲染，被其他媒体报刊广泛应用。"于是，臆想与传说成为史实，甚至有人将他与蔡元培的征婚启事比较，作出了"开明与落后""先进与保守"等评价。章念驰说，"真实情况是，章太炎当年有癫痫病，加上倡言革命，常说大逆不道的话，被比作'疯子'，到了适婚年龄还没人愿意嫁他。于是他的母亲把陪嫁丫鬟王氏许配给了太炎，两人生了三个女儿。1903年王氏早逝，章太炎应蔡元培之邀去了上海，后来发生了震惊中外的'苏报案'，章被捕入狱，哪里有时间登报征婚？他与我祖母汤国梨的婚姻，也是孙中山辛亥革命成功后，看他一人太孤寂，做媒介绍的。"

无形的"家教"

作为孙辈，章念驰更多的是从一个历史研究者的角度来看待祖父。而谈起父亲章导，他说："我的父亲是一个土木建筑师，坐牢的时间比工作的时间还长。1949年新中国成立后，父亲先接受改造，直到'文革'结束他去世前，领导才对他说，'章老，我们现在恢复你的地位了，你已经是一个局级干部了'，父亲只能无奈地在床上笑笑。这一切对他来说太晚了，没有意义了。"章念驰的父亲给他讲述的章太炎，"多是非常可悲的"。"父亲几乎记不得祖父跟他讲过什么话，家庭的乐趣更少。祖父没有带他出去玩过，也没有给孩子讲故事，什么都没有。祖父在父亲眼里，就是一个圣人，整天忙着各种各样的事务，忙着讲学，忙着政治，这是我们这种家庭最特别的地方。"

即便如此，章太炎在家中的地位却是至高无上的，他的革命经历与道德相关的文章，永远是家中无形的"家教"。"祖父虽无暇教育子女，但他数次将曾祖的教诲，记录在纸上，共15条，称为《家训》，令后代遵行。晚年，他又撰《遗嘱》，表达了教子观。"

从《家训》到《遗嘱》，章念驰看到，"祖父一生最讲求的是人、人品、人格，他把立身看成是人生第一要义，立业、立学、立德、立言……都在其后。他说，一个人若不懂得怎么做人，不懂得要做什么样的人，就不会懂得做事，做事也一定做不好！"

章念驰认为，祖父做到了曾祖曾经的教诲——决不"妄自卑贱，足恭谄笑"，所以他保持了独立思考的习惯和独立人格。"他流亡日本数年中，每日以麦饼充饥，三年衣被不换。在法庭上他视死如归，豪言'死后有铜像立于云表者即为我章太炎也'；他一生被清政府慈禧、民初袁世凯、南京政府蒋介石追捕通缉，数次入狱，长年流亡，但革命之志终不动摇；他一辈子讲真话，不怕得罪皇帝，不怕得罪师友。"章念驰说，他虽然无幸亲耳聆听祖父的教诲，但《家训》已经融入了自己毕生追求的事业，"客观探究历史，公正评判台湾问题"。

采访结束时，章老语重心长地跟记者说："历史是一个民族的家谱，记录着民族的兴衰，历史事件与人物构成了这个民族的精神。今天我们的电视剧、电影、小说，为了追求收视率，把很多历史进行了改编、戏说，有的作品甚至为历史上的罪人翻案。倘若我们的后代，对历史和历史人物的认识都从这里来，中华民族就到了最危险的时候了！我在这里还是想大声疾呼，要让子孙读到真实的历史，让他们了解什么是丑恶，如何做人，做个堂堂正正的炎黄子孙！"（文／刘畅）

章太炎，国学大师闹革命

在辛亥革命的人物中，有一位被誉为"革命家之巨子"的中华民国"革命元勋"，可他的行动、思想又与常人不同，自称"疯颠""神经病"——早年倡导改革，和康有为、梁启超等人意见大相径庭；致力革命后，又与孙中山等人屡次发生抵牾；晚年，他一度置身于新的革命洪流之外，甚至站在对立面，不得不退入尘封的书斋，但最终又走到了抗日救亡运动前列。他就是中国近代著名的思想家章太炎。

从革政到革命

章太炎，名炳麟，字枚叔，别号太炎，1869 年 1 月 12 日出生于浙江余杭县东乡的一个书香门第。他的曾祖父一辈，有资产百万，到他的父辈，家境已中落。

章太炎幼习儒家经典，22 岁那年离家来到西湖边上的"诂经精舍"拜俞樾为师。俞樾是与顾炎武、戴震、王念孙父子一脉相承的儒学大师，学问精深，对弟子要求十分严格。章太炎在这里的 7 年时间，精研故训，长进很快，为他日后的学术成就打下了坚实的根基。

1894 年中日甲午战争后，空前严重的民族危机，把章太炎从宁静的书斋赶到变法图强的热潮中。他钦佩维新运动领袖康有为等人，赞赏康设立强学会，并从杭州寄会费 16 元报名入会。1896 年，梁启超、汪康年等在上海创办《时务报》，邀章太炎入社，担任《时务报》撰述。自此，章太炎开始投入政治活动。

那时，章太炎虽赞同变法维新，思想上却和康梁有分歧。因为康有为打出孔子的旗号，倡言"托古改制"，章太炎不同意神化孔子、建立孔教，对于把康有为捧为"南海圣人"，极为不满，加上学术上门户之见，彼此更难相容。为此，在时务报馆，章太炎与梁启超等人时常争吵，1897年4月14日，梁启超的一个学生梁作霖带了一批人专门赶来兴师问罪，并当众殴打了章太炎一顿。章太炎愤而离去。

当时，继德国出兵强占胶州湾后，沙俄舰队又侵入旅顺口，帝国主义列强竞相效仿。1898年2月，章太炎上书时任总理各国事务衙门大臣的李鸿章，建议他联日抗欧，挽此危局。不久，章太炎应湖广总督张之洞之请，来到武昌。

张之洞是较为开明的官僚，趋向维新，以"中学为体，西学为用"为宗旨，撰写《劝学篇》，筹备出版《正学报》。他请章太炎入报馆，是想利用章在学术上的成就，增强自己的声誉。章太炎则以为借助张之洞这样大权在握的汉族官僚，或许可以推动变法，所以欣然应聘。但矛盾很快就暴露出来。张之洞请章太炎商讨《劝学篇》，章对书中的要忠于清王朝的"忠君"说教十分反感，认为所谓"忠"，无非是"上思利民""朋友善道"和"憔悴事君"三项，现在清王朝蹂躏汉族200多年，"视民如雉兔"，早已无"忠"可言，要谈"忠爱"，等到革命以后。这些话，吓坏了张之洞及其幕僚，他们便把章太炎逐出报馆。

这年9月，慈禧太后等发动政变，维新志士所谋求的"革政"结局悲惨。光绪帝遭囚禁，谭嗣同等六君子遭杀害，康有为、梁启超仓皇出逃。12月初，章太炎也因遭通缉，逃到台湾，任《台北日报》记者。

1900年7月，康有为的弟子、谭嗣同的同学唐才常，在上海发起了"中国国会"。章太炎出席了成立会，但反对以扶持光绪皇帝重新执政为目标的"勤王主张"，认为不应当一面排满，一面勤王。由于主张未被采纳，8月3日，章太炎毅然剪去了对清王朝表示忠诚的长辫，换上西装，并作《解辫发说》一文以明志。8月8日，章太炎将《解辫发说》等寄给仅有一面之缘的孙中山，所附信中对孙推崇备至，认为"廓清华夏，非斯莫属"，并表明自己"不臣满洲之志"，准备加入革命党。

"苏报案"的主角

1902 年春，章太炎逃亡日本，寄住东京的留日学生宿舍。孙中山在中和堂设宴奏乐，与章太炎正式结交。

1903 年春，章太炎应蔡元培之邀，在其创设的爱国学社任教。在革命派大造舆论的同时，立宪派也在大造舆论。两派的分歧，在于是否要推翻清朝政府这个根本问题上。由于康有为等立宪派的观点与中国社会长期存留下来的旧传统皇权观念结合在一起，保持着巨大的影响。如果对这些观念不能进行坚决的批判，革命的高潮是不可能到来的。

1902 年，康有为发表了《答南北美洲诸华侨论中国只可行立宪不可行革命书》，公开反对用革命手段推翻清朝政府，说革命无非是"血流成河，死人如麻"，4 亿人将去掉一半。康有为的文章发表后，立宪派广为宣传，在华侨中大量散发。章太炎奋起反击，于 1903 年 6 月发表了《驳康有为论革命书》，逐条驳斥了康的论点，论证了革命是最大的权威，"公理之未明，即以革命明之；旧俗之未去，即以革命去之"，革命是补泻兼备的救世良药。立宪派把光绪皇帝说成尧舜以来未有的"圣明之主"。章太炎竭力揭破这种神话，写出当时震动人心的句子，直斥光绪帝为"载湉小丑，未辨菽麦"（光绪帝是个无知小孩，连一些基本的常识都不知道）。很快被章士钊节录，以《康有为与觉罗君之关系》为题发表于《苏报》上。文章刊登后，一时间"上海市人人争购"，大大削弱了立宪派在爱国群众中的影响。

章太炎到爱国学社后，1903 年，青年革命家邹容也来到这里。邹容久慕章太炎大名，相见恨晚。章也很喜欢这位英姿勃发的青年，不久二人结为兄弟。章比邹大 18 岁，互以大哥小弟相称。章太炎给邹容的《革命军》写了序，评之为"雷霆之声"，称之为"义师先声"。《革命军》问世后，《苏报》又发表多篇文章介绍。这样，《革命军》不胫而走，风行国内外。

《驳康有为论革命书》《革命军》击中了清朝统治者的要害，引起了他们的恐慌和仇视。两江总督魏光焘命令上海道台袁树勋查封爱国学社和苏报馆，密拿有关人员，还特派南京候补道俞明震赶往上海，协同办理。上海道和工部局勾结好了，工部局巡捕和中国警探到苏报馆捉人。随后，又闯入爱国学社，指名要捉蔡元培、章太炎、邹容等人。蔡事前闻讯，已避往青岛，余人均逃散，独章太炎不肯逃，说："革命就要流血，怕什么，清朝政府要捉我如今已经是第七次了。"巡捕和警察来到门口，章迎上去，指着自己的鼻子说："余人都不在，要拿章炳麟，就是我！"他便被扣上手铐，捉进巡捕房。邹容收到章太炎自捕房来信，不愿让章独自受苦，自动投案。这就是震动全国的"苏报案"。

由于当时凡是发生在租界内的案件，都是由租界的会审公廨（音同"谢"）审理，中国政府没有司法管理权。章、邹被囚禁后，清朝政府的代表袁树勋、俞明震等多方活动，请求引渡，想将章、邹押解南京。但帝国主义者要维护他们统治租界的绝对权威，不答应引渡。清政府便请律师，向租界的会审公廨控告章太炎和邹容。7月15日，会审公廨对章、邹进行公开审讯。在租界的公堂上，清政府作为原告，章太炎、邹容作为被告，闹出了国家政府与本国人民打官司的怪事。官司打了10个月，最后判处章太炎监禁3年，邹容监禁两年，监禁期满，逐出租界。

章太炎、邹容被捕、受审及入狱，这整个事件在20世纪初中国政治生活及人们政治观念中，都产生了深刻的影响。在审讯中，代表控方的"中国政府"的律师说，"章炳麟大逆不道"，"直书今上名字，尤大逆不道。况再加小丑二字，更使人无亲上之心"。这正说明了章太炎的文章触了皇权政治的致命点。章太炎虽然被判了罪，但清王朝的无上权威却不复存在了。

在审讯期间，章太炎、邹容毫无畏惧之心，赋诗见志。章太炎赠诗邹容："英雄一入狱，天地亦悲秋。临命须掺手，乾坤只两头。"邹容答曰："一朝沦地狱，何日扫妖氛？昨日梦和尔，同兴革命军。"

在狱中，章太炎被罚作苦工，因眼睛近视，动作缓慢，常遭狱卒拳打脚踢，甚至用锤子锤他的胸部。章毫不示弱，以拳对打，或夺其锤，并曾绝食7天以示抗议。他别无书看，只得晨夜研诵佛经，把佛教哲理引进了他的思想体系。1905年4月，邹容出狱在即时突然暴卒于狱中，引起舆论的强烈谴责。租界当局害怕事端扩大，不得不对章太炎稍示宽容。因此，章太炎将自己得以生存下来看作邹容以其生命为代价而换来的："余之生，威丹（邹容字威丹）之死为之也。"

《民报》的主笔

1906 年 6 月 29 日，章太炎刑满出狱，同盟会特地从东京派人来沪迎接，当晚便乘船东渡日本。这是章太炎第三次来到日本。此时，同盟会已于 1905 年在东京成立。章太炎到达东京后，由孙毓筠作介绍人，加入同盟会，被同盟会总部委任为同盟会机关报《民报》编辑人和发行人。

7 月 15 日，同盟会在东京锦辉馆举行欢迎大会，与会者 2000 余人，章太炎即席演说。为了给同盟会提供更多系统全面的行动准则，章太炎和孙中山、黄兴一道制定了《革命方略》，这些文告明确宣布，革命党所要建立的"国民平等之制"，就是"举中国数千年来君主专制之治一扫空之"，"凡人民之事，人民公理之"。而辛亥革命后建立的"中华民国"的国号，正是来自 1907 年《民报》第十五号章太炎发表的《中华民国解》一文。

章太炎接掌《民报》之时，《民报》和《新民丛报》关于革命与改良的论战正酣，论战的中心问题是要不要推翻清朝，要不要实行民主政治，要不要改变封建土地制度。章太炎挥笔上阵，发表了一系列的文章和时评，抨击了立宪派的谬误，为发起辛亥革命作了舆论准备。在办报之余，章太炎应一些留日学生的请求，举办了国学讲习会，定期讲学，后来又在自己寓所开了一个小班，逢星期日讲授《说文解字》和诸子百家之学，鲁迅、许寿裳、钱玄同、吴承仕、周作人等人都是这个小班的学生，后来这批人大多成为民国文化学术界的翘楚。

自章太炎主持《民报》以来，《民报》不仅在海外，在国内知识界，影响也迅速扩大，而所遭清政府方面的压力也越来越大。1908 年，唐绍仪奉命出使美国，路过日本，请日本政府关闭《民报》。东京巡警总厅遂以"扰乱秩序、妨害治安"为由,于 10 月 19 日封禁了《民报》。章太炎十分恼火,亲赴日本裁判厅诉讼,日政府虽然理屈,但坚持不准《民报》续办,并罚款 115 日元。章太炎径直找唐绍仪算账,但唐已走了。章太炎于是到留学生总会馆击落唐的画像,践踏之,以泄心中之恨。章太炎拒绝交纳罚金,1909 年 3 月 13 日,东京小石川警察署拘留了他,要将他押赴劳役场,以每劳役 1 天抵充 1 元罚金。由学生龚宝铨、鲁迅、许寿裳代交罚金后,章太炎方才获释。

身处民国初年的政治旋涡

1911 年 10 月,武昌起义爆发。11 月 15 日,章太炎返回中国。刚下船,吴淞都督、光复会的领导人之一李燮和就把章太炎接到吴淞军政府。在当时的上海一地,同时存在着同盟会孙中山系陈其美的沪军都督府和光复会系的吴淞军政分会。大敌当前,章太炎不希望革命派内部冲突激化,想利用自己的社会地位与影响,"任调人之职,为联合之谋"。任调人之职,主要是调解同盟会和光复会间的关系,为联合之谋,主要是促进已光复各省、各地、各派的联合。刚到上海,章太炎便劝告李燮和放弃吴淞都督称号,拥戴程德全为江苏全省都督,以结束江苏境内上海、吴淞、苏州、镇江等地各都督互不统属的分散局面。接着,章太炎和程德全联名发起成立中华民国联合会的活动。1912 年 1 月,中华民国联合会在上海成立,章任会长;出版《大共和日报》,章为社长;3 月,中华民国联合会改为统一党,章为理事。

为结束已经光复的各省各自为政的局面,章太炎提出"革命军兴,革命党消"这一口号,建议"承认武昌为临时政府"。然其后,在以武昌、上海还是南京为政治中心,黎元洪、黄兴谁为正、副元帅等问题上,却发生了许多争执。核心问题是各省各派都力图在中央临时政府中取得最大的影响力。1912 年 1 月,孙中山任临时大总统后,函聘章太炎为总统府枢密顾问。但 1 月 14 日，光复会领袖陶成章在上海被陈其美指使蒋介石派人暗杀，因光复会与孙中山有隙，章太炎以为是孙中山所为，所以，孙要他做顾问，他只是挂个名而已。

对民国初年政局的观察，使章太炎认识到，清朝被推翻以后，中国应当由一个有能力有实力的华盛顿式的人物来统治。他遍察中国政治舞台，选中了袁世凯。孙中山与袁世凯在建都问题上发生争执，章太炎以统一党领袖的身份，通电拥护袁的主张建都北京。他自己也赶到北京，设立了统一党党部。在这几个月中，章太炎发表的许多言论，大都不利于革命，而有利于立宪派官僚，好事者为之辑印成册，题曰《太炎最近文录》。

1912 年 3 月 10 日，袁世凯宣誓就任中华民国临时大总统，委任章太炎为总统府高等顾问。章太炎起初对袁世凯充满希望，相处不久，慢慢察觉袁不能容人，萌生去意。这年冬，袁任命他为东三省筹边使，这正合他出京之愿，遂奔赴东北。翌年春，设筹边使署于长春。筹边使这个差事，徒有空名，僚属仅 10 人，经费又很少，也无事可做。章此行的政绩，就是找人绘制了一幅黑龙江省精细地图。

1913 年 3 月 20 日，宋教仁被暗杀于上海，袁世凯野心家的面目彻底暴露。章太炎闻讯，匆匆离开东北，找昔日的老朋友商量对付袁世凯的办法。他觉得对付袁这样手握重兵、爪牙遍布的军阀，须有实力。这一次他看中了黎元洪，于是前往武汉与黎商量。但黎元洪害怕宋教仁的下场降临到自己头上，不敢惹袁。章无可奈何，又来到北京。袁世凯为了笼络他，授他一枚二级勋章。章目睹袁的所作所为，深感自身安全没有保障，又住了 7 天，便于 6 月 4 日匆匆回沪，旋即上书辞去东三省筹边使职务。7 月，南方革命党人发动讨袁的"二次革命"，很快就被袁世凯镇压下去，袁的反革命气焰更加嚣张。8 月，袁要共和党党部急电黎元洪、章太炎来京议事。共和党是原统一党与民社党等合并而成的，黎元洪是理事长，章太炎副之。章太炎冒险入京，准备与袁斗争。他一到北京，住进共和党党部，就被袁世凯软禁起来了。

被禁期间，章太炎拒绝袁世凯的收买，几次逃跑都没有成功。他有时狂酗滥饮，借酒浇愁；有时在纸上不断书写"袁贼"二字，聊以解恨；有时把袁送来的锦缎被褥用香烟烧了许多小窟窿，扔出窗外，有时用手杖把室内器具打得粉碎，甚至用绝食来抗议袁的迫害。1914 年 2 月，他手持羽扇，以袁世凯授给他的大勋章作扇坠，径直来到总统府，大骂袁包藏祸心，把总统府招待室陈列的器物全部砸烂。章被几易囚所，并在囚禁中写了不少讽刺袁世凯的诗文，以及总结辛亥革命经验教训的文章。1916 年 6 月 6 日，袁世凯在人民唾骂中死去，章太炎得以释放，25 日离京，7 月 1 日抵沪。

袁世凯死后，他的党羽互相争权夺利。为了寻找反对北洋军阀的力量，章太炎奔走于南方军阀之间，一度到南洋群岛活动，想在华侨中寻找力量。1917 年 9 月，孙中山在广州成立护法军政府，自任大元帅，章太炎被委任为护法军政府秘书长。章往来于香港、广州、云南、贵州等地，想争取军阀支持。后见护法军政府内部勾心斗角，矛盾重重，遂丧失信心，一路观山玩景，已有"见说兴亡事，拿舟望五湖"之慨。

晚年思想保守

此后，在"五四运动"开启的时代激流中，章太炎日趋保守。以前，他曾多次公开批判封建统治的精神支柱——孔孟之道，认为孔子最多算个史学家，根本不是什么圣人。这时，章太炎对"五四运动"中掀起的打倒孔家店浪潮，竟斥之为离经叛道，1922 年，他还在报上公开刊文，对自己先前的批孔表示悔恨。后来，更鼓吹"尊孔读经有千利而无一弊"。以前，他的文章虽然文笔古奥，索解为难，但在与清朝统治者及立宪派的斗争中，为了宣传革命，他也写过一些通俗诗文，这时却极力反对白话文和新文化运动。以前，他为反对军阀统治到处奔走游说，1920 年却提出了"联省自治，虚置政府"，拥护军阀割据，他自己为一些反动军阀撰写寿序碑文，歌功颂德。他攻击俄国的十月革命，反对孙中山"联俄、联共、扶助农工"的三大政策。1924 年，公开撰稿，反对国共合作。

　　但到 1931 年九一八事变发生，凛于民族危急，年老的章太炎主张坚决抵抗日本侵略，强烈谴责蒋介石出卖东三省的罪行。1932 年"一·二八事变"之后，章太炎曾拖着老病之躯，北上见张学良，策动抗日，并在燕京大学演讲，号召青年拯救国家危亡。1935 年，"一二·九"爱国运动发生，宋哲元进行镇压，章太炎致电宋哲元，认为："学生请愿，事出公诚。纵有加入共党者，但问今之主张何如，何论其平素？"

　　晚年，章太炎居于上海，"卖文字以为活，文则每篇千元，字则另有润格"，并与陈衍发行《国学商兑》学刊。继而迁居苏州，设立国学讲习会，出版《制言》杂志，以弘扬民族文化为己任，"粹然成为儒宗"。逝世前 10 天，他还带病讲授《说文部首》，后因气喘病发作，于 1936 年 6 月 14 日逝世于苏州，终年 67 岁。（文/赵利栋）

梁启超家风

梁启超家风：仁爱、坚毅与幽默

戊戌变法 120 年，侄女梁思萃接受《环球人物》专访。

2018 年 6 月 11 日是戊戌变法 120 周年的日子。这虽是场失败的变法，但它仍不失为一次波澜壮阔的思想启蒙运动，推动了清政府的自我改革，也为 13 年后的辛亥革命打下思想基础。

其中影响最深远的人物，莫过于梁启超。变法中他是关键人物，变法后他在日本办报，影响了当时大批青年：毛泽东、陈独秀、胡适、鲁迅、蒋梦麟，等等。

公车上书、戊戌变法、护国运动、新文化运动、五四运动……梁启超的命运与近代中国的命运紧紧捆绑。他的后人，更成为近现代中国不可忽略的文化、科教力量。"一门三院士，九子皆才俊"，梁氏家族的风范绵延至今。

关于梁家家风，梁启超侄女梁思萃在接受《环球人物》记者采访时给出三个关键词：仁爱、坚毅和幽默。她的父亲梁启雄是梁启超的亲弟弟，曾任北京大学哲学系教授，中国科学院社会科学部研究员。多年来，梁思萃研读梁启超家书，向梁启超幼子梁思礼请教，回忆早年父母说过的话，写下诸多关于梁启超的故事。

兄友弟恭，师徒情深

我的大伯梁启超是胸怀仁爱之人。他那辈兄弟七人，姐妹四人，我二姑、四姑未婚早逝，大姑、三姑的婚事皆由大伯操办。我三伯年幼读私塾睡着了，因老师拍案受惊吓而死，四伯不成器，五伯病亡，六伯痴呆。变法失败后，大伯流亡日本，还曾接六伯去日本治疗，可惜没有效果。最后，大伯身边就只剩下二伯梁启勋和我爹梁启雄。

大伯在 1926 年 9 月的一封家书中写道："我不但伤悼四姑，因为细婆太难过了，令我伤心，现在祖父祖母都久已弃养，我对于先人的一点孝心只好寄在细婆身上。"细是广东话音"小"，细婆便是他的庶母叶氏，原是他生母的陪房丫头，我祖父前两任妻子过世后娶她为妾。叶氏生有二子二女，大儿子便是我痴呆的六伯。大伯关心庶母的晚年，刻意关照我爹，以便她老有所养。

我爹生于 1900 年。变法失败后，祖父逃到澳门，生了我爹。大伯比我爹大 27 岁，长兄如父，他们之间的关爱如同父子之爱。我爹 14 岁北上求学，从崇德中学到南开中学再到南开大学，都由大伯照顾（大伯 1912 年从日本回国）。大伯和李夫人（李蕙仙，梁启超第一任夫人）见我爹生活清苦营养不良，每个月零花钱都给双份，供他营养健身。

1924 年，我爹回广东结婚后再回天津读书，李夫人病危，大伯收入也大不如前。我爹不愿给大伯增加负担，读到南开经济系二年级后辍学。大伯就开始亲自给我爹讲先秦诸子，鼓励他研究荀子，让我爹随他到清华大学研究院旁听。之后几年，我爹便一直跟着大伯学习。

1929 年初大伯去世后，我爹边做教员边继续研究，并于 1936 年出版《荀子柬释》。他没念完大学却成为颇有名气的学者，全赖我大伯的教养。1959年中国革命博物馆展出曾被认为是反动人物的大伯的照片，我爹十分高兴，不顾身体虚弱，抱病从西郊北京大学住所跑到天安门观看。

大伯对家人仁爱，对学生也是如此。在清华任教时，他常设法帮助贫困生找工作。大伯的学生里，与他最亲厚的应该就是蔡锷了。1897 年大伯任湖南时务学堂中文总教习时，蔡锷就是那里的学生。两年后蔡锷东渡日本留学，也是住在大伯家里。后来蔡锷获得湖广总督张之洞的资助进入日本成城学校学军，也与大伯的帮助密不可分。

1916 年，年仅 34 岁的蔡锷病逝于日本，国民政府派军舰将其遗体运回举行国葬，大伯在公祭致悼词时泣不成声。6 年后，南京举行护国起义纪念会，他一面演讲，一面流泪。1925年，大伯在天津的书斋饮冰室落成，他在大厅竖着的不是父母的照片，不是妻儿的照片，而是蔡将军一米多高的照片。可见大伯失爱徒之痛。

不仅写文章反帝制，还冒险参加战争

蔡锷去世后，大伯发起倡议设立图书馆以纪念，取名自蔡锷的字"松坡"。1922年，大伯上书时任中华民国大总统黎元洪，获准在北京北海公园快雪堂建松坡图书馆第一馆，馆内第三间便是纪念蔡锷的蔡公祠。大伯生前一直为图书馆募捐基金，每周都要来住上3天。

1945年秋，我爹带我和妹妹到快雪堂迎接来拜谒蔡锷的抗日名将李宗仁，我便对这个地方留下了深刻印象。退休后，我多次到快雪堂前，希望再次看到些许与松坡图书馆相关的痕迹，但始终未能如愿，便决定写点东西记录下那段历史。

我开始翻阅史料，向八哥梁思礼询问。过去，我只是从朱德的口述中，知道袁世凯复辟前，大伯写了反帝制文章，袁世凯用20万大洋贿赂劝其勿发表，被大伯严词拒绝。我给八哥打电话，他告诉我："我爹不仅写文章反帝制，还冒险参加战争。娘带着五哥、五姐去上海掩护，梁家至亲好友汤叔（汤觉顿）作为先遣队在广东被枪杀。"

1915年12月，重病缠身的蔡锷在云南起义参加讨袁护国战争，处境危急，曾数度急电向大伯求救。为联络东南各省和争取国际支援，大伯决定从天津南下奔赴上海。临走前一小时，他才和李夫人说明。李夫人对他说："上自高堂，下至儿女，我一身任之。君为国死，毋反顾也。"以往大伯出门，李夫人从不送行，但那次凌晨3点她出门送夫，做好了生离死别的准备。

大伯此去，几次遭遇危险。后来他又偷渡至香港，再前往越南海防，染上热病，一度生命垂危。在广西、广东的独立过程中，大伯奔走斡旋，为战争胜利做出了贡献。

大伯的坚毅也影响着身边人。抗日战争时我到天津，在饮冰室住了 10 天，那时王夫人（王桂荃，梁启超第二任夫人）就鼓励我，一定要好好学习，女人不比男人差。大伯去世后，王夫人撑起梁家，最后只能卖掉饮冰室的一栋楼让一家子渡过难关。就像大伯长子梁思成说的，她是个不寻常的女人。

我爹也深受大伯影响。1937 年"七七事变"后，日军想借大伯的"新民说"笼络人心，以巩固其统治，由此成立了新民学会，准备高薪聘请我爹为其工作，甚至多次派人日夜守在我家居住的新会会馆门前。当时，我爹是大学讲师及图书馆员，上有年迈母亲，下有 3 个子女，还供我六伯之子梁思敬读大学，经济拮据。可我爹说绝不能出卖大哥的名誉，绝不能出卖国家。

1941 年 12 月，太平洋战争爆发，时任燕京大学讲师的我爹彻底失业，身无分文，还患有肺病经常吐血。日方送来伪北京大学的干薪，我爹依然拒绝。我爹是十分重视教育的人，曾培养六伯之子到大学毕业，却只能让我哥哥梁思乾初中毕业失学。他坚守并维护了大伯的名誉。抗战胜利后，出于对我爹能力和格品的认可，时任燕京大学校长司徒雷登将我爹聘回燕大，从讲师直升教授。

无论何种境遇，常常是快乐的

虽然大伯一生经历动乱，但他从未改变那份赤子之心。他的家，是一个充满幽默的欢乐之家。他自己就是个欢乐的人，酷爱读书与打麻将，常说："我只有读书时可以忘记打牌，只有打牌时可以忘记读书。"一次，别人请他去演讲，他婉拒说："我恰好有四人功课要做。"四人功课，就是打牌，他的很多社论文章，都是在麻将桌上口授而成的。

大伯最疼爱的两个孩子，一是长女梁思顺，一是幼子梁思礼。他俩相差 30 岁，大伯让二人结为干亲，让大姐的孩子喊梁思礼干爹，比梁思礼大的仁孩子都不喊——梁思礼小时候，家里人都喊他"老 Baby"，后来大伯就给他定名"老白鼻"。

20 世纪 20 年代末，大伯生病住院，就把生活里有趣的事儿写在信上寄给远在海外的子女。"老白鼻天天说要到美国去，你们谁领他，我便贴四分邮票寄去。""十一点了，王姨要来干涉了，快写，快写。"他还会向女儿撒撒娇："我平常想你还自可，每到病发时便特别想得厉害，觉得若顺儿在旁边，我向她撒一撒娇，苦痛便减少许多。"梁思成来信少，他就唠叨："你来信总是太少了，老人爱怜儿女，在养病中以得你们的信为最大乐事，你在旅行中将所历者随时告我（明信片也好），以当卧游，又极盼新得的女儿常有信给我。"

1928 年，大伯写信给远在北美洲的梁思顺，满是积极的心态和对子女的温柔："看你们来信，像是觉得我体子异常衰弱的样子，其实大不然……你们几时看见过爹爹有一天以上的发愁，或一天以上的生气？……我有极通达极健强极伟大的人生观，无论何种境遇，常常是快乐的。"

幽默，可以说是梁家的一大家风，让他们对世界、对他人都充满爱。我家最困难时，是大伯在京津的后人伸出援手。大姐思顺把我哥介绍到天津河北银行实习；我妈做广东香肠，也是大姐代销给她的朋友；王夫人还为我提供贝满女中的学费，使我打下了坚实的学业基础，最后考入北京大学；1965 年初我爹去世，三姐思庄年轻守寡，仅有北大图书馆的微薄工资，却每年给我妈 100 元。1981 年，三姐脑溢血不省人事，她女儿吴荔明每年仍送钱来，直至 1983 年三姐去世……

一直以来，大伯的后人对我家有诸多照顾。2010 年，我孙子李继周从北京大学毕业后要到美国深造理论物理，我认为离实际太远，想请八哥思礼说服他。没想到八哥与他谈完后觉得这样的孩子太难得了，他说："理论物理对科学发展十分重要，你们如果不是等着他挣钱养家就要支持他。"现在，我孙子的研究已小有成就，他发表的论文被英国物理学会评为 2017 年度学术亮点，我十分感谢八哥。

2013 年起，我用了 3 年多时间，在八哥思礼的支持下，终于在蔡锷殉国百年之际，即 2016 年 11 月 5 日，于北海公园快雪堂建立了松坡图书馆旧址铜牌。过程十分不易，既是为纪念梁蔡师生情谊、弘扬爱国主义精神，也是为回报大伯一家的恩情。

我们为什么要纪念梁启超？《梁启超传》作者解玺璋说："因为他的变与不变。"青年时的解玺璋在改革开放之初读到梁启超的《变法通议》，热血澎湃："他把改革的必要性和必然性都说透了。"

诚然，梁启超以变革精神，启蒙了近代中国一批爱国之士：他创办《时务报》，一句"故夫变者，古今之公理也"掷地有声；1919 年，他从巴黎发回由林长民写成的《山东亡矣》电报，学生由是而知情，五四运动由是而爆发；他还是最早向中国介绍马克思的思想家之一。毛泽东评价他是"当时最有号召力的政论家"。

有人说，梁启超是善变的。他时而主张君主立宪，时而呼吁民主共和，时而倡导开明专制；与孙中山合作过，也对立过；拥护过袁世凯，也参加了反袁称帝的讨伐运动。对此，梁启超说："这决不是什么意气之争，或争权夺利的问题，而是我的中心思想和一贯主张决定的。我的中心思想是什么呢？就是爱国。我的一贯主张是什么呢？就是救国。"

为国而变，也为国而不变。

1928 年 10 月 12 日，病中的梁启超正在写作《辛稼轩年谱》，写到朱熹去世，辛弃疾前往吊唁，作文以哀思。梁启超抄下文章里四句："所不朽者，垂万世名。孰谓公死，凛凛犹生。"之后便被送到了协和医院，3 个月后与世长辞。

"孰谓公死，凛凛犹生。"这是梁启超的喟叹，冥冥之中也总结了他的一生。为大公而死的人，其精神也将永存于世。

（文 / 梁思苹口述　余驰疆整理）

"最强爹爹"梁启超

他的9个儿女"群星闪耀",有学术领域的开拓者,也有军官和火箭专家。

自广东新会市内出发大约30分钟车程,便到茶坑村。村里有间建于清光绪时期的老房子,门前一汪池塘,门上写着"怡堂书室"4个字,这里便是梁启超少年读书的地方,由他的曾祖父所建。如今房子里的陈设仍保留当年的样子,一片片青砖土瓦间仿佛还回响着百余年前的琅琅读书声。

在这方屋檐下,世代务农的梁氏出了第一代读书人——梁启超的祖父梁维清。梁家从此成为乡间受尊重的读书人家。当梁启超呱呱坠地时,祖父最大的梦想,便是这个幼孙能考中功名,出人头地,光耀门庭。

从某种角度来说,梁启超让祖父"失望"了。尽管他5岁开始学习儒家经典,8岁能诗文,12岁中秀才,17岁中举人,一时名动四方,但他很快就厌弃了科举,并最终走上了反抗千百年"祖宗之法"的道路。

但从另一个角度来说,梁启超又为梁氏门庭带来了前所未有的荣耀。这不仅仅是因为他本人的功业和对后世的巨大影响,还因为他养育了一群极为优秀的后人,使新会梁氏成为一个令人尊敬的大家族。

随着梁思礼院士逝世,梁启超的9个子女已无人在世。当人们惊讶地历数梁氏子弟的杰出成就时,心中会升起一个共同的疑问:是什么样的"秘诀",造就了这样一个群星闪耀的家庭?

满庭皆才俊

梁家子女当中最为人所熟知的,应属长子梁思成。他是我国著名的建筑学家、建筑史研究专家，创办了中国第一个建筑学系，被英国学者李约瑟称为"研究中国建筑历史的宗师"。他与夫人林徽因的爱情故事令人津津乐道，而他们夫妇二人踏遍中国 15 个省、200 多个县，实地考察各地古建筑的壮举，更是一段传奇。正因梁思成的工作，使中国古代建筑在国外赢得了前所未有的关注。新中国成立后，他和林徽因都是国徽和人民英雄纪念碑的设计者之一。他在保护文物古建筑方面付出的卓绝努力，尤其令今人感佩。

除梁思成、梁思礼外，梁家还有另一位院士：梁启超的次子梁思永。他是考古学家夏鼐口中"中国第一个受过西洋近代考古学正式训练的学者"，被公认为中国近代考古学的开拓者之一。他年少即立志于考古学，从哈佛大学学成归国后，主持和参加过河南安阳殷墟、后冈遗址等重要考古发掘工作。1948 年，他与兄长梁思成同时当选中央研究院院士，传为一时佳话。新中国成立后，他担任了中国科学院考古研究所副所长。

除了三位院士，梁氏其他子女也都各自有所成就。长女梁思顺擅诗词，通古文，国学功底十分深湛。她曾利用家中丰富的藏书选编《艺蘅馆词选》一书，颇受读者欢迎，多次再版。此书后来也成为研究梁启超学术思想的重要参考材料。

三子梁思忠与走上学术道路的兄长们不同，立志从军报国，毕业于美国弗吉尼亚陆军学院和西点军校，回国后，曾任国民党十九路军炮兵校官，参加过淞沪会战。可惜他 25 岁时就因病早逝。

次女梁思庄是我国图书馆学领域首屈一指的专家。她毕业于哥伦比亚大学图书馆学院，回国后，先是到燕京大学图书馆工作，新中国成立后担任过北京大学图书馆副馆长。学界公认，她奠定了燕京大学图书馆和北京大学图书馆西文图书编目的基础，几代学者因此受益。

梁启超去世时，家中还有梁思达、梁思懿、梁思宁、梁思礼 4 个未成年的孩子。他们受父亲的直接教导不如哥哥姐姐多，学业也都受到战乱的影响。但凭借自己的努力，他们后来都成长为各自领域中的佼佼者。其中，四子梁思达是南开经济学硕士出身，一直从事专业工作，参与过中国科学院经济研究所《中国近代经济史》一书的编写工作；三女梁思懿学生时代便是燕京大学的学生领袖，"一二·九"学生运动的骨干，20世纪40年代一度留学美国并任教，得知新中国即将诞生的消息后立即回国，担任中国红十字会对外联络部主任，长期从事对外友好联络工作，后来还当选过全国政协委员；四女梁思宁在抗战爆发后投奔新四军参加抗日，亲身经历了前线的流血牺牲，陈毅元帅曾说："当年我手下有两个特殊的兵，一个是梁启超的女儿，一个是章太炎的儿子。"还有刚刚去世的火箭专家、老幺梁思礼……

这样一个精英辈出的家庭，必定不是偶然。

在子女面前十分"肉麻"

即使以今天的眼光来看，梁启超也是个另类的父亲。

一般传统的中国家庭，总是"严父慈母"，父爱如山却无声。梁启超则不然，他常常热情洋溢地向孩子们"表白"，让他们知道自己有多爱他们。在家书中，他曾如此写道："你们须知你爹爹是最富于情感的人，对于你们的爱情，十二分热烈……"

在子女面前，这位"潮爹"可以十分"肉麻"。特别是对女儿们，他常把"宝贝"二字挂在嘴边。在给次女梁思庄的信中，他就曾这样写："小宝贝庄庄：我想你得很，所以我把这得意之作裱成这玲珑小巧的精美手卷寄给你……小乖乖，你赶紧收好吧。"

在儿子们面前，虽然没有这种亲昵的称呼，但父子间也常常逗趣。三子梁思忠在美留学，担心父亲身体，写了6页的长信来提醒他注意健康，他便故作嫌弃："好啰嗦的孩子，比先生管学生还严，讨厌讨厌。"

这位在思想界和政坛叱咤风云的大人物，甚至还会向儿女"撒娇卖萌"。晚年病中苦痛，他在给长女梁思顺的信中写道："我平常想你还自可，每到病发时便特别想得厉害，觉得若顺儿在旁边，我可以撒撒娇，苦痛便减少许多。"

梁家共 9 个儿女，彼此间年龄差距很大，成长环境和性格也各不相同。梁启超会有意识地确保每个孩子都能感受到父亲的关爱，都觉得自己是父亲心中特殊的一个。在家中，每个孩子都被他取了专属爱称，比如管大女儿思顺叫"大宝贝"，三女儿思懿叫"司马懿"，小女儿梁思宁叫"六六"，小儿子思礼则被他俏皮地称为"老白鼻"（英文"宝贝"的谐音）。梁启超去世时，梁思礼不到 5 岁，对父亲几乎没有什么记忆。但在长大后读到梁启超当年兴致勃勃记述"老白鼻"儿时趣事的文字时，他总能感受到独属于自己的那份父爱。

先有爱，才谈得上教育。而教育总是需要耗费大量心力。梁启超平生著述极多，仅 1936 年出版的《饮冰室合集》就多达 1400 万字，同时，又要忙于各种政治、学术活动，工作极其繁忙。但即便再忙，他依然将极大的热情和精力倾注在孩子们身上。

比如，流亡日本期间，由于一时找不到合适的学校，他便亲自教授女儿梁思顺读书，甚至批改作文至凌晨。经济状况稍好之后，为了培养女儿对自然科学的兴趣，他甚至在家里辟出一座实验室。

到晚年时，由于忙于办学办报、各地演讲，他自觉对思达、思懿、思宁的教育关注不够，于是决定让 3 个孩子休学一年，聘请家庭教师，专补国学、史学课，还要每日临摹书法。根据孩子们的表现，梁启超会给他们发奖品，通常都是他亲笔写的对联、横幅，内容大多是为人处世的道理。比如梁思达曾得到过用隶书所写的"居处恭、执事敬、与人忠"的条幅。孩子们得到奖品固然高兴，这些"座右铭"更是令他们终身受益。

梁启超对子女的学业十分关注，根据每个人的性情、才能，对他们的学习方向都有十分细致的考虑。但他从不把自己的意愿强加给子女，总是倾听孩子们的想法，给出自己的建议，让他们自主选择。本来，他很希望次女梁思庄学生物，但思庄尝试之后，自觉兴趣不大，他忙写信道："听见你二哥说你不大喜欢学生物学，既已如此，为什么不早同我说。凡学问最好是因自己性之所近，往往事半功倍……不必泥定爹爹的话。"

对于一时的考试成绩，梁启超也并不在意。他曾忧心忡忡地叮嘱梁思成，努力学习固然是好事，但不可"用力过猛"，若是"把将来一身健康的幸福削减去，这是何等不上算的事呀"。梁思庄刚到加拿大时读高中，一次考试在班上只得了第十六名，十分沮丧。梁启超得知后，立刻写信说："庄庄：成绩如此，我很满足了……好乖乖不必着急，只需用相当努力便好了。"后来，经过努力，思庄的成绩名列前茅，梁启超欣喜之余，又鼓励道："能进大学固甚好，即不能也不必着急，日子多着哩。"

"潮爹"梁启超的这些做法，归纳起来看似简单：父亲要对孩子表达爱，要为孩子的成长付出心血；一个家庭要有民主、平等的氛围；教育不能只看一时的成绩，更要看长久的发展……但知易行难，尤其对一位事业成功、公事繁忙且要面对9个子女的名人来说，更为不易。

人生若无乐趣，要来何用

如果梁启超生活在现在，绝不会去写《我的儿子读哈佛》之类的畅销书——因为"读名校""升官发财"之类，从来就不是他对子女教育的目标。

梁启超的子女中，读过所谓世界名校的不在少数，但大多学的不是什么"热门专业"。梁思成修建筑史，梁思永投身考古学，梁思庄学图书馆学，都不是能赚大钱的行业，甚至相当艰苦、冷僻。但对于子女的选择，梁启超都鼎力支持。梁思成毕业时，他专门筹集5000美元，资助梁思成和林徽因到欧洲实地考察西洋美术、建筑。梁思永要学考古，他就亲自联系当时著名的考古学家李济，自掏腰包，让梁思永有机会亲身到田野考古一线。

事实上，梁启超也并非不食人间烟火，也会担心子女的前程。他本希望梁思成改学建筑工程，因为更容易找工作，但梁思成坚持要学建筑史，他便尊重儿子的决定。在国内时局不稳、政坛鱼龙混杂的情况下，他本不希望梁思忠读军校，但在儿子下定决心后，他就尽一切力量帮他报考。因为他相信，兴趣比什么都重要。他自称信仰"趣味主义"，曾说："凡人常常活在趣味之中，若哭丧着脸挨过几十年，那生命便成为沙漠，要来何用？"

除了要在自己的学业、职业中找到乐趣，还要在生活中寻找乐趣。他总是告诉儿女，除了专门科学之外，还要选一两样"娱乐的学问"，因为"太单调的生活容易厌倦，厌倦即为苦恼，乃至堕落之根源"。在他这种观念的影响下，梁氏子女有着广泛的兴趣爱好。梁思成除了绘画功底极好，还会钢琴、小提琴、小号等数种乐器，还曾在全校运动会上获得跳高第一名；梁思永能大段背诵莎士比亚的诗；梁思庄能歌善舞；梁思达擅画画；梁思礼则酷爱古典音乐，在大学参加过古典式摔跤队，游泳非常好，还喜爱下象棋。一家人还有一个共同的特点：得益于梁启超的严格要求，每个人都写得一手好字。

在生活中，梁启超是个天性乐观风趣的人，"凡着急愁闷无济于事者，便值不得急它愁它""什么悲观咧、厌世咧，这种字眼，我所用的词典里头可以说完全没有"。他还曾向儿女"自夸"道：你们可曾见爹爹有一天以上的发愁，或是一天以上的生气？

这些，或许是梁启超留给子女们最宝贵的人生礼物。在此后漫长的岁月中，梁家人经历过战乱、贫困，经历过政治运动的残酷冲击，无论遭遇何种困境，这份坚韧与乐观，都支撑着他们的尊严。

刚强的"妈"，慈爱的"娘"

成功的家庭教育，离不开父母双方的共同付出。梁家子女之教养，离不开梁家的两位母亲：李蕙仙和王桂荃。前者是梁启超的正妻，生下梁思顺、梁思成和梁思庄。后者是梁启超的侧室，生下梁思永、梁思忠、梁思懿、梁思达、梁思宁、梁思礼。这两位女性的出身有天壤之别，性格亦迥异，但都以不同的方式对子女产生了很大影响。

李蕙仙比梁启超大4岁，是当时礼部尚书李端棻（音同芬）的堂妹，大家闺秀出身。1889年，李端棻出任广东乡试主考，阅卷时读到梁启超的考卷，十分赏识，见其文笔老辣，以为必是位苦读多年的儒生。梁启超中举后，按例拜见主考官，李端棻才发现他竟如此年轻，顿起爱才之心，将堂妹许配给了他。一个是名门闺秀，一个来自乡村的寒素之家，两人的婚姻用现在的话来说，大概就是"孔雀女"嫁"凤凰男"了。

但李蕙仙并不娇贵挑剔。嫁入梁家后，她亲自挑水、舂米、煮饭，侍奉公婆，与邻里相处融洽，在乡间赢得了贤良的名声。对于这位大夫人，梁启超极为尊敬。不仅因为李蕙仙贤良持家，更因为她有见识，支持丈夫的事业。梁启超刚到北京时，满口广东乡音，光绪皇帝召见他，因为听不懂他说话，只赐他一个六品官职。李蕙仙悉心助他改口音，使他此后与人交流再无障碍。戊戌变法失败后，李家因举荐梁启超受到牵连，李端棻被充军新疆，但李蕙仙对此毫无怨怼。梁启超一生数次涉险，李蕙仙从未拖过后腿，反而慨然道，父母子女都有我照顾，"君但为国死，无反顾也"。

李蕙仙身上，自有一种名门千金的做派。梁思成在清华读书时，曾被一辆小轿车所撞，肇事者是北洋政府军队高官。李蕙仙闻讯，立刻从天津赶来，亲自到总统府问罪，逼得总统黎元洪都不得不出面赔礼。这样一位刚强的女子，在家中自然也是立规矩的人，孩子们都有些怕她，但也潜移默化地受到她的影响。比如，李蕙仙缠小脚，走路很不方便，但她出门郊游、上山下山，从不肯让人扶。孩子们看在眼里，便知道要自强，不能娇气、怕苦怕累。她一生好学，年近半百还坚持每天学英文。

1924 年，李蕙仙因病去世。不到 5 年后，梁启超也离世。此时梁家尚有 3 个孩子在海外求学未归，另有 4 个未成年的子女，最小的梁思礼还不到 5 岁。维系整个家庭的重担，就落在了梁启超的侧室王桂荃身上。

这位王桂荃，也是一位非凡的女性。她本名来喜，身世十分悲惨，4 岁被卖去当丫头，多次转卖后随李蕙仙来到梁家。因性情敦厚，做事勤勉，深得梁氏夫妇的信任，18 岁时，由李蕙仙做主嫁给梁启超当了侧室。除长女梁思顺外，其他孩子都是她从小呵护养育的。

在梁家，孩子们称李蕙仙为"妈"，称王桂荃为"娘"。在孩子们心中，"娘"更亲近、慈爱。梁思成、梁思庄虽不是她亲生，却如对亲生母亲一样依赖、爱戴她。梁思成小时候有一次考试成绩不佳，回家便挨了李蕙仙的打。王桂荃赶忙把他护在怀里，不料李蕙仙没收住手，打在了王桂荃的身上。事后，王桂荃搂着梁思成，柔声劝导道："不怕笨，就怕懒。马马虎虎不刻苦读书，将来一事无成。"这些朴实的话语，梁思成记了一辈子。

这个出身低微的女子，在梁思成看来是个"头脑清醒、有见地、有才能的人"。梁启超流亡日本时，她在身边随侍，没过多久就学会了一口流利的日语。她本不识字，但平时督促孩子做作业时，在一旁默默听、默默看，就学会了读书看报。梁启超去世后，家中并没有留下太多遗产，孩子们的吃穿用度、留学费用，虽有已工作的梁思顺、梁思成的帮助，但主要靠她殚精竭虑地周转应付。在时局动荡的大背景下，她将每个孩子都培养成才。

1968年，85岁的王桂荃在"文革"中与孩子们四散分离，孤独地在一间阴暗的小屋中与世长辞。"文革"后，在梁思成亲手设计的梁启超与李蕙仙的合葬墓旁，梁家子女们特意种下一棵"母亲树"，寄托对王桂荃的哀思。这株白皮松树"今已亭亭如盖矣"。立于树阴下，望着满园苍翠，遥想梁氏一门风云际会，对这位自始至终站在全家人身后的传统女性，更添一份敬意。

心中绝未忘一"国"字

在很多方面，梁家的教育是西式的，9个子女中7人都曾出国留学或工作。但骨子里，他们是传统的。这种传统来自祖辈，已浸入家族的血脉。

在距离茶坑村约30公里的地方，有个称为崖山的出海处，也是南宋亡国时水师与元军最后激战并覆灭的古战场。从梁启超记事起，祖父就常常讲起历史旧事：南宋忠臣陆秀夫，为保护幼主奋战元兵，最后走投无路，背起小皇帝投海就义，士兵等也跟着投海，无人投降。讲到悲情处，老人涕泪纵横。上元节到庙里，祖父也会一一讲解："此朱寿昌弃官寻母也，此岳武穆出师北征也。"这些民族英雄的故事激励着童年的梁启超，长大后，他的思想不断发展变化，但正如民国政界人士徐佛苏对他的评价："四十年中，脑中绝未忘一'国'字。"

这个字也随着他的言传身教，铭刻在子女心中。孩子们小时候，梁启超也喜欢在茶余饭后讲宋元崖山海战的故事。待他们长大懂事，梁启超便会与之探讨国家前途、民族命运。他对时局之混乱、前途之未卜，都有着清醒甚至悲观的认识，但从未放弃过救国的信念："中国病太深了，症候天天变，每变一症，病深一度，将来能否在我们手上救活转来，真不敢说。但国家生命、民族生命总是永久的，我们总是做我们责任内的事，成效如何，自己能否看见，都不必管。"

这段话，似乎也是他一生的悲壮写照。他一生主张变革，上过书、参过政、四处疾呼，屡屡以失败告终，终不改其志。这份百折不回的爱国热血，同样流淌在他每一位子女身上——抗战期间，梁思顺陷在北京，丈夫去世后，独自抚养4个孩子，生活极为艰辛。她会说一口流利的日语，但始终坚决不为日本人做事。三子梁思忠、四女梁思宁都走上抗日一线。

梁启超所有出国的子女，无一例外都在抗战中或新中国成立前夕回到祖国。"报效祖国"这四个字，在梁家从来不是一句说来好听的空话，即便为此颠沛流离或蒙受冤屈，他们都如父亲当年，绝未忘一"国"字。

这正是世人如此敬慕梁氏一家的原因：国士风骨。在迭遭巨变的20世纪之中国，这般风骨撑起了民族的存续；在岁月已安稳，"各有稻粱谋"的今日之中国，这种风骨似已渐远。恰是梁家后人至今仍勃兴于各行各业的精英身份，仍镌刻于心灵的家国情怀，骤然提醒了我们，这风骨不曾离去，就在我们身边，是真正值得我们仰望的星空。（文／姜璐璐　李鹭芸）

瞿秋白往事

瞿秋白女儿含泪讲述：不忍回忆，因为伤痛太深

瞿独伊，浙江人，曾用名"沈晓光"。1921年出生于上海，1928年至1941年在苏联生活，1946年被分配到新华社工作，1950年和丈夫李何一起受国家委派到苏联创建新华社莫斯科分社，1957年回国到中国农业科学院工作，1978年在新华社国际部俄文组从事翻译和编辑工作，1982年离休，于2021年11月逝世。

1935年6月18日，晨光微露。

国民党36师师部一派肃杀之气。特务连连长走进囚室，向瞿秋白出示了枪决命令。

瞿秋白在案头早已写下了绝笔："眼底云烟过尽时，正我逍遥处。"

9时20分，瞿秋白穿着一件中式黑色对襟衫，一条白色齐膝短裤，黑袜黑鞋，神态自若，缓步走出囚室。

长汀中山公园凉亭，已摆好了四碟小菜，一瓮薄酒。瞿秋白整一整衣衫，自斟自饮，谈笑自若："我有两个要求：第一，不能屈膝跪着死，我要坐着；第二，不能打我的头。"说完，他向刑场走去，身后紧随着特务连的一百多名士兵。从公园到刑场，约两华里的路程，瞿秋白手持点燃的烟卷，缓步而行，边走边唱。他唱《红军歌》，唱《国际歌》。

西门外罗汉林下，有一片草坪。瞿秋白停下脚步，环视四周：山上青松挺秀，山前绿草如茵。他点头微笑："此地甚好。"接着，在草地上盘腿而坐，含笑饮弹。是年，瞿秋白年仅36岁。

瞿秋白，伟大的马克思主义者，无产阶级革命家、理论家，中国革命文学事业的奠基者之一。他从20多岁起，就承担着中国共产党在思想理论上开拓和指导的重任，做了大量的探索、始创和初步系统化的工作。为此，蒋介石的谋士戴季陶曾这样叫嚣："瞿秋白赤化了千万青年，这样的人不杀，杀谁？"

今天，从发黄的历史相册上，人们已很难寻觅到一个真切的瞿秋白。但从瞿秋白女儿瞿独伊的讲述中，我们依稀找回了那个面容清瘦，性格沉稳，生就一副铮铮铁骨的瞿秋白。

破落旧家庭的"叛逆者"

长汀，闽西的一座古城。在城西罗汉岭的半山腰，屹立着"瞿秋白烈士纪念碑"。当年寸草不生的罗汉岭，如今已满目葱郁，之中有株枝干挺拔的柏树，是1984年瞿独伊特地从北京来此种下的。谈起父亲的牺牲，瞿独伊只说了四个字——"无比壮烈"。

瞿秋白烈士牺牲的那年，瞿独伊14岁。"父亲牺牲时，我年纪还小，可他亲切的形象，深深印在了我的心里。在我模糊的幼年记忆中，父亲清瘦，戴着眼镜，话不多，很温和。母亲不让我简单地叫他'爸爸'，而一定叫我喊他'好爸爸'。我就一直这样称呼父亲。"在瞿独伊的眼里，瞿秋白一直就是她的慈父。

瞿秋白1899年1月29日出生于常州，在故乡生活了整整18年。常州武进瞿氏，门台很高，是当地的望族，世代读书，也世代做官。但瞿秋白的祖父和父亲都只有空头衔，没做实任的官，早就穷了。瞿秋白幼年过了几年"少爷生活"，少年时代就在诗词、绘画、篆刻、书法等方面显示出非同凡响的天资。精谙诗书的母亲常常教他写诗作词。父亲瞿世玮的绘画技艺颇有功力，教小秋白学画。瞿秋白10岁那年的大年初一，父亲给他买了一部《三国演义》，其中插印了许多惟妙惟肖的人物绣像。书一拿到手，瞿秋白当即就在走廊里翻看着书上的绣像。如此熏陶教育下，瞿秋白十几岁时就能画出很好的山水画了。

在经济状况还不十分窘困时，瞿世玮到常州玄妙观、红梅阁等处游玩会友，也常带瞿秋白去。到了瞿秋白十三四岁的时候，家里就已经很贫苦，连租房的钱都没有了，只好寄住在瞿氏宗祠。为了家，为了孩子们，瞿世玮抛下画笔，去做自己不喜欢做的"账房"。

1915 年夏，离中学毕业只有半年时间，瞿秋白却无奈辍学。失去上学的机会后，原本一个好说好动的少年变得沉默起来。他闷在房里，往往到深夜还在昏暗的煤油灯下凝神看书，而且饮食很少，每餐不足一小碗饭。在冷清的瞿氏宗祠里孤寂独处，这对一个才 16 岁的少年，心理压力之重可想而知！

更加沉重的打击接踵而来——1916 年春节刚过，瞿秋白的母亲突然自杀。母亲性格柔中带刚，情感丰富细腻，对秋白特别慈爱。家道衰败，要强的她鼓动丈夫出外谋业，并将婆婆送去大哥处。不料婆婆在大儿子家里亡故，以致亲友都责怪她害死婆婆。也因此，亲友都不再对瞿秋白兄弟姐妹六人施以援手。瞿母迫于各方压力，最终选择服毒自杀。

这一悲剧使瞿秋白一生的心境、情感都受到影响。每每谈起母亲，他都沉默无语。母亲去世时，家里最小的孩子才 3 岁。瞿秋白一直很关爱弟弟妹妹，努力维系着失去母亲后的亲情联系，也一心想把弟弟们教育成才。

瞿独伊今天谈起这些传奇的家世，仍会感慨万千。呷了几口茶水，她轻声叹道："家庭破灭的凄惨现实，逼迫父亲很早便脱离旧环境，开始寻求新价值、新出路，这也使他更容易摒弃原有大家庭制度下的'昏昧'精神。"

复杂的情感纠葛

瞿独伊坦率地讲述了母亲与瞿秋白的真实情感。瞿秋白一生有两次爱情。第一个爱人王剑虹，是著名作家丁玲在上海大学的挚友，是一位聪慧的时代女性。1923 年两人相识、相爱，不到半年即结合。由于两人都有志于革命，并且都热爱文学，有着诗人的气质和才华，他们婚后的生活充满了诗歌的浪漫和词赋的情趣。遗憾的是，结婚仅 7 个月，王剑虹就因患肺结核而去世。瞿秋白曾在给丁玲的信中表白说"自己的心也随剑虹而去"。

瞿独伊的母亲杨之华，1900 年出生于浙江萧山，是家道中落的绅士门第小姐，当地出名的美人，曾就读于浙江女子师范学校。20岁时，她和浙江有名的开明士绅沈玄庐的儿子沈剑龙相爱成婚。沈剑龙喜欢诗词、音乐，但他和朋友一起到上海后，经不起十里洋场、灯红酒绿的生活引诱，堕落了。此时，杨之华已生下一女，便是"独伊"，意即只生你一个，可见杨之华心中的怨愤。1922年杨之华只身跑到上海，参加妇女运动，认识了向警予、王剑虹等人，并于1923年底被上海大学社会学系录取。

瞿秋白当时是社会学系的系主任，他风度翩翩、知识渊博，在师生中声望很高。杨之华第一次听瞿秋白的课，就对他留下了难以忘怀的印象。

杨之华学习努力，又是社会活动的积极分子，瞿秋白与她渐渐熟悉起来。瞿秋白还做了她的入党介绍人。然而，当杨之华感觉到两人互有好感时，内心充满矛盾。她选择回避，跑回了萧山母亲家。面对人生的重大抉择，瞿秋白也苦苦地思索：既然沈剑龙已经背叛了杨之华，为什么我不能去爱？既然我真心地爱她，为什么不敢表示！于是趁放暑假的机会，瞿秋白大胆来到了萧山杨家。

当时沈剑龙也在杨家。不曾想，沈剑龙竟然和瞿秋白一见如故，对瞿秋白十分尊敬、仰慕。面对复杂的感情问题，他们三人开始了一场奇特的"谈判"：先在杨家谈了两天，然后沈剑龙把瞿秋白、杨之华接到他家去谈，各自推心置腹，互诉衷肠，又谈了两天。最后，瞿秋白又把沈剑龙和杨之华接到常州，再谈。当时瞿家早已破落，家徒四壁，连把椅子都没有，三个人就坐在一条破棉絮上谈心。谈判结果是在上海《民国日报》上同时刊登三条启事：一是沈剑龙与杨之华离婚启事，二是瞿秋白与杨之华结婚启事，三是瞿秋白与沈剑龙结为好友启事。

1924年11月7日，"十月革命"纪念日这一天，瞿、杨在上海举行了结婚仪式，沈剑龙亲临祝贺。从此，瞿秋白和沈剑龙也成了好友，经常书信来往，写诗唱和。更有意思的是，沈剑龙送给瞿秋白一张六寸照片——沈剑龙剃光了头，身穿袈裟，手捧一束鲜花，照片上写着"鲜花献佛"四个字，意即他不配杨之华，他把她献给瞿秋白。

有一次刻图章，瞿秋白对杨之华说："我一定要把'秋白之华'、'秋之白华'和'白华之秋'刻成 3 枚图章,以示你中有我,我中有你,无你无我,永不分离。"瞿独伊说:"为了纪念他们的结合,父亲在一枚金别针上亲自刻上'赠我生命的伴侣'7 个字,送给母亲。这一爱情信物,后来伴随母亲度过了几十年风风雨雨。"

曾有人问杨之华,为何瞿秋白牺牲后不再婚,她这样回答:"再没有人比秋白对我更好了。"1955 年,经过 20 年的努力寻找,杨之华终于在福建长汀找到了瞿秋白的骸骨,并运回北京,隆重地安葬在八宝山革命公墓。周恩来总理亲笔题写了"瞿秋白之墓"的碑铭。杨之华的心得到了安慰。她怀念、铭记着瞿秋白,直到自己生命终了。

不是生父胜似生父

瞿独伊说自己从未感到瞿秋白不是自己的亲爸爸,相反,她得到了比普通的生父还要贴心、周到的爱。

1928 年 4 月,瞿秋白同周恩来提前到苏联,参加中共"六大"在苏举行的筹备工作,后在驻共产国际代表团工作两年;同年 5 月,作为中共"六大"代表的杨之华带着瞿独伊也秘密来到莫斯科。那时,瞿独伊已 6 岁半,开始记事。"过境时,我掩护过好几个中共代表,在妈妈的引导下认几位叔叔叫爸爸。不过,后来我不叫了,为什么?那么多爸爸谁相信?"瞿独伊沏上茶,接着说:"'六大'在中共历史上是很特殊的,会址不在国内而在国外。开会时我还记得,是在莫斯科郊区一座别墅里举行的,我当时去过,每逢他们休会,我常常给那些代表唱歌、跳舞,当时的我很天真活泼。"

"母亲忙于工运,无暇照料我。父亲对我十分慈爱,不管多忙,只要有一点空就到幼儿园接送我。在家时,他手把手地教我写字、画画。"说到自己的生父,瞿独伊说:"对生父没有一点印象,也没有一张他的照片。在我的心中,我的父亲就是瞿秋白。"

"我的父亲,无愧于'好爸爸'这个称呼,他给我带来无限的温暖和快乐。"

瞿秋白知道独伊喜欢吃牛奶渣，每隔一周，他从共产国际下班回来，总不忘记买一些带到幼儿园去给独伊吃。夏天，他们在树林里采蘑菇，瞿秋白画图折纸给独伊玩；冬天，地上铺满了厚厚的雪毡，他把独伊放在雪车里，自己拉着车跑，故意把雪车拉得忽快忽慢，有时假装拉不动了，有时假装摔了一跤，用手蒙了脸哭了起来，这时候独伊就向妈妈叫起来："妈妈，你看好爸爸跌一跤就哭了！"瞿秋白放开手，哈哈大笑。独伊也拍手大笑。

"我永远忘不了，一次爸爸妈妈来莫斯科儿童院看我，带我到河里划木筏玩，爸爸卷起裤管，露出细瘦的小腿，站在木筏上，拿着长竿用力地撑，我和母亲坐在一旁。后来，父亲引吭高歌起来，我和母亲也应和着唱，一家人其乐融融。"

1930年，瞿秋白夫妇途经欧洲秘密回国，不料这次分别竟是女儿和父亲的永诀。瞿独伊回忆说："1935年的一天，我正和儿童院的孩子们在乌克兰德聂伯罗彼特罗夫斯克参观休息。忽然，同学们围着一张报纸惊讶地议论着，还时不时看看我。我很好奇，也争着要看。当我一把抢过来，看到《共青团真理报》上报道着父亲于6月18日牺牲的消息，并附有一张4寸大小的半身照。我惊呆了，随即失声痛哭起来，晕倒在地。"

1935年8月，杨之华第二次来苏联出席共产国际第七次代表大会。这期间，她把瞿独伊接出儿童院与自己一起生活了几个月。每当夜深人静，只剩下母女俩相对无眠时，杨之华翻看着瞿秋白的遗作与信件，看着看着，忍不住悲从中来，泪珠不停地往下掉。每逢此时，瞿独伊就安慰妈妈："妈妈，我给你唱个歌。"于是，一口气唱起《马赛曲》《儿童进行曲》等好几首歌，直唱得妈妈脸上少了悲戚、眼睛里恢复了坚强才停下来。母女俩就这样相互慰勉着度过了最悲痛的一段时光。

和枪决父亲者面对面

苏德战争爆发后，瞿独伊结束了13年旅居异国的生活。1941年她随母亲回国，在新疆被地方军阀盛世才"无端"逮捕。抗战胜利后，经过党的营救和张治中将军的努力，她们才重新获得自由。

瞿独伊在狱中意外收获了爱情，她与同在监狱的李何结了婚。出狱后，瞿独伊光荣地加入了中国共产党。不久，她和丈夫一道被分配到新华社工作。开国大典时，瞿独伊为苏联文化友好代表团团长法捷耶夫一行当翻译。当时，她还用俄文广播了毛主席宣读的中央人民政府公告。解放初期，瞿独伊和丈夫再度前往苏联，筹建新华社莫斯科分社。当时，莫斯科分社里就只有他们夫妇俩，瞿独伊戏称他们是"八大员"，译电员、翻译员、交通员、采购员、炊事员等。

1957年瞿独伊回国，被分配在中国农业科学院工作。1964年，李何因病去世；半年后，在"哈军工"读大学的儿子竟又因病英年早逝，接连的打击使瞿独伊和母亲深受刺激。直到1978年，瞿独伊才回到了新华社，在国际部俄文组从事翻译和编辑工作，直至1982年离休。在晚年，瞿独伊多次重访莫斯科，追寻早年那里留给她的青春的梦境。

瞿独伊说："说实话，我不爱回忆往事，因为内心的伤痛实在太深。"然而，她又不得不说，"为了后人能了解历史"。谈及父亲的英勇就义时，她老泪纵横，"'文革'时，'四人帮'为了改写整部党史，不顾事实，硬把我父亲打成'叛徒'，使父亲的英魂在九泉之下遭受莫大凌辱。""文革"后，瞿独伊在众多前辈的鼓励下向中纪委进行了申诉，为此，中纪委成立了"瞿秋白复查组"，复查组跋山涉水，在全国范围内进行外调与核查。"而我呢，则带着女儿，直接去找了对我父亲执行枪决的原国民党36师师长宋希濂——他是个获赦战犯。我去见宋希濂，实在是一件痛苦无比的事。而宋希濂见到我，也是浑身不自在，一脸难堪。但这是没办法的事啊！我们两人必须见这一面。"宋希濂如实向瞿独伊介绍了情况，说瞿秋白在临终时高呼"共产党万岁"等口号，神态从容地环视刑场上的松树与草坪，微微地笑说"此地很好"。而后，慷慨就义。"那天，我和女儿是一边流着热泪，一边记录证明材料的。而中纪委复查组则以更大量的材料，有力证明了'四人帮'强加给我父亲的'叛徒'帽子，完全没有一点根据！"瞿独伊感叹，"今天，父亲如有知，可以含笑九泉了。"

采访结束时，瞿独伊深有感触地说："革命者是人，不是神。父亲首先是一个人，一个真正的人。他和普通人一样，也有七情六欲，对家庭、爱情和婚姻也表现了一个共产党人的宽阔胸襟和高尚情操。"她在记者的留言本上写下了瞿秋白的两句词："信是明年春再来，应有香如故"，并用俄文签名。（文/吴志菲）

记者瞿秋白的苏俄岁月

1920年10月16日深夜，21岁的瞿秋白应北京《晨报》和上海《时事新报》报馆的聘请，搭乘时任中国驻苏俄总领事陈广平的专列，从天津北去往关外，开启了驻俄记者生涯。

这次派遣驻外记者是中国有史以来第一次，发起人为刚从欧洲归来的梁启超。巴黎和会期间，梁启超正好在欧洲访游，一直密切关注着会议进展。当他得知几个战胜国准备牺牲中国利益的消息后，第一时间致电国内，提醒北洋政府不能承认日本继承德国在华权益。他的来电旋即被《申报》转载，引起全国民情沸腾。后来，在梁启超的督促下，张謇、林长民等人在国内自发成立"国民外交协会"，声援在巴黎的中国外交团。几天后，梁启超又给"国民外交协会"发电，督请他们要警告政府和国民在此事上不能屈服。林长民接电后，立即在1919年5月2日的《晨报》上发布消息，大声疾呼"胶州亡矣，山东亡矣，国不国矣"，号召"国亡无日，愿合四万万民众誓死图之"。这一疾呼迅速激起国内学生的爱国热情，两天后，轰轰烈烈的五四运动爆发。

历经巴黎和会"舆论战"，梁启超深切感受到中国报道世界新闻的差距以及驻外记者的重要性。1920年秋，在他的积极推动下，《晨报》联合《时事新报》向美、英、法、德、俄5国派出7名特派员（即驻外记者，以区别于在留学生或当地人中聘请的特约通讯员）。

和瞿秋白一同赴俄担任特派员的还有两人：一个是俞颂华，曾在报馆工作过，熟悉新闻业务；一个是李仲武，瞿秋白俄文专修馆的同学，也是梁启超的妻侄。起初，李仲武先得知《晨报》要派驻俄记者，考虑到可以与瞿秋白结伴同行，遂将其推荐给了自己的姑父梁启超。

其实，即使没有梁启超的关照，瞿秋白也是驻俄记者的绝佳人选。他不仅是俄文专修馆的高材生，翻译的作品得到过鲁迅的认可和赞赏，而且是一个有思想、有追求的年轻人。五四运动时期，他作为学运领袖参加了北京学联，加入了李大钊等发起的"北京大学马克思学说研究会"。他还与瞿菊农、郑振铎等人创办《新社会》杂志，几乎每期都撰写文章。这时的他，虽然还只是一位革命的民主主义者，但已经有了马克思主义倾向，对世界上第一个社会主义国家苏俄充满憧憬。当时，中国关于俄国的大部分消息，基本来自资本主义国家通讯社丑化和曲解的报道。他们把马克思主义视作"过激主义"，把布尔什维克党视作"穷党"，把苏俄视作"饿乡"，还散布"共产公妻""妇人国有"等无耻谎言。在这种情形下，能够出任驻俄记者，目睹苏俄十月革命后的真实情况，寻找救国良方，向国人如实介绍苏俄社会，无疑是瞿秋白最为向往的道路。

赴苏俄之旅是一次漫长而艰难的远行。列车还未出境，就在哈尔滨、满洲里停了两个多月。过中俄边境后，途经奥洛维扬车站时，由于铁路桥被炸毁，他们乘坐的列车只能从临时架设在冰河上的铁轨上冒险驶过。后来因等待发车指令，他们又在赤塔停留 17 天。为打发无聊时光，同车的驻苏俄官僚们整天喝酒、赌博。瞿秋白则充分利用停车间隙采访、调研和写稿，他还翻译、整理《国际歌》词曲，甚至旁听了《俄国社会发展史》课程。1921 年 1 月 25 日，列车终于抵达莫斯科，瞿秋白已寄回通讯 20 余篇。

瞿秋白深知，让读者了解苏俄，最好的办法莫过于让事实说话。在俄国，他广泛接触社会各阶层人士，有工人、农民、士兵、没落贵族、各类知识分子，也有投机商、妓女、演员等。他既参加过无政府主义者组织的克鲁泡特金的葬礼，也参加过俄罗斯民间"复活节"、知识分子们的家庭音乐会，还有俄共（布）第十次代表大会等政治会议。这些活动，使他很快了解了俄国社会在十月革命之后发生的变化。

当时，俄国刚刚经历了 4 年帝国主义战争和 3 年国内战争，国内经济混乱，人民生活极端困苦。瞿秋白以现实主义笔法描述了这种情形："内乱及波兰战争的时候，军事吃紧，四围封锁，不得不尽取农民的余粮，禁止私自买卖。因此农民不满意，城市居民也很困苦。""伊尔库茨克城里的景象非常之凄凉，路上行人稀少，店铺的门没有一家开的。"同时，他还报道苏共以新经济政策代替军事共产主义政策、纠正过去一些"左"的偏差的做法和成效。在他的笔下，描写最多的还是对苏维埃人民崭新风貌和苏维埃国家青春活力的赞美："五一节的莫斯科，满城张灯结彩，充满佳节的兴致""幼稚院的儿童穿着新衣呼号万岁"……

在苏俄期间，瞿秋白曾经两次见到列宁。

第一次是在1921年6月召开的共产国际第三次代表大会期间，瞿秋白以记者身份参加。他对列宁的演讲做了生动描绘："列宁出席发言三四次，德法语非常流利，谈吐沉着果断，演说时绝没有大学教授的态度，而一种诚挚果毅的政治家态度流露于自然之中。"其后，他在走廊上遇到列宁，就用俄语提出几个问题。列宁听说他来自中国，十分高兴地指点他该翻看哪些教材。"安德莱客厅每逢列宁演讲，台前拥挤不堪，椅上桌上都站堆着人山。电气照相灯开时，列宁伟大的头影投射在共产国际、'世界无产阶级联合起来'、俄罗斯社会主义联邦苏维埃共和国等标语题词（上），又衬着红绫奇画——另成一新奇的感想，特异的象征……列宁的演说，篇末往往被霹雳的掌声所吞没。"这是中国记者最早介绍、描绘的列宁形象。

除担任记者外，瞿秋白还在莫斯科东方劳动者共产主义大学中国班任教，班里的学生有刘少奇、任弼时、柯庆施、萧劲光等。他结识了正在筹备之中的中国共产党代表张太雷，两人共同起草了《关于建立共产国际远东书记处中国支部的报告》，并上报共产国际。同时，瞿秋白在张太雷介绍下加入俄共（布），成为预备党员。

瞿秋白第二次见到列宁，是在4个月后的纪念十月革命四周年的工人集会上。他再次感受到列宁演讲的魅力："集会的人，看来人人都异常兴致勃发，无意之间，忽然见列宁立登演坛。全会场都拥挤簇动……后来突然'万岁'声、鼓掌声，震天动地。"

瞿秋白对俄国文化有着浓厚的兴趣，这也是促进他思想发生转变的重要因素。他曾去探访莫斯科特列季亚科夫画廊，在发回国内的报道中，以事实驳斥了所谓十月革命摧残文明的诽谤："置身其中，几疑世外。兵火革命之中，还闪着这一颗俄罗斯文化的明星。"他还感叹道："俄罗斯文化的伟大、丰富，国民性的醇厚，孕育破天荒的奇才，诞生裂地轴的奇变——俄罗斯革命的价值不是偶然的呵！"最令人意外的是，瞿秋白还应托尔斯泰孙女的邀请，前往距莫斯科 200 多公里的托尔斯泰故居参观。在托尔斯泰的书房里，他发现了一本汉英对照的老子《道德经》。午餐时，他还与托尔斯泰的妻妹、幼女和儿媳等，聊起了老子和中俄文化。

瞿秋白身体虚弱、工作繁忙，加上俄国气候严寒、物资匮乏，到莫斯科后身患肺病。他病情严重时，出现血痰和昏厥，曾两次住进高山疗养院。在那里，他仍念念不忘工作，表示要"拼着病弱的生命，把革命的宝贝更多地运回祖国来"。

1922 年 11 月 5 日至 12 月 5 日，共产国际第四次代表大会在苏俄召开，中国共产党派出陈独秀、刘仁静等组成的代表团出席。瞿秋白担任陈独秀的翻译。会议结束前，陈独秀表达了希望瞿秋白回国的意愿。瞿秋白当年 2 月已由张太雷、张国焘介绍正式加入中国共产党，并于 8 月中断了与《晨报》《时事新报》的关系。他便服从党组织的决定，于 12 月 21 日告别了苏俄，踏上回国的路程。

在苏俄两年间，瞿秋白采写了《共产主义之人间化》等新闻作品 50 多篇，还写了著名的通讯报告集《饿乡纪程》《赤都心史》。《饿乡纪程》记述了他从哈尔滨到莫斯科的途中见闻以及自己蜕变成为共产主义者的心路历程，《赤都心史》记述了他在"赤色的莫斯科里，所闻所见所思所感"，为中国读者勾勒出了一幅斑斓的社会画卷。

在《赤俄之归途》一文中，瞿秋白感慨："我两年来的通讯已经将观察所得随时公开诸国人，无论如何总应当知道：俄国是一个人的国，也许是'人食狗彘'的国，可决不像狗彘食人的中国。"他谴责反动媒体丑化苏俄，误导大众对苏俄的认知："资本家包办的'世界新闻托辣（拉）斯'说了不少的风凉话，固然混淆视听……然而近两年，各方面的疑幕渐渐揭除，再加区区的通讯，中国人至少已经应当知道俄国万千所经之困厄以及他的职志。"

瞿秋白向国内发回的关于苏俄的报道，令人耳目一新。经由这些文章，国内读者对第一个社会主义国家初期的情况增进了解，对十月革命、苏维埃政权、马克思主义、列宁和布尔什维克加深了认识。文化部原副部长郑振铎后来回忆说："我们几乎不断地读着他的游记和通讯，那些充满了热情和同情的报道，令无数的读者对于这个人类历史上第一次出现的崭新的社会主义国家，发生了无限的向往之情。"（文／高善罡）

闻一多，西南联大的一团火

闻一多（1899—1946），湖北蕲水（今浠水）人。著名诗人、学者，中国现代伟大的爱国民主战士，中国民主同盟早期领导人。1946年7月15日在云南昆明被国民党特务暗杀。

无论在大陆还是港台，闻一多都被认为是集诗人、学者、民主斗士三重人格于一身的历史人物。但是，如果从职业上说，他几乎一生从事的都是教书育人的事业。他1932年回母校清华大学中文系任教，战火纷飞的年代与流亡师生一起南下，一直到被暗杀去世，都未曾放弃这个事业。

西南联大存在了8年多，闻一多也在昆明生活了8年多。在70年后的今天，当一位位当年的大师都已变成雕像和光环时，我们或许能通过闻一多在西南联大的种种事迹，触摸那一批知识分子真实的脉搏。

解聘刘文典

在西南联大，许多人对闻一多都有一个印象——爱走极端。这可以说是闻一多性格决定的，解聘刘文典便是最能反映这种性格的一件事。

那是1943年6月，西南联大校园爆出一条新闻——中文系教授刘文典被解聘了。这在西南联大历史上还未曾有过。

事情的经过是这样的：4月初，磨黑盐商张孟希请刘文典为其母写墓志铭，派人来昆明迎接护送。刘素有"二云居士"（即云土、云腿）之号，但物价高涨下已乏力购买，听说张孟希可供给充足烟土，便不顾路途遥远去了磨黑，一待半年。联大同事对此议论纷纷，认为他不该扔下正在教的几个班。但刘是老同盟会员，大革命中任安徽大学校长时还当面顶撞过蒋介石，况且他在清华的资格也甚老，故而谁也奈何不得。西南联大是由北大、清华、南开三校组成的，清华出了这事，北大、南开的人虽不便说话，却冷眼相看如何处理。

身为清华中文系主任的闻一多，觉得刘文典此举不足为人师表，新学年到来之前主张不给他续发聘书。那时系主任权力很大，在聘请教师一事上尤有发言权，因而聘任委员会虽然主张续聘刘文典，却并未把聘书寄出。有人替刘转圜，说刘于北平沦陷后能随校南迁，还是爱国的。闻一多发怒道："难道不当汉奸就可以擅离职守，不负教学责任吗？"

刘文典看到事情僵住了，就写信给西南联大中文系主任罗常培及校长梅贻琦。梅贻琦一向处事稳重温和，但在这件事上则支持了闻一多，他在给刘文典的复函中说："尊驾亦于春间离校，则上学期联大课业不无困难。且闻磨黑往来亦殊匪易，故为调整下年计划，以便系中处理计，尊处暂未致聘。事非得已，想承鉴原。"

解聘刘文典的事在学校影响很大，同仁乃至社会上持异议者也大有人在，吴宓就是其中之一，几年前出版的《吴宓日记》，就记载了他的不满。这件事过去一年了，冯友兰在与朱自清聊天时，还说"不得不依从闻之主张"。

与朱自清磨合

在多年前纪念朱自清先生的一篇文章中，我把闻一多和朱自清称作清华中文系的双子星座。由于毛泽东说我们要写闻一多颂、写朱自清颂，所以人们都认为两人关系密切。这话原本不错，不过，由于性格关系，两人之间也有一段磨合的过程。

1932年，闻一多回清华任教授。9月8日，开学的第二天，闻一多初次与朱自清见面，从此开始了长达14年的同事论学。朱自清长闻一多1岁，1925年清华学校加办大学部，他经俞平伯、胡适推荐，到校任教授，1932年起兼任中文系主任。

在北平和昆明，两人的交往主要在教学和工作方面，由于闻一多性格耿直，有时爱自作主张，不免引起朱自清的不快。1939年5月初，在聘请中文系教授一事上，闻一多觉得拟聘对象有些保守，主张系里不妨保留几个空额。朱自清不反对这种做法，但觉得自己是系主任，应该事前和自己交换意见。朱自清5月4日的日记记录了这段："我坦率地要求他若有什么主张，首先应与我商量，他对我表示抱歉并赞赏我的意见。"不过，这件事仍然让朱自清心里放不下，这个月19日，他和罗常培、杨振声商谈大一国文事时，还说到此事，日记中甚至说让自己觉得学术地位"低得可怜"。

1940年秋，因朱自清休假，闻一多代理中文系主任。

他们二人关系真正密切起来，是在清华文科研究所的时候。1941年7月，清华大学决定恢复文科研究所，最先恢复的是中国文学部，部主任依例由中文系主任担任，这副担子自然落在闻一多身上。

中国文学部的地点在昆明东北郊龙泉镇司家营17号，这是所刚刚盖好的小院，上下两层楼，闻一多全家住在院落右侧厢房，没有家眷的清华同人浦江清、许维遹等住在厢房左侧。清华中文系搬到昆明的图书集中在二楼正中的大房间，季镇淮、施子愉、王瑶等研究生为了写论文，也曾在这里住过。朱自清的家眷远在成都，所以他后来也搬了进来。司家营17号可以说是清华中文系共同的"家"。

在司家营17号，闻一多写了篇影响很大的文章《时代的鼓手——读田间的诗》，说起这篇文章就不能不说到朱自清。1943年8月，朱自清从成都休假归来，带了一本诗集，因闻一多正在与西南联大新聘的英籍教授罗伯特·白英合作编译《中国诗选》，朱自清便把诗集给闻一多看。闻一多一看，心里一惊，诗集里的《自由，向我们来了》《五个在商议》《给饲养员》《多一些》《晋察冀向你笑着》《人民底舞》让他眼睛一亮。闻一多过去很少读这类诗歌，甚至认为这类诗算不得是诗，但细细看下去，那些充满活力的街头诗句句有强烈的生命。

于是，开学后的第一堂"唐诗"课上，闻一多没有讲唐诗，反倒介绍起田间的诗来。他说："抗战6年来，我生活在历史里、古书堆里，实在非常惭愧。但今天是鼓的时代，我现在才发现了田间，听到了鼓的声音，使我非常感动。我想诸位不要有成见，成见是最要不得的东西。诸位想想我以前写的是什么诗，要有成见就应该是我。"末了，闻一多强调："田间实在是这鼓的时代的鼓手！他的诗是这时代的鼓的声音。"

闻一多讲课本来就颇精彩，这堂课更是这样，一位同学曾写了篇文章记录感想，张贴在西南联大"文艺"壁报第三期上，1943 年 11 月 16 日重庆《新华日报》以《听鼓的诗人和擂鼓的诗人》为题刊登了这篇文章。文中说：闻一多穿着蓝色的旧长袍，手里轻轻拍着田间的诗的抄本。他精湛独特的见解，清脆爽朗的国语，触动了听课的学生。过路的人也被这洪亮的声音吸引住，窗外的旁听者越挤越多，大家感到闻一多的长髯像过了强电流的铁丝一样弹动着，眼睛也像出现了"放电现象"。

那天课后，大家怂恿闻一多把课上讲的内容写下来，恰《生活导报》准备出版周年纪念刊，编辑傅欣来约稿，闻一多爽快地答应下来，这就是《时代的鼓手——读田间的诗》。很长时间以来，闻一多总是被人认为是新月派文人，正是这篇文章，不仅开始改变人们的印象，也是闻一多思想转变开端的标志。人们不该忘记，这篇文章的起因，是与朱自清分不开的。

劝王瑶回联大

王瑶是北京大学的著名教授，1953 年由他主持编写的《中国新文学史稿》，被认为标志着现代文学研究和教学基本格局的建立。他指导的研究生中，出了好几位学术领域的公认大家，如温儒敏、钱理群、陈平原、郭小聪等。人们都知道，王瑶是朱自清先生在西南联大指导的研究生，但真正把王瑶引进西南联大的，是闻一多。

王瑶 1934 年考入清华大学国文系，因抗战爆发，中断了一个时期学业，1943 年到昆明复学。毕业后，他在西南联大一些同学和毕业生创办的五华中学任教。清华文科研究所恢复后，力量还比较弱，闻一多很是着急。起初，他想到自己在北平指导的学生孙作云，但几次托人探询却不知其去处。他还想到刘绶松，但刘绶松因一时筹措不到路费也没能前来。在这种情况下，闻一多决定动员王瑶回来做研究生。

1986 年 10 月 7 日，王瑶曾在家里向笔者说起此事经过。1943 年 5 月的一天，闻一多请王瑶到文林街一家茶馆喝茶，问他为什么不读研究生。王瑶老老实实地对闻一多说：读研究生是当学生，只有贷金，而且数量很少，难以维持生活。闻一多听了，认为有道理，想了想，说可以让他当半时助教，就是一边当助教，一边读研究生，这样也有工资。这种安排，解除了王瑶的后顾之忧。

闻一多的思想变化开始于 1943 年下半年，王瑶正是这个时候考入清华文科研究所的，所以亲眼看到了闻一多的迅猛转变。1944 年 10 月，他给北平时期的清华大学同学赵俪生写了封信，用很大篇幅描述转变中的闻一多。信中写道："闻一多先生近来甚为热情，对国事颇多进步主张，因之甚为当局及联大同仁所忌，但闻先生老当益壮，视教授如敝屣，故亦行之若素也。昆明宪政促进会闻先生推动甚力，双十节召开纪念会时，闻先生朗读宣言……态度激昂，群众甚为感动，末决议召集国是会议，组织联合政府等……当场……略有骚动，复归镇静……在联大上课时，旁听者常满坑满谷，青年人对之甚为钦敬。"

1945 年 8 月 11 日，传来日本乞降消息，昆明城中群情沸腾，各报竞出号外，夜里还自发举行了群众游行。闻一多那时虽已搬进昆明城里，但正利用暑假去司家营办事，12 日清晨，王瑶带着报纸赶往司家营，到时已经中午了。闻一多一听，就喜欢得跳了起来，马上到镇上小理发馆，把留了 8 年的长髯剃掉了。

抗战胜利后，国民党坚持独裁政策，挑动内战，杀害了著名民主人士李公朴先生。1946 年 7 月 15 日，在云南大学举行的李公朴追悼大会上，主持人为了闻一多的安全，没有安排他发言。但他毫不畏惧，拍案而起，慷慨激昂地发表了《最后一次演讲》。散会后，闻一多在返家途中，突遭国民党特务伏击，身中十余弹，不幸遇难。正如朱自清对闻一多的评价："你是一团火，照彻了深渊；你是一团火，照明了古代；你是一团火，照亮魔鬼，烧毁了自己……"闻一多的生命被定格在 47 岁，他的精神，必将长存于人们心间，照亮前路……（文／闻黎明）

觉醒年代的顶流

蔡元培女儿忆父亲两登征婚启事

2010 年，蔡元培的女儿蔡睟盎接受了《环球人物》记者的采访，回忆讲述了父亲的诸多往事。蔡睟盎于 2012 年 8 月 7 日逝世，享年 85 岁。

2010 年的一个黄昏，熙攘的公交车停靠在上海希尔顿酒店对面的车站。记者走出二三十米，在常熟路和华山路的路口，有一座黑底镶金的蔡元培半身雕塑，雕塑上刻着毛泽东的题词"学界泰斗、世人楷模"。不远处，就是华山路 303 弄，蔡元培在内地的最后一处居所。

这是一个静谧的弄堂，弄堂南侧是独门独栋的法式三层楼。一楼是"蔡元培故居陈列室"，二楼和三楼住着蔡元培的女儿蔡睟（suì）盎。

记者踩着光线昏暗的木楼梯"咚咚"上楼，当时蔡睟盎正在接电话，一口上海话说得慢条斯理，像张爱玲笔下的人物，总在话尾加上"的"，很有古风。保姆告诉记者，这个 82 岁的耄耋老人（采访时为 2010 年），不分早晚地接听各种电话，连饭都吃不安稳。

蔡睟盎是蔡元培的第五个孩子。她前阵子摔伤了腿，得用双手撑着桌子，才能勉强走几步。老人很热情，只要有客人来，就会详细询问人数，然后吩咐保姆去买小柑橘，去甜点店买四色点心。蔡睟盎有一个红色签名本，上面有每位来访者的签名，里面竟然已有 8 万人。

十年找到恋爱感觉

说起蔡元培，有两件事令人不能忘怀，一是他在北大，二是他与五四运动。蔡元培是浙江绍兴山阴县人，他的一生经历了清政府、南京临时政府、北洋政府和国民党政府时代，是中国近代著名的教育家、思想家。他的"教育者，非为已往，非为现在，而专为将来""囊括大典，网罗众家；思想自由，兼容并包"等名言警句影响了许多教育仁人，被认为是中国教育革新的第一人。

蔡元培一生清廉简朴，没有置业，常常搬迁。在上海，他最早住在凤阳路，后来搬到万航渡路、愚园路、华山路。1937年，举家迁往香港。1940年3月5日在香港病逝。两年后，他的妻子周峻带着儿女回到了现在的住所。

"以前，父亲的物品是由母亲看护的。母亲在1975年去世，就由我看护了"。蔡睟盎指着58平方米的客厅，四面墙上挂满了蔡元培的像。"这是刘半农拍的；这是北大师生欢迎父亲从欧洲考察回来的集体照；1921年，父亲担任北大校长时，生病住院，著名美术教育家刘海粟去看他，现场画了这张素描。"客厅中，还摆放着蔡睟盎母亲为蔡元培画的像。"父亲还在上面题了词：'唯卿第一能知我'。父亲是个很浪漫的人，和母亲订婚时，曾题词：'谨以最纯洁最诚恳之爱情与周峻君订婚'。"

蔡元培一生结过三次婚，有两个女儿和五个儿子，长子6岁夭折。蔡睟盎和蔡怀新、蔡英多是第三位夫人周峻所生。

蔡元培的第一段婚姻是旧式婚姻，由兄长做主。也许因此，很多专题片省略了这段往事，很少提及。蔡睟盎对此不太满意，"第一位母亲王昭虽然是旧式女子，但是见识很广。父亲跟她结婚的时候还是个秀才，不久就中了举人。"

1889年，22岁的蔡元培考中举人后，迎娶了他的第一位夫人王昭。王昭有洁癖，什么都要弄得干干净净，凡坐席、食器、衣巾等都禁止别人触摸。每次睡觉前必须要求先脱去外衣，然后脱去衣裙之类，再用毛巾擦拭头发等等，而且花钱极节省。但蔡元培却生性豪放、不拘小节，他更有大男子主义，两人婚后经常发生口角。在最初的几年里，蔡元培似乎难以接受自己的妻子，这样一晃过了7年，直到王昭为他陆续生下了两个儿子，他们才慢慢找到了夫妻生活的感觉。王昭是旧社会的妇女，在蔡元培面前，总要谦虚地称他为"老爷"。为此，参与百日维新的蔡元培还嗔怪她："你以后可不要再叫什么'老爷'，也不要再称什么'奴家'了，听了多别扭呀？"而王昭总是温顺地说："唉，奴家都叫惯了，总是改不过来呢。"

1900年，接受了西方新思想的蔡元培开始重新思考女权的定义，他写出了《夫妻公约》，重新调整与妻子王昭的关系，这对结婚十多年的夫妻在这时找到了恋爱的感觉。可惜好景不长，就在这一年，王昭因病去世。

蔡睟盎说："父亲在祭文里写过，王昭从来不跟官场太太往来，很淡泊。后来父亲因为反对清朝，辞去翰林院官职回到家乡教书，很多人都说他傻，但她带着两个儿子从北京回到家乡，支持他。"蔡睟盎听说，当时很多人都劝父亲复职，唯独王昭没有劝过他。"我父亲信奉男女平等，劝她放脚、不要迷信鬼神，她也听，准备逐步去实行。同时也尊重他。这段感情胜过新婚。"

以开演说会代替闹洞房

王昭去世时，蔡元培33岁。这时的他在江浙一带的知识界已颇有名气，很多文人志士纷纷上门来给他说媒。为防媒人扰其清净，蔡元培贴出了"征婚启事"：第一，不缠足。第二，识字。第三，男子不娶妾，不娶姨太太。第四，丈夫死后，妻子可以改嫁。第五，意见不合，可以离婚。这份"征婚启事"在当时可算惊世骇俗，上门的人顿时退避三舍。

1901年的一天，蔡元培在朋友家看到了一幅工笔画，线条秀丽、题字极有功底，出自书香门第黄仲玉之手。黄仲玉是江西名士黄尔轩的女儿，当地有名的才女。她没有缠足，识字，还精通书画，孝敬父母，完全符合蔡元培的择偶标准。蔡睟盎说："父亲爱美术，先看到黄仲玉的画，还没见到人，就托人去提了亲。"

1902年元旦，蔡元培在杭州举办了一生中的第二次婚礼。这次婚礼中西合璧，他用红幛缀成"孔子"二字，代替悬挂三星画轴的传统，以开演说会的形式代替闹洞房。

1920年底，蔡元培在欧洲考察，黄仲玉病逝。他当即挥泪写下著名的祭文《祭亡妻黄仲玉》：呜呼仲玉，竟舍我而先逝耶！自汝与我结婚以来，才二十年，累汝以儿女，累汝以家计，累汝以国内、国外之奔走，累汝以贫困，累汝以忧患，使汝善书、善画、善为美术之天才，竟不能无限之发展，而且积劳成疾，以不能尽汝之天年。呜呼，我之负汝何如耶！……

在蔡元培55岁时，时任北大校长的他决定续娶，他再次提出自己的条件：一、具备相当的文化素质；二、年龄略大；三、熟谙英文，能成为研究助手。这时，一位名叫周峻的女孩子，走进了他的生活。周峻是蔡元培先生原来在上海成立的爱国女校的一名学生，这位学生对蔡元培先生一直抱有敬佩与热爱的情感，她一直到33岁还没有结婚，这在当时的中国是难以想象的。蔡元培和周峻两人年龄相差22岁。在挚友的介绍撮合下，1923年7月10日，蔡元培与周峻女士在苏州留园举行了结婚典礼。

这次婚礼完全是现代文明式的。当时，蔡元培到周峻下榻的宾馆迎接周峻，之后两人一起到苏州留园，拍摄了结婚照片。蔡元培西装革履，周峻身披白色婚纱。在婚礼的宴席上，蔡元培还向大家讲述了他们的恋爱经过。"忘年新结闺中契，劝学将为海外游。鲽泳鹣飞常互且，相期各自有千秋。"蔡元培就是用这样的文字，记下了他的第三次新婚。

婚后十天，蔡元培携周峻及子女离沪，奔赴比利时首都布鲁塞尔，夫人和女儿都进了国立美术学院，而他则开始潜心编写《哲学纲要》。每临黄昏，布鲁塞尔的林间小道上，总能见到一对老夫少妻相偕而游，吟诗赏月。

后代命运各不同

蔡晬盎打开夹在圆桌上的台灯，拿出《蔡元培全集》第七卷，朗读起父亲为大姐威廉去世写的《哀长女蔡威廉文》。她把书捧得很近，坚持读完全文。蔡晬盎说，父亲最爱大姐。大姐生得很美，在大学里有很多追求者。"后来大姐爱上了美术理论家林文铮，结婚前夜，她为父亲画肖像，希望画可以陪伴父亲，可惜这幅画没有画完。后来大姐不幸去世，这个消息，母亲不敢告诉父亲，她和大姐夫商量好，每次写信仍落款'威廉附笔请安'。母亲也没有告诉我们，只是让我脱掉红色的鞋。"

1940 年 3 月 5 日，就在周峻 50 岁生日的前两天，蔡元培在香港病逝。

蔡晬盎回想父亲最后的岁月，"本来父亲是计划从香港出发，转道越南，从陆路去昆明，和大姐会合。后来，父亲看到一张昆明的报纸，上面写着'女画家蔡威廉追悼会、遗作展'。父亲很伤心，写了这篇文章。一年后，就在香港去世，临终还惦记大姐。"

蔡晬盎从出生起，就一直陪伴在父亲左右。蔡元培和孩子们无话不谈，为孩子们做玩具，读《西行漫记》（现名《红星照耀中国》）。"有人觉得我父亲当过官（教育总长），当官的人都会让自己的儿子去学法律、学政治，以后也好当官，但父亲对我们的教育非常开明，他曾写了七个字给母亲'且从诸兄学实科'，告诫我们要学习实在、有用的科目。"

蔡晬盎的大哥蔡无忌留学法国 13 年，是畜牧兽医专家；大姐蔡威廉留学比利时和法国，学习油画卓有成就，但英年早逝；二哥蔡柏龄是法国国家级物理学博士，曾与法、美科学家共同发现反铁磁性现象，获法国国家科学院奖章。她说："大哥很聪明，十几岁就把法国大百科丛书看下来了。他到临终前还在工作，他说中国农业史还没写完，中国畜牧兽医史也没写完。第二天，他就不能讲话了……"

蔡晬盎一生未嫁，离休前是中国科学院上海分院研究员，每天步行上下班，来回五公里。60 年代起，她先后担任第三、四届全国人大代表，第六、七、八届全国政协委员，1998 年离休。

蔡晬盎每天早晨六七点起床，晚上 11 点休息，每周平均要参加 3 个会，日子过得忙碌充实，生活的主旋律都和父亲有关。"上周去电视台录制了《蔡元培和他的妻儿们》；还要参加上海图书馆举办的老照片展……我要延续母亲的遗志，怀念父亲，守护父亲，直到生命停止。"（文 / 刘莉芳）

张伯苓，南开的"巍巍大校长"

张伯苓，1876年4月出生于天津，1951年去世。创办南开中学、南开大学、南开女中、南开小学和南渝中学（现重庆南开中学），接办自贡蜀光中学，形成了著名的南开教育体系。

他主持自编教材，提出中国大学教育需"知中国，服务中国"。

1898年7月，威海卫。22岁的张伯苓站在通济轮上，看着清朝的黄龙旗被降下，升起了英国的米字旗。就在前一天，这面黄龙旗才代替日本的太阳旗被升起。根据《中英订租威海卫专约》，正在占据威海卫的日军需按约撤出，威海卫由清政府接收后，再转让给英国。

这场"国帜三易"的闹剧让张伯苓不禁慨叹："念国家积弱至此，苟不自强，奚以图存。""自强之道，端在教育"，他于是离开海军，回到天津从事教育。"'弃武从文'的决定，诞生了南开大学，也开启了先生（指张伯苓）半个世纪的教育救国路。"南开大学校史研究室主任张健对《环球人物》记者说，"先生逝世前曾说：'我死后一定要埋在南开，要看着南开。'1986年，南开人将他和夫人的骨灰合葬于南开大学中心花园张伯苓半身铜像后。尽管先生离开我们已65年了，但南开人从来没有忘记过他。"

"南开，难开，越难越开"

"合抱之木，生于毫末"。1898年11月，赋闲在家的张伯苓迎来了一位重要的客人——被后世誉为"南开校父"的天津名绅严修。严修想在严氏家馆里推行新式教育。他听说张伯苓曾在北洋水师学堂学习，便想聘请其为家馆老师，教授英文、数学等"洋书"。两人一见如故，张伯苓正式开始了自己的从教之路。未来闻名于世的南开学校便滥觞于这个仅有6个学生的家馆。

在严氏家馆，学生除了要读半日经书和半日"洋书"，还接触了当时罕见的近代体育。当士大夫、读书人还是宽袍博带、迈着方步时，张伯苓已经带着学生跳远、踢球、赛跑。他曾把两把木头椅子搬到院子中，又在椅子中间放上一根长木棍，让学生练习跳高。新式教育方法和教学内容，开一时风气之先，很快让他声名鹊起。

不久，富商王奎章也请张伯苓去其家馆任教。他上午教严馆，下午教王馆。随着他声誉日隆，想求教于他的学生逐年增加，他感到力不从心。其时，日本教育正蓬勃发展，吸引众多国内教育人士去取经。于是，严修和他两次东渡日本。张健说："严、张去了日本后，深受触动。他们发现两馆办得再好，也毕竟是家塾。为了让更多人受益，1904 年从日本回来后，他们就以两馆为基础，成立了'私立中学堂'，面向社会招生，张伯苓担任监督（即校长）。"

私立中学堂起初仍设在严宅。1907 年学校迁至天津"南开洼"，改名为"私立南开中学堂"，后又按照南京临时政府的规定于 1912 年改名为"南开学校"。民国的成立，让张伯苓备受鼓舞，更坚定了他教育救国的信念。他连年增添经费，修建校园，学生从几十人增加到数百人。张伯苓爱叫学生去家里吃饭，他的夫人还会亲自下厨。面对学校规模的迅速扩大，他风趣地说："以前学生少，可以常请他们来吃饭，现在学生多了，一顿就把家里吃空了。"

1919 年，严修和张伯苓共同开办了南开大学。此后，二人分别在 1923 年、1928 年又开办了南开女中、南开小学。张健告诉记者："先生曾说：'中学居小学与大学之间，为培养救国干部人才之重要阶段，决定先行创办中学，徐图扩充。'从'徐图扩充'4 个字就能看出严、张的目光没有局限于中学。之所以没有从一开始就选择办大学，一是需要积累办学经验，二是经费的限制。"

"南开，难开，越难越开。"张伯苓常用这句话鼓舞师生知难而进。因时局动荡，国立的北京大学等都因资金不足而拖欠老师工资，创办一所经费主要来源于社会捐款的私立大学更不容易。南开大学建校后，钱的难题始终困扰着张伯苓。他的三子张锡祚曾在为父亲所作的传略中写道："历年来在各个政权的交替统治下，先生都要想尽办法找他们给拨助些经费，但是一经政局变迁，就要重新打鼓另开张，另找门路。他经常出入北京各个政权的教育部大门，人们都在背后指着他说，这个化缘的老和尚又来了。"但张伯苓并不以此为苦，他说："我虽然有时向人请求捐款时，被拒之门外，的确有辱颜面，但我并非乞丐，我是为兴办教育而化缘，并不觉得难堪。"

"土货的南开"

1934年，张伯苓在南开学校建校30周年纪念会上宣布，南开学校以"允公允能"为校训，致力培养学生"爱国爱群之公德"与"服务社会之能力"。在他看来，中华民族患有"愚""弱""贫""散""私"五大病，自己办学正是为了"痛矫时弊，育才救国"，而唯"公"才能化私、化散；唯"能"才能去愚、去弱。

于张伯苓而言，"公德"与"能力"绝非口号，而是需要以身作则的。他常说："正人者，必先正己，要教育学生，必先教育自己。"为了让学生不被"五大病"所污染，他明令禁止学生吸烟、赌博等不良行为。一次，他见一名学生吸烟过多，连手指都被熏得焦黄，于是出言批评。那名学生却反驳道："先生你不也抽烟吗？怎么说我呢？"张伯苓一愣，沉思片刻后说："你的问题提得很好，现在我宣布马上戒烟。"并当即折断了随身携带的烟杆。从此以后，南开在校学生，再没有吸烟的，张伯苓也自此终身不吸。张伯苓因身材高大、声音洪亮被南开师生叫作"巍巍大校长"，显然，其"巍巍"不仅在外表，更在品格。

然而，"巍巍大校长"的办学方式也曾受到质疑。1924年11月28日，学生宁恩承在《南大周刊》上发表了文章《轮回教育》，尖锐批评了南开教育食洋不化、脱离实际。张健解释："由于先生曾在哥伦比亚大学研究教育，又多次到欧美考察，南开的老师大多也有留洋背景，所以创办之初，欧美化一度比较严重。当时所有课程都是全英文教学，书本不是英文原版就是英文转译，据说连解剖的蚯蚓都是从美国进口的。宁恩承写道：'学问吗？什么叫作学问！救国吗？这样便算救国吗！'确实非常尖锐。"

受到这篇文章的影响，《南大周刊》又刊登了许多类似的文章，言辞越来越激烈。南开的教师也因此感到不满，认为学生有意侮辱教员，要求张伯苓惩办撰文的学生，师生之间的矛盾日益尖锐。"先生毕竟武人出身，做事果断。他见调解不开，干脆以退为进，说他这校长不干了，要离开南开。见此情景，师生双方很快做出了让步，学校这才重新恢复了秩序。"张健说。

这场风波让张伯苓认识到"此种教育既非学生之需要，复不适于中国之国情"。于是，南开加快了改革的步伐：1925年，除了英语课，其他课程都采用国语教学；1927年，南开开始自编教材；1928年，他主持制定《南开大学发展方案》，指出中国大学教育的弊端在于半"洋货"化，要办"土货的南开"，即"贴近中国国情""扎根本土实际"，以更好"知中国，服务中国"。

张伯苓的两颗"掌上明珠"南开大学经济研究所和应用化学研究所便是"知中国，服务中国"的产物。张健告诉记者："经济研究所考察华北、东北的经济，发布的'南开指数'连国民政府都采用。应用化学研究所则给民族资本家提供技术支持，在它的帮助下，天津爱国实业家赵雁秋创办利中制酸厂，打破日企对华北市场的垄断。"

"南开之精神，将因此挫折而愈益奋励"

张伯苓最重视爱国教育，常以亲身经历向学生讲述近代中国屈辱挨打的历史和民族危机的严重。南开学生每听张伯苓的演讲，都坐立难安，立志要改变国家贫穷落后的面貌。

生逢乱世，个人和集体的命运便与国家、民族的气运息息相关。日本全面侵华战争爆发后，南开大学成为第一所被日寇化为焦土的中国高等学府。

1937年7月29日起，日军对南开校园轮番轰炸。"轰炸之不足，继之以焚烧"。火光四起，烟云蔽天，张伯苓半生的心血一朝化为废墟。但他并未被打垮，在接受采访时说："敌人此次轰炸南开，被毁者南开之物质，而南开之精神，将因此挫折而愈益奋励。"7月31日，蒋介石约见教育界名流。张伯苓第一个发言，慨然表示："只要国家有办法，南开算什么？打完了仗，再办一个南开。"字字掷地作金石声。

日军新闻发言人声称选择南开作为轰炸目标，因其是"一个抗日基地"。南开师生的确一直站在抗日救亡爱国运动的前线。其中影响最大的是1934年，在第十八届华北运动会开幕式上，南开学生当着日本驻津总领事梅津美治郎的面，用黑、白两色小旗组成"勿忘国耻""收复失地"等字样，引起全场轰动。梅津美治郎当即提出抗议，张伯苓据理争辩："中国人在自己的国土上进行爱国活动，这是学生们的自由，外国人无权干涉。"事后他把学生领袖找来，说了3句话："你们讨厌""你们讨厌得好""下回还这么讨厌，要更巧妙地讨厌"。

抗战胜利后，在南京的一个茶话会上，主持人对张伯苓说："在被立案惩处的汉奸之中，没有一个是战前的南开学校毕业生。"等他回到天津，南开校友杜建时也向他报喜：平津二市被立案的汉奸之中，没有一个战前南开毕业生。张伯苓笑答："这比接受任何勋章都让我高兴。"

当历史走到新的节点，国民党即将败退台湾之际，张伯苓也面临新的抉择。蒋介石亲自登门请他赴台，张伯苓以"不愿离开南开学校"为由拒绝。蒋介石起身告辞，由于心情沮丧，头竟然撞在车门框上。

1951年2月23日，张伯苓因病去世，带走了南开的一个时代。对他这一生，也许曹禺和老舍的评价最为贴切。那是1946年，张伯苓正在纽约接受治疗，79位南开校友为他庆贺七十大寿。席间，曹禺和老舍朗诵了一首祝寿诗："……一提起我们的张校长，就仿佛提到华盛顿，或莎士比亚那个样。虽然他并不稀罕做几任总统，或写几部剧教人鼓掌，可是他会把成千论万的小淘气儿，用人格的熏陶，与身心的教养，造成华盛顿或不朽的写家，把古老的中华，变得比英美更棒……"（文/郑心仪）

黄方毅：父亲黄炎培一生清白无悔

电视剧杜撰黄炎培有婚外恋，素食50载竟吃毛血旺。黄家决不容忍历史被篡改，父母亲的人格被侮辱。

2009年，因为电视剧《黄炎培》，黄家人成了舆论关注的焦点。父亲黄炎培一生多彩多姿，曾是清末举人，我国职业教育的开拓者。他几十年办学，从著名的浦东中学到东吴大学、同济大学、暨南大学等。他在旧中国拒不当官，两次拒任北洋政府教育总长，1949年成为新中国开国副总理。他亲手创建我国八个民主党派中的两个（民盟、民建），并任两党第一位主席。他先被蒋介石看中，1949年又被毛泽东定为我国民族工商业的代表与领袖。父亲虽被称为教育、政治、经济"三栖人物"，但说到底他还是知识分子，黄家说到底还是书香世家，正如我家门前对联所写："忠厚传家久，诗书继世长"。

然而，当我看到电视剧《黄炎培》的剧本后，发现父亲一生的重要作为和一些标志性事件，很少被涉及甚至完全没有提到。剧本还虚构了一位林姓女士与父亲有婚外暧昧情感关系。剧组解释，这么做是为了加强故事性以吸引观众，但父亲一生并没有绯闻，这种做法是对父亲人格的不尊重。

父亲的生活习惯，比如50年吃素食，毛主席也知道，戏称为"黄道素食"，可剧本中竟安排父亲吃毛血旺。由于编剧、导演都是天津人，剧本里的上海人"黄炎培"竟然满嘴津腔津味，甚至冒出"老爷子"之类的称谓，与上海话相去甚远。对于由张铁林饰演黄炎培，我也难以接受。张铁林惯常演喜剧、演皇帝，与我父亲形不像，神更不像，我们不要求明星大腕，只希望能朴实无华。

我一直牢记父亲的家训："理必求真，事必求是。有言必信，无欲则刚。"当我将这些问题通过网络博客公布后，数日内竟有40多万人阅读，4000多人发表评论，90%以上支持我的意见，是非真伪，一目了然。谨以此文，让广大读者对我的父亲、我的家族有更真实、深刻的了解，以正视听。

佳人易得，同志难求

父亲黄炎培1878年出生在上海浦东"内史第"宅中。"内史第"曾是江南著名藏金楼，内有秘籍书画，金石碑帖，有"富甲东南"之誉（1991年恢复重建第一进院落，陈云同志题写"黄炎培故居"）。"内史第"中不仅诞生了父亲及我堂兄音乐家黄自，还有著名的宋氏三姐妹及宋子文兄弟，五四运动先驱胡适。一宅三家名人，世间少有。宅院四周小桥流水，树荫环绕，尤其是门前一棵五人抱不拢的老银杏树，极为难得。

父亲虽出身世家，但从我爷爷起就家道中落。父亲13岁丧母，17岁丧父，十几岁便外出打工，白天站柜台，夜间笔耕，撰文卖钱，养活自己和两个妹妹。1901年，父亲考入上海南洋公学（今上海交通大学）第一期特班，特班总教习就是我国著名教育家蔡元培，他的教育思想对父亲影响深远。1902年，父亲江南乡试又中举人，目睹江山破碎，立志救国，他先是反清，被判死罪后由美国牧师救出，亡命日本。后参加辛亥革命，但发现社会依旧痼疾难去，便悟出要从基础做起，从教育抓起。父亲25岁开始办学，小学、中学，最有名的是浦东中学。蒋介石听说后，先送大儿子蒋经国来，学习很好，又送二儿子蒋纬国受教于此。之后，父亲又与人共创东吴大学（后中央大学，今南京大学）、同济大学、河海工程学院、暨南大学等。父亲曾任《申报》主笔，考察七省教育，非常失望，"所学无用，毕业等于失业"。他赴日、美等国考察，看到职业教育兴起后国家经济腾飞，大受启发。1917年办起中华职业教育社，主张"使无业者有业，使有业者乐业"。

当今社会不少名人曾师从父亲所办的学校。例如曾任中共总书记的张闻天，毛泽东的老师徐特立，"左联五烈士"胡也频、殷夫，历史学家范文澜、罗尔纲，数学家华罗庚，中子弹之父王淦昌，民生公司老板卢作孚，会计专家潘序伦，原人大副委员长孙起孟，原政协副主席钱昌照，演艺名人谢晋、秦怡等。甚至越南胡志明主席，也尊称父亲为"我的老师"，专门来家拜访。

上世纪 20 年代，父亲已闻名上海乃至全国。

父亲与母亲的结合颇为浪漫。父亲和前妻王纠思生有五男五女，1940 年王病故。之后登门说媒者众多，但均被父亲婉拒。1941 年底，父亲来到贵阳大夏大学讲演，和母亲姚维钧邂逅，开始通信。"孤鹤高飞，越海冲天，别尽旧人。且拓开新境，聊酬壮志，快翻怒翼，早拂轻尘。林露何依，巢云何托，谁识长鸣自有真……无言久，有一腔热血，相映红轮。"母亲以一首《沁园春》表达了自己的心境。父亲也洋洋洒洒地写下《论家庭再造》，表明自己的认真态度。他们百日有百封书信往来，多首诗词唱和，最终两人遥订终身。

1942 年 7 月，母亲大学毕业后奔赴重庆，8 月，他们举行了婚礼，著名教育家杨卫玉为介绍人，沈钧儒等参加。父亲在婚礼上散发"婚事经过告亲友书"，文中有赫赫八个字："佳人易得，同志难求。"父亲当时在重庆，又是国民参政会，又是中华职业教育社，又是民盟、民建，公事繁忙，每每晚归，母亲都在他们居住的张家花园山坡上眺目等候，并写诗云："观音岩上久徘徊，贩者纷纷饱囊（tuó）回。过尽千车人不见，一镫远送屐声来。"父亲读后感动，答诗："观音岩上市声稀，夜夜夫人迎我归。过尽千车人不见，一天风露湿君衣。"

父母共谱"黄炎培周期率"

20 世纪有两部同为夫妻合作、关于延安内容的作品影响深远。一部是 1937 年美国记者埃德加·斯诺与其妻海伦合作的《西行漫记》（出版时只署斯诺之名）；另一部是 1945 年由父亲黄炎培口述、母亲姚维钧执笔的《延安归来》。

1945 年 7 月，父亲与傅斯年、章伯钧、左舜生等 6 位国民参政员访问延安。与陪都纸醉金迷的乌烟瘴气相反，父亲目睹了革命根据地的一派欣欣向荣。从延安归来后，他十分兴奋。遂闭门谢客，口述延安经历，由母亲执笔整理，一连数日，合作完成《延安归来》。

"我生六十多年，耳闻的不说，所亲眼见到的，真所谓'其兴也焉，其亡也忽焉'，一人，一家，一团体，一地方，乃至一国，不少单位都没有能跳出这周期率的支配力。大凡初时聚精会神，没有一事不用心，没有一人不卖力，也许那时艰难困苦，只有从万死中觅取一生。既而环境渐渐好转了，精神也就渐渐放下了……一部历史，'政怠宦成'的也有，'人亡政息'的也有，'求荣取辱'的也有。总之没有能跳出这周期率。"对此，53岁的毛泽东相答："我们已经找到了新路，我们能跳出这周期率。这条新路，就是民主。只有让人民起来监督政府，政府才不敢松懈。只有人人起来负责，才不会人亡政息。"父亲与毛泽东的延安对话被称作"窑洞对""黄炎培周期率"或"黄炎培周期率难题"，至今不时被人提起。

抗战胜利后，父亲奔走国共和谈，我们全家重返上海。和谈失败，父亲辞去国民参政员之职，拒绝参加国民党单方面召开的伪国大。与国民党全面决裂，迎来了他人生最艰难的时期。母亲一直伴他左右，共度政治上受高压、经济上靠卖字为生的生活。1948年，母亲40岁生日之际，父亲感激地写下贺诗："迎君长夏海棠溪，入握情丝未足迷。出处商量关大计，将才许国两心齐。"

新中国成立后，父亲任政务院副总理兼轻工业部部长，文件信件纷至沓来。母亲遂放弃教师工作，担任政务院秘书，协助父亲工作。在父亲的办公室里，摆着母亲的办公桌，母亲在此处理信件与公函。每天仅人民来信少则十封八封，多则几十上百，都由父亲口述大意，母亲回复作答。大至大政方针，小至失业的人找工作，专业不对口的调工作，两人都尽力相助。以致母亲去世后多年，仍有写信者寄信到我家，继续求助。1950年，母亲被推选为全国政协委员。

在业余爱好上，母亲与父亲甚为相投，都不擅长歌、舞、牌、麻，只好书、文、诗、字。工作之余，他们在家中铺上纸墨，边书写边赏评，共同玩味，有时也在院中葡萄架下谈诗赋词。父亲一生出版的四部诗集里，《天长集》《红桑》两部由母亲作序。有一次母亲因病住院数日，很少与妻子分离的父亲，写下相思的诗篇，送到病床前。母亲读后热泪盈眶，写下充满情意的长信。

1962年，父亲和母亲结婚20周年。父亲已是85岁高龄，但不忘和母亲"知己同居二十年"的情意。他与母亲共同写下四首诗，装入以旧翻新的信封，分送给每个儿女（我留存至今）。父亲还把自己毕生最满意的书法作品——1927年流亡到大连时所抄写的《杜诗尤》，题上"赠我爱维"送给母亲；把相恋至婚前的100多封书信及之后的诗篇收集成册，取名《灵珰百札》。

1965年底父亲去世，母亲与他共度了24个春秋。她陪伴父亲度过了一生事业的顶峰，也经历了他最艰辛的岁月。

一腔热血，生命挽歌

母亲为人贤惠，待人宽厚，善解人意，书房里挂着父亲前妻的大照片，母亲叫我们去行礼。父亲有时发脾气，对友人部下过于严厉，逢此，母亲总是出来宽慰一番。然而，在父亲严格管教我们时，母亲却从不来"护犊子"。母亲育有我们姐弟四人，她对父亲前妻所生的子女也十分关爱。他们结婚时，父亲对前妻所生子女说："天下母亲只能有一个，你们也不必叫你们的继母为'母亲'，你们的继母是教师，以后就叫'姚先生'吧！"然而，经过母亲照管过的三位兄姐，仍发自内心地称她为"妈"。母亲还力主将被国民党杀害的我二兄黄竞武之子黄孟强、黄孟复兄弟接来，抚养成人。

新中国成立后，母亲接受党和人民的重托，全力辅助父亲的工作，形成了"要找黄，先找姚"的工作模式；另一方面，在经受一场又一场的政治运动和愈来愈"左"的政治压力时，"要找黄，先找姚"的工作模式，使母亲处于她并不熟悉，但又不得不直面的位置上。20世纪50年代，父亲为良心所驱使，为民请命、犯颜直谏的传统习惯不改。"反右"来临，我的五位兄姐被打成右派。黄家的日子并不好过。在这种情形下，母亲作为父亲最亲密助手，处境之难可想而知。她感到力不从心，头发几乎全白了。

或许是知道老友的心境，1963年夏天的一个晚上，周恩来、邓颖超来了，周与父亲在客厅里长谈，邓与母亲则手拉手在里屋比肩而坐，低声细语。凭着良知与执着，凭着党和朋友的关怀，凭着对丈夫的理解、认同与钦佩，母亲一直支撑着，在"阶级斗争年年讲，月月讲，天天讲"的年月里，支持父亲，追随父亲，陪伴父亲，无怨无悔。

1966 年"文革"开始，母亲成了父亲的替罪羊，遭受拳脚棍棒、人格侮辱；1968 年 1 月 20 日，她以一死做最后的抗争，结束了不到 59 岁的生命。母亲身穿那件带有 20 余处补丁的棉袄，追随已先她而去的父亲去了。她在生命结束之际，仍然在留给我们姐弟和黄孟复兄弟的遗嘱中写道："孟强、孟复、当当、丁丁、方方、冈冈：孩子们，我病得很苦！你们要跟着共产党。"母亲告别人世时仍无改其政治选择。在颠倒与迷乱的现实面前，她用一死来证明自己的清白，用奉献生命来唱和其早年的一腔热血！

一家三代，一脉相承

新中国成立后，虽然我们的家庭生活好转，但是父母仍厉行节俭，毛主席、周总理特给我家新建的位于园恩寺的小洋楼，父母一直不肯去住，十几口人加工作人员共二十多人挤在一个半院中。我们儿时每月只有 5 角钱零用，而且要记账，经母亲检查支出合理（买书、文具）才领下月的。

父母言传身教，我们第二代自小学习好，我的两个姐姐都是师大女附中高才生。我们七兄弟中，5 人留学，有 4 人包括我在内，获取美国名牌大学博士、硕士（学位），且都是考取公派留学。20 世纪 30 年代，一次蒋介石与父亲晤面，他对父亲讲："经国、纬国曾受教于您的学校，听说您的'五虎上将'很厉害，留洋归来了，送两个到我身边侍从室，我会提携的。"蒋介石要报答父亲教子之恩，然而为父亲婉拒。

蒋介石所说的"五虎上将"就是我的五位兄长。我大哥黄方刚，哈佛哲学博士，曾任东北大学文学院院长、武汉大学教授，死于战乱疾病。二哥黄竞武，哥伦比亚大学金融硕士，新中国成立前夕被匪特活埋。三哥黄万里，美国康奈尔大学水文科学硕士，美国伊利诺伊大学工程博士（第一位获得该学位的中国人），反对三门峡水库被定为"右派"，用一生捍卫真理和良知（已逝）。四哥黄大能，留英建材专家，原政协常委，民建副主席。五哥黄必信，大连工学院任教，"文革"中夫妻幼女一家三口死于非命。

我弟弟黄刚在一家教育杂志社任职。四个在世的姐姐，一个出国定居，国内的黄学潮曾是著名的蓝天幼儿园副园长，黄当时现任国务院参事，黄丁年原是科学院信息所高工，现旅居加拿大。"文革"也让我家散人亡，我经历了十年农村工厂生活，"文革"后考入中国社科院，从事经济研究。

有媒体称我们黄家是"一家三代，一脉相承"，因为父亲在毛泽东进京第二天便被邀至香山双清别墅，"钦定"父亲为我国工商界领袖和代表；第二代中，我担任了全国政协委员，经济委员会委员，关注经济尤其民营经济；第三代中，我二哥的儿子黄孟复，在经济领域里继承了父亲的事业，现任全国工商联主席、全国政协副主席。

我家的第三代大都从事科教及相关工作。说到底，我们这个家族属于我们民族，而百年家史是百年中华民族史的缩影与侧面。因此，我决不能容忍黄家的历史被篡改，父母亲的人格被侮辱。想让黄家人封口，回答只能是"不"！（文/黄方毅）

鲁迅：百年顶流

许广平眼中的鲁迅

鲁迅先生的长孙周令飞，曾在上海交通大学的一场讲演中大声诘问："鲁迅是谁？"

在 20 世纪的数十年间，鲁迅曾是一个彻头彻尾的"政治话题"。提起鲁迅，很多人会想到那个"横眉冷对千夫指，俯首甘为孺子牛"的革命者形象。近些年来，人们通过不同的方法，去还原"作为普通人的鲁迅"。随着许广平的手稿《鲁迅回忆录》于 2010 年 3 月出版，读者看到了一个更丰满的鲁迅形象。

为人师：深入浅出，幽默风趣

许广平这样描述鲁迅的外貌："鲁迅是一个平凡的人，如果走到大街上，绝不会引起一个人的注意……但在讲台上，在群众中，在青年们的眼里所照出来的真相却不一样。他那灰暗的面孔这时从深色的罩上面纱的一层灰暗放出夜光杯一样的异彩。人们听到他的声音就好像饮过了葡萄美酒一般的舒畅。两眼在说话的时候又射出来无量的光芒异彩，精神抖擞地，顿觉着满室生辉起来了。"

鲁迅在短短 56 年的人生中，先后多次担任教职，从绍兴府中学堂教员到北大讲师，他教过中学生化学，也在大学教授过文学。无论在北京，在厦门，或是在广州，鲁迅讲的课总是吸引很多人。他擅长用十分浅白的例子来阐明复杂的道理。作家郑伯奇回忆说："他先谈起家乡的风俗，大意是男人讨媳妇的时候，并不要什么杏脸柳腰的美人，要的是健壮的少女。由这类的例子，他归结到农民和绅士对于美观的不同。然后，他用实证，揭破了'美是绝对的'这种观念论的错误。而给'美的阶级性'这种思想，找出了铁一般的证据。"

课堂上的鲁迅也有幽默的时候。有一次讲到《西南荒经》上说，吃了一种叫讹兽的动物的肉的人，说话就会不诚实。他随即讲了个故事：有人走到三岔路口，去问路，结果从不同的人那里得到三个不同的回答。他接着幽默地说："大约他们亦是食过讹兽罢！"学生们一阵哄堂大笑。

鲁迅上课从不点名，因为反正学生一个也不会少，就连别科系的学生都会跑过来听。"他是严峻的，严峻到使人肃然起敬，但瞬即融化了，如同冰见了太阳一样，是他讲到可笑的时候大家都笑了。有时他并不发笑，这样很快就又讲了下去。到真个令人压抑不住了，从心底内引起共鸣的时候，他也会破颜一笑，那是青年们的欢笑使他忘却了人世的许多哀愁。"事隔多年，许广平回忆起鲁迅讲课的风采依旧绘声绘色，让人如同亲历一般。《中国小说史略》是当时鲁迅讲得比较多的课程，在他坦白、精辟、透彻的指引下，学生们都被他广博的知识和所教授的处事道理所征服。

为人夫、为人父：有严有慈

鲁迅26岁时奉父母之命与朱安成亲，内心苦痛却只能接受。直到1925年他44岁时，收到许广平第一封问询信，情愫暗生却只能躲闪。女师大风潮中，鲁迅坚决站在青年学生一边，从此开始了与许广平的爱情长跑。

鲁迅的书信集《两地书》中，那个充满了生活气息，可爱、幽默甚至幼稚的鲁迅是那么让人感动。在信里，鲁迅经常向许广平讲些自己遇到的趣事。他曾写到厦门大学一次文物展览会上，为展示自己的几只古老的拓片，他应组织者的要求站到桌子上。后来，因为那张桌子要用来摆放别的东西被搬走了，他就一个人尴尬地站在那里手举拓片展示。许广平在回信中写道："如此陈列一个著名的教授，实在是很可笑的事情，更让人啼笑皆非的是，当时展出的东西大部分是假的。"

鲁迅还曾在信中向许广平发誓，不看班里别的漂亮女学生，如果收到其他女学生问询关于人生苦闷的问题，就每每低调应对。但他对于许广平的学习也有要求，在 1926 年 12 月的信中，他希望许广平跟他学习日文，以方便看外文书籍，有助于做点研究。"从明年起我当勒令学习，反抗就打手心。"

鲁迅的长孙周令飞曾动情地说过："我的祖母是当之无愧的鲁迅夫人。她放弃了自己的一切，永远站在鲁迅的身边。直到鲁迅逝后的 30 年，她还是把一切都奉献给鲁迅。"

鲁迅晚年得子。许广平临产的时候，他几乎寸步不离地守在她身旁。由于没有育婴的经验，鲁迅买来一本育婴书天天捧在手里，并按照书上的要求将家里全部重新布置一番。后来，不论是朋友来家里，还是与朋友一起出去吃饭，他都要带上海婴。

一次，鲁迅跟许广平生气，独自跑到阳台的水泥地上躺下。儿子海婴觉得很好玩，也跑过去和父亲躺在那里。鲁迅见状，哼了一声"小狗屁"，就起身了，气愤也一下子烟消云散。

鲁迅的好友坪井在给海婴看病时，和鲁迅开玩笑说，他太过于宠爱孩子了。鲁迅于是写了一首著名的《答诮客》来答复他："无情未必真豪杰，怜子如何不丈夫？知否兴风狂啸者，回眸时看小於菟。"言外之意是，溺爱自己的孩子，未必有损一个大丈夫的形象。

为人兄：照顾周到，忍让迁就

鲁迅自言"是被八道湾赶出的"。关于这段"兄弟不和"的公案，外界多有猜测，但究竟哪一种更接近历史的真实，至今已难有佐证。

据许广平的《鲁迅回忆录》，从 1919 年起，鲁迅将母亲、二弟周作人全家与三弟周建人全家都接到他在北京八道湾购买的一处大宅院同住。他把所有的工资收入都交给周作人的日本夫人羽田信子支配，加上周作人的收入，每月不下 600 元，可还是不够用，总要四处向朋友借钱。（据陈明远在《中国第一代自由撰稿人经济状况》一文中的考证，同时期上海一个五口贫困之家每年有 400 元即可维持基本生活。）

羽田信子喜欢摆排场，家里一切用品都要到日本商店去买，满桌子菜做得不可口就重做，被褥旧了就要换成新的，出门一定要坐汽车。甚至信子父亲家每月家用的接济，及其弟弟妹妹在日本所需费用，也都是从鲁迅的工资中支付。

信子聘用的总管徐坤为人精于算计，鲁迅多次看到他从矮墙内把食物用品传送给另一边的家眷。周作人知道后，向人表示：如果换掉徐坤，要他自己去处理身边事务，就要减少许多看书的时间，这样是划不来的。鲁迅曾慨叹："我用黄包车（把钱）运进来，怎敌得过（他们）用汽车带走呢？"

就这样过了不少日子，1924年的一天，兄弟俩发生了激烈的争吵。周作人竟拿起一尺高的铜香炉朝鲁迅头上打去，又说了鲁迅许多不是，鲁迅当时就答说："你说我许多不是，我从在日本起，因为你们两人每月只靠留学生的一些费用不够，才回国做事帮助你们的，这总算不错了罢！"当时周作人一挥手说："这以前的事不算！"兄弟俩就这样闹开了。

兄弟绝交后，慢慢选择了不同的道路。一个选择继续战斗，一个迷失方向做了汉奸。新中国成立后，周作人在人民大学出版社工作，先后写了《鲁迅的故家》《鲁迅小说中的人物》等，做些回忆鲁迅的工作。但直到最后，许广平并不认为周作人是在修晚年之好。她表示："如果能毅然把他收藏的有关鲁迅著作部分全行献出，以赎前愆，还可冀求见谅于国人，否则伪作友好，写再多的'故家'、'人物'，仍然逃不过'虚伪'的一塗。"（文／乔安）

"未完成"的鲁迅

"活"在"Z世代"

"街灯的光穿窗而入,屋子里显出微明,我大略一看,熟识的墙壁,壁端的棱线,熟识的书堆,堆边的未订的画集,外面的进行着的夜,无穷的远方,无数的人们,都和我有关。我存在着,我在生活,我将生活下去,我开始觉得自己更切实了,我有动作的欲望——但不久我又坠入了睡眠。"

1936年8月23日,鲁迅先生在病重略有起色时,写下了《"这也是生活"……》,不到两个月后,他就病逝了。这样的生活,描绘的全是些日常琐碎和凡俗。但细读下来,我们却能在字里行间看到他对世界的无限观照、对生命的深刻反思,以及对未完成事业的无限憧憬。彼时,他计划着编写中国文学史和艺术史专著,还准备再出一本散文集,但一切都来不及完成了。

2022年9月25日,是鲁迅先生诞辰141周年纪念日;2022年10月19日,则是他离开我们86周年的日子。这么漫长的岁月过去了,我们却看到了一个越来越"被需要"的鲁迅。如果说鲁迅的事业是未完成的,那么一代代人对他的观照、解读与"再造"也是"未完成"的状态。

在"Z世代"(也称"互联网世代")那里,鲁迅被赋予了更多含义,形象更加多元、饱满、潮酷了。从《觉醒年代》热播时鲁迅"不干了"的形象迅速出圈,到"鲁迅:这不是我说的"网络热梗,鲁迅先生的文字和精神力量已经穿越百年时空,深刻参与到互联网语境下各类议题的讨论中。

《环球人物》记者就与这样一群年轻人进行了交流,他们利用各自所长,从各个角度诠释着鲁迅。哔哩哔哩视频博主(以下简称B站up主)"智能路障"制作系列视频解读鲁迅生平和作品,每一条视频都是满屏弹幕,收获近4000万播放量;说唱歌手吴一凡将富有哲思的《野草》集改编成歌曲,嘻哈文化"链接"上了鲁迅；漫画作者溪刘将《故事新编》改编，鲁迅笔下人物变身"二次元"……

记者有种强烈的感受：这群"Z世代"的故事，也是鲁迅的故事；鲁迅被他们玩"活"了，也在他们中间更火了。这正映照了鲁迅的话："我存在着，我在生活，我将生活下去，我开始觉得自己更切实了……"

触手可及的"觉醒年代"

设计师李天啸，重塑着鲁迅的血肉与坚毅。

2021年初，《觉醒年代》成为一部现象级电视剧。有条剧评获得的点赞很高："有时候仍不免呐喊几声，聊以慰藉那在寂寞里奔驰的猛士，使他不惮于前驱。"这是网友摘自鲁迅《呐喊》自序中的话。2021年10月，在鲁迅诞辰140周年之际，李天啸在微博分享了他制作鲁迅人偶摆件的视频，配乐正是《觉醒年代》片头曲，磅礴的配乐风格与鲁迅人偶的气势相得益彰。

其实，李天啸团队是在2020年底开始创作人偶的，与《觉醒年代》片头曲的完美融合，完全是一种不谋而合。最初，团队的年轻人出于对鲁迅的敬意，想不计成本和回报地设计出一款人偶。于是他们阅读大量文献，走访鲁迅故居。无论是鲁迅的人偶形象，还是配套的书桌、鱼缸、毛笔、烟灰缸、书籍等摆件，都追求最大限度地还原。

很快，他们发现难以定位人偶风格。鲁迅是一个多面且复杂的人，在一些文章里，他展现出极强的斗争意识，但在很多时刻，他也是有趣的、和善的，这些性格之间有极强的反差。怎么才能表现这样复杂的鲁迅呢？讨论了无数个回合，最终回到那句经典的"横眉冷对千夫指，俯首甘为孺子牛"。创作的过程，就是尽最大努力还原这句诗所凝炼的鲁迅气质。

首先是头发，李天啸选用最硬材质，"这是鲁迅最具标志性的特征，我们借此表现他的风骨"。紧接着，与大多数照片中的皱眉形象不同，鲁迅人偶的眉毛舒展开来，李天啸团队的头雕师李娟说："这是在表现他的亲和力，他不可能24小时皱眉头的。"另一处关键细节是胡子，李天啸说，他们尝试了好几版，发现"如果胡子盖过上嘴唇，会很凶，也有些邋遢。而露出上嘴唇，会比较精神、和蔼、清爽"。最后，整个面部轮廓、棱角和皱纹依然刻画分明，让鲁迅人偶呈现出硬朗中有明朗、风骨中见风趣的形象。

在李天啸看来，正是这些集于一身的复杂气质，让鲁迅先生得以成为"觉醒年代"的一座丰碑。"而我们要做的，就是让人们对那个'觉醒年代'触手可及。"李天啸相信，一定有很多年轻人读懂了这个人偶鲁迅。

绘声绘色的"故乡"

漫画作者王星晨，重温着鲁迅的童心与乡愁。

"这正如地上的路，其实地上本没有路；走的人多了，也便成了路。"这句写在《故乡》结尾的名言，影响了一代代中国人。王星晨在绘本《故乡》里，是这样用画面表现的：皎洁的月光，在西瓜地中照亮了一条银闪闪的路，童年鲁迅与闰土张开双臂，在路的两端朝着彼此奔跑。西瓜地中，躺着一本1921年5月的《新青年》杂志，《故乡》首发于此。

这样的画面，很像是王星晨在为鲁迅的原文着色。

2015年，在日本攻读硕士的王星晨完成了毕业动画片《阿长与〈山海经〉》。她以《朝花夕拾》中的同名散文为底本，将《从百草园到三味书屋》等名篇的经典内容也穿插进去，演绎了鲁迅的童年片段。毕业后，她又创作了《故乡》《从百草园到三味书屋》《阿长与〈山海经〉》3个漫画绘本，继续描绘鲁迅的童年和童趣。

王星晨与鲁迅作品的结缘，也是从她的童年开始的。由于母亲在北京鲁迅博物馆工作，她很小就认识了一个多样的鲁迅。在北京电影学院求学时，她就产生用动画表现鲁迅的想法，所以到硕士毕业作品做出来时，足足长达13分钟，比大多数同学的毕业作品长了一倍多。

"有些不爱阅读文字的人，一看到动画和绘本，可能就很喜欢。"这个创作优势让王星晨意识到，一些青少年或许可以通过她的作品，改变对鲁迅的刻板印象。"所以我没有选择那些深奥的和斗争性强的作品，而是选择家长里短的故事，这样更容易引起年轻人的共鸣。"

在绘本《从百草园到三味书屋》中，百草园里碧绿的菜畦、高大的皂荚树、紫红的桑葚、伏着肥胖黄蜂的菜花、人形的何首乌、酸甜的覆盆子，以及叫天子、蟋蟀、蜈蚣、斑蝥等小动物，都被鲜活地描摹出来。虽然鲁迅先生的原著已经写得很精彩了，"但文字给人以想象空间，不能给人以直观画面"，王星晨用画笔尽情铺陈自己内心的想象。

在绘本《故乡》中，对鲁迅和闰土童年生活的描绘，全是五彩斑斓的。闰土在田间捕获的稻鸡、角鸡、鹁鸪、蓝背，在海边捡到的鬼见怕、观音手贝壳，色彩极为鲜艳明亮。而到了成年鲁迅回家时，没有一处用到明快的色彩。当成年闰土恭敬地叫了一声"老爷"，王星晨画了鲁迅惊诧的神情，同时配以原文："我似乎打了一个寒噤；我就知道，我们之间已经隔了一层可悲的厚障壁了。我也说不出话。"这一页中，漫画构图设计成斜线切割，"斜线是不稳定的，视觉上给人传递的是压抑"，王星晨用漫画语言展现了《故乡》的苍凉与沉重。

在动画片《阿长与〈山海经〉》中，王星晨则虚构了一个情节。童年鲁迅将自己心爱的《山海经》带到三味书屋，私塾先生发现后愤怒地撕成两半。童年鲁迅的心也被撕碎了，从此闷闷不乐。而鲁迅平时极为厌恶的保姆阿长，却在夜深人静时，用白纸条和糨糊将书一页页粘好。粘好后，阿长还透着烛光，将白纸条遮盖上的部分，用毛笔一点点描画好，还给了鲁迅。

"我最初设计的阿长，形象是很正面的。但后来朋友说，鲁迅原著中，这是个爱串闲话、睡觉还要占他大半张床的中年女人，所以要将阿长设计成我最讨厌的那类人。于是我就给她画成了扁鼻子、法令纹特别重的凶神恶煞模样。"王星晨说，这也是顺着鲁迅先生的原意，营造一种反差感："其实阿长和很多现实中的长辈一样，'面目可憎'的背后，有一个极为高尚的灵魂。"

新编的《故事新编》

漫画作者溪刘，描绘着鲁迅汪洋恣肆的想象力。

"萧红的《生死场》，我读了好几遍，都是半途而废。"溪刘回忆道："直到有一次看到了带序言的版本，被震住了：这序是谁写的？比正文精彩！"她一查，发现作者是鲁迅，于是发了一条微博："不愧是你！"

有动漫平台编辑看到这条微博，半开玩笑地邀请溪刘："不如来画个《故事新编》吧。"而她毫不犹豫答应下来。"我最喜欢的是先秦时期和民国时期的文学。"溪刘说，在她眼中，这两个历史时期都属于旧秩序正在打破、新秩序尚未完全建构的时期，"文学在开荒期，往往不拘泥于一种形式，涌现出很多奇思妙想"。而《故事新编》不仅创作于民国，讲述的还是先秦时期的传说和历史，两人一合计，发现这事还真能做。

《故事新编》共收录了 8 篇小说，溪刘选取了《起死》《奔月》《非攻》《铸剑》4 篇进行描绘。《起死》和《奔月》已经更新完毕，阅读量超过 1140 万，大部分受众是喜欢二次元漫画的"00 后"。

鲁迅的《起死》取材于庄子与骷髅对话的寓言故事。庄子召唤神力，施了法术，将路边一个 500 年前死去的骷髅复活了。但尴尬的是，被复活的人却一直纠缠庄子，让庄子把身上的衣服剥下来给他。即便庄子讲遍了大道理，也不管用。通过这个故事，鲁迅试图用乡下人的现实主义，讽刺挖苦精英哲学家的相对主义。

鲁迅的《奔月》取材于后羿的故事。在射下九个太阳后，后羿与嫦娥这对夫妻却日益落魄。即便后羿有射箭技能，天下的奇珍异兽总有被他射光的时候，他就只能每天给嫦娥吃"乌鸦炸酱面"了。有一天，后羿射死了一只鸡，却被一个老太婆抓住训斥，因为这是她家养的。后羿赔了很多钱，把鸡带回家，却发现嫦娥忍受不了贫苦的日子，偷吃仙丹奔月而去了。通过这个故事，鲁迅在讨论先驱者的窘境和英雄的荒凉感。这其实也是五四运动后期，鲁迅对自己生命体验的诉说。

鲁迅展现的想象力让人叹为观止。而溪刘所做的，就是让这种想象力可视化。当庄子召唤司命大天尊复活骷髅时，展现出大气磅礴的构图；当后羿外出骑马打猎时，溪刘则参考了马王堆汉墓中的纹样和壁画，绘制出粗粝雄壮的驰骋图景。从这个角度上看，溪刘也是在延续鲁迅先生的想象力。如果鲁迅的《故事新编》是对先秦文学的新编，那么溪刘的漫画则是对《故事新编》的新编。

扫清理解的"路障"

B 站 up 主"智能路障"，还原了一个别样的鲁迅。

2020 年 9 月，"智能路障"上传了解读鲁迅的第一个视频《鲁迅到底有多强？》。最初他只打算从鲁迅的影响力、生平和作品出发，做 3 期视频，后来发现不够，就扩充到 6 期。再到后来，越做越多，最终更新了 26 期。

"智能路障"做视频的初衷，是澄清年轻人对鲁迅的误解。"有人觉得鲁迅脾气臭，爱骂人。如果把互联网流传的鲁迅名句单独摘抄出来，的确有这种感觉。但这是因为鲁迅的论战对手们早已被世人遗忘了。事实上，大部分时候是对手在攻击，鲁迅只是回击，而对手的攻击话语要险恶得多。"

与当下流量高的短视频不同，"智能路障"解读鲁迅的视频至少 15 分钟，有的接近 1 小时，照样流量很大，大多是百万级别。这与他的视频内容新颖有趣相关。《鲁迅的魔幻童年》《文化人是怎么对喷的？》《论辩的魂灵》……这些话题精准地抓住了年轻网友的兴趣点。

"智能路障"认为，很多人对鲁迅敬而远之，是因为把他当成了"神"。"这都是不好好阅读鲁迅的结果，我要做的，就是为他们还原一个真实的鲁迅。"既然如此，"智能路障"就要直面最真实的鲁迅。

而这种真实性，也是复杂的。比如，身处"觉醒年代"的鲁迅，对于自己让年轻人觉醒这件事，本身就是痛苦的。"鲁迅从来不以青年导师自居，只是把自己的思想写成文章发表，那个时代的很多青年自愿追随他。"鲁迅曾尖锐地说："中国的筵席上有一种'醉虾'，虾越鲜活，吃的人便越高兴，越畅快。我就是做这醉虾的帮手，弄清了老实而不幸的青年的脑子和弄敏了他的感觉，使他万一遭灾时来尝加倍的苦痛，同时给憎恶他的人们赏玩这较灵的苦痛，得到格外的享乐。"

鲁迅对未来的中国，又是充满信心的。因为他看到了青年人身上源源不竭的蓬勃力量："青年又何须寻那挂着金字招牌的导师呢？不如寻朋友，联合起来，同向着似乎可以生存的方向走。你们所多的是生力，遇见深林，可以辟成平地的，遇见旷野，可以栽种树木的，遇见沙漠，可以开掘井泉的。"后来的一百年中，中国一代代青年也正是这样做的。

在有生之年，鲁迅不会想到一百年后的中华大地上，有一群被界定为"Z世代"的年轻人。但他一定期望着百年后的中国将是一片生机勃勃，他也留下了很多穿越百年后依然振聋发聩的呐喊。其中有一句是这样的："愿中国青年都摆脱冷气，只是向上走，不必听自暴自弃者流的话。能做事的做事，能发声的发声。有一分热，发一分光。就令萤火一般，也可以在黑暗里发一点光，不必等候炬火。"

可喜的是，这正是"Z世代"展现出的模样。（文／杨学义）

百年顶流

"此后如竟没有炬火，我便是唯一的光。"

在前文那段"愿中国青年都摆脱冷气"的话之后，紧跟的便是这句。它们出自鲁迅 1919 年 1 月发表在《新青年》上的一篇杂文，后被收入杂文集《热风》中。整整一百年后，2020 年新冠肺炎疫情暴发时，这句话在社交媒体上屡屡刷屏。"此后如竟没有炬火，我便是唯一的光"——奔赴武汉的万千医护人员在用，含泪鼓励医护人员的亿万网友在用。此后，2021 年郑州暴雨，人们用它为逆行救援的志愿者点赞。2022 年重庆山火，人们用它为奔向烈火的摩托车手鼓掌。

若说顶流，鲁迅才是百年长河一顶流。

"现代中国的圣人"

自有鲁迅之后，中国人就是读着他的课文长大的。换言之，鲁迅生前就已经见到自己成为顶流。

1922 年至 1924 年间，刚刚成立的上海民智书局出版了一套《初级中学国语文读本》，收入鲁迅作品多达 21 篇，包括《孔乙己》《故乡》《药》《风波》《我们怎样做父亲》等，这是已知最早使用鲁迅文章的语文教材。当时的编者认为，和读《孟子》《庄子》相比，国文教育更重要的目的是要让学生了解"现代思潮"。

在新文化运动中成长起来的作家胡山源回忆道："这完全是新型的国文读本，里面没有一篇文言文，尽是'五四'以来的白话论文、诗歌和小说。这套读本对于传统思想的改造有很大的作用，对于新文学的学习也有很大的影响。"这套教材在全国各地影响较大，不少学校予以采用。此外，商务印书馆、中华书局、世界书局等机构陆续出版了收入鲁迅作品的教材。

1923 年，鲁迅小说集《呐喊》出版后，茅盾很快写了一篇读后感——《读〈呐喊〉》，认为鲁迅写于 1918 年的第一篇白话小说《狂人日记》是"前无古人的文艺作品"，阅读《狂人日记》，"只觉得受着一种痛快的刺戟，犹如久处黑暗的人们骤然看见了绚丽的阳光。这奇文中冷隽的句子、挺峭的文调，对照着那含蓄半吐的意义和淡淡的象征主义的色彩，便构成了异样的风格，使人一见就感着不可言喻的悲哀的愉快"。茅盾还写道，《阿 Q 正传》中描写的"阿 Q 相"不仅写出了民族自身的弱点，也写出了人性的普遍弱点。

从 1929 年春天起，朱自清在清华大学、燕京大学等讲授"中国新文学研究"课程，他在多个篇章中介绍了鲁迅及其作品。例如在短篇小说篇章介绍了《狂人日记》，并采用了茅盾《读〈呐喊〉》一文中的基本观点。朱自清认为，《狂人日记》具有反封建的领导地位。

在海外，1926 年初，《阿 Q 正传》法译版发表于《欧罗巴》杂志上，法国作家、1915 年诺贝尔文学奖获得者罗曼·罗兰成为最早一批读者。他读完竟在笑了之后嚎啕大哭起来，说："这是一篇明确的富有讽刺的现实主义杰作……阿 Q 的形象将长久地留存人们的记忆里。"日本翻译家增田涉说："鲁迅的名字不仅在中国国内，就是在国外也是为人所知的，这是从他的《阿 Q 正传》被译成法文并刊载在《欧罗巴》上开始的。"

1927 年，诗人刘半农和瑞典探险家、发现了楼兰古城的斯文·赫定想推荐鲁迅参选诺贝尔文学奖。鲁迅感到自己不配，便婉拒了。他说："世界上比我好的作家何限，他们得不到。你看我译的那本《小约翰》，我哪里做得出来，然而这作者就没有得到。""我眼前所见的依然黑暗，有些疲倦，有些颓唐。此后能否创作，尚在不可知之数。倘这事成功而从此不再动笔，对不起人；倘再写，也许变了翰林文字，一无可观了。还是照旧的没有名誉而穷之为好罢。"

后来的鲁迅，终生都没有写一篇"翰林文字"，他的笔锋一直照亮中国。毛泽东曾回忆："我就是爱读鲁迅的书，鲁迅的心和我们是息息相通的。我在延安，夜晚读鲁迅的书，常常忘记了睡觉。"1937 年 10 月，毛泽东在陕北公学举办的鲁迅逝世一周年纪念会上说："孔夫子是封建社会的圣人，鲁迅则是现代中国的圣人。""鲁迅具有政治远见、斗争精神和牺牲精神，这三个特点形成了伟大的'鲁迅精神'。"

"中国的高尔基"

2022 年，人民教育出版社微信公众号发布了一条消息："鲁迅的作品从未大规模撤离教材。"短短一句，分量极重，勾连着时代的变迁和鲁迅精神的生命力。

新中国成立之初，在复杂而严峻的国际国内政治环境中，语文课本肩负重要使命，鲁迅作品担纲重要角色。人民教育出版社（下文简称人教社）中学语文教研室原主任顾振彪告诉《环球人物》记者，他就是在 20 世纪 50 年代读的中学。1951 年由人教社出版的第一套教材中，初中 6 册共 116 篇课文，高中 6 册共 110 篇课文，合计收录鲁迅作品 9 篇。鲁迅作品中唯一以外国人为主人公的小说《鸭的喜剧》讲述了一位苏联盲诗人在北京养蝌蚪和鸭子的故事，收入此文象征着中苏友好。《药》中革命者夏瑜坟上的那一圈红白的花，象征"革命者永远杀不尽，也表示后死者会接受先烈的教训，为革命另辟一条光明、胜利的路"，是对新中国的孩子们进行革命教育和爱国教育的好题材。

此时，苏联《真理报》也对鲁迅短篇小说和论文集的俄译本给予了高度评价："鲁迅的著作表现了他的真正的人道主义，和他对被压迫人民的深切同情。他的现实主义的短篇小说贯穿着对人民的热爱和对压迫者的憎恨。这些作品告诉我们：鲁迅是一位伟大的、善于观察的作家，他把作品的深刻性和高度的艺术形式光辉地结合起来，被誉为'中国的高尔基'。"

1978 年 2 月，《全日制十年制学校小学语文教学大纲》（试行草案）发布，要求重新编写全国中小学通用教材，在"文革"中瘫痪的人教社恢复职能。顾振彪从此开始了教材编写生涯。"那时鲁迅的作品还是最多的，并且出于新的、时代的需求，一些作品第一次进入了教材。"

比如，杂文《拿来主义》。鲁迅写道，对于因祖上阴功得来的大宅子，不应徘徊不敢走进门，也不应勃然烧光，亦不应"蹩进卧室，大吸剩下的鸦片"，应当"占有，挑选"。"看见鱼翅，并不就抛在路上以显其'平民化'，只要有养料，也和朋友们像萝卜白菜一样的吃掉，只不用它来宴大宾；看见鸦片，也不当众摔在茅厕里，以见其彻底革命，只送到药房里去，以供治病之用，却不弄'出售存膏，售完即止'的玄虚。只有烟枪和烟灯，虽然形式和印度、波斯、阿剌伯的烟具都不同，确可以算是一种国粹，倘使背着周游世界，一定会有人看，但我想，除了送一点进博物馆之外，其余的是大可以毁掉的了。还有一群姨太太，也大以请她们各自走散为是。""总之，我们要拿来……没有拿来的，人不能自成为新人，没有拿来的，文艺不能自成为新文艺。"

"改革开放以来，历次教材修订都要经过我们编辑室小组讨论、社内讨论和外部审议，之后将征求意见上交教育部教材审定相关部门，他们同意了，这个版本才能出台。对于鲁迅的文章，他们从来没有提出过异议。"顾振彪说。

20世纪90年代，有一次，教育部收到反馈，《从百草园到三味书屋》这篇文章里提到的叫天子、油蛉、斑蝥等鸟虫太生疏，没见过，理解起来有困难，应当把这篇文章剔除。"我们觉得学生正处在学知识、长见识阶段，不能只学见过的事物，没见过的也应该认知。我们向教育部打了个报告，说明了这层考虑，教育部接受了我们的意见，这篇经典文章一直保留至今。"顾振彪说。

一直是教材选入作品最多的作家

在"80后""90后"的回忆杀里，一定有绞尽脑汁背诵鲁迅课文的经历。吐槽大文豪鲁迅的文字晦涩难背，成了许多人的"青春必修课"。但如果让教材的"含迅量"变少了，大家却集体不答应。2009年有媒体称，人教社新版高中语文教材中，鲁迅的作品明显减少，《药》《为了忘却的记念》等作品不见了，只保留了《拿来主义》《祝福》《记念刘和珍君》3 篇。舆论场一度为此顿生波澜。

"过去在编选鲁迅作品时，编者更多从'革命家'的角度，而不是从'文学家和思想家'的角度，选了不少'投枪''匕首'式的文章，如《'丧家的''资本家的乏走狗'》《痛打落水狗》等。新世纪实行新课改以来，更注重作品本身的文化内涵与思辨精神、教学效果，以及学生的接受程度等。"人教社编审顾之川告诉《环球人物》记者。

如高中教材《祝福》一文"研讨与练习"部分写道："有人说，祥林嫂是封建礼教的牺牲品；有人说，祥林嫂是被鲁四老爷之类极端冷酷的人'杀'死的；也有人说是柳妈的一席话葬送了祥林嫂。全班分组讨论：造成祥林嫂悲剧的原因到底是什么？"初中教材《孔乙己》一文"研讨与练习"部分写道："对造成孔乙己悲剧命运的原因，有多种看法：有的说他是科举制度的牺牲品，有的说是冷酷无情的社会害了他，有的说也要归咎于他自己的不争气……对此，你有什么看法？和同学们探讨一下。"顾之川说："相应的，在《教师教学用书》中，也注意对鲁迅作品的多元解读，改变以往突出鲁迅政治教育意义的做法。"

2022 年 6 月 29 日，人教社官方微信号发文梳理了中小学教材中的鲁迅文章，初中语文教材选入鲁迅作品 7 篇：散文《从百草园到三味书屋》《阿长与〈山海经〉》《藤野先生》；小说《社戏》《故乡》《孔乙己》；杂文《中国人失掉自信力了吗》。还有一篇《朝花夕拾》名著导读。高中教材选入 5 篇：散文《记念刘和珍君》《为了忘却的记念》；小说《祝福》《阿 Q 正传》；杂文《拿来主义》。初高中教材共有 12 篇鲁迅作品。"新中国成立以来，中小学语文教材虽然经历了多次调整，但鲁迅一直是教材选入作品最多的作家。鲁迅先生一直与所有使用中小学语文教材的孩子们同行。"人教社微信号文章写道。

鲁迅也走进了许多国家青年学生的心中。1953 年《故乡》最早进入日本中学语文教材，此后收录《故乡》的教材持续增加，直至 1972 年中日邦交正常化,所有的日本语文教科书都收录了《故乡》。《故乡》在日本享受着"国民文学"的待遇。复旦大学中文系教授郜元宝对《环球人物》记者说:"在亚洲国家从农耕文明走向现代文明的过程中,绝大多数的读书人都有背井离乡、再也回不去儿时故乡,或者故乡总在不断变化的深切体验。鲁迅1919年回到故乡绍兴,随即又永远告别了故乡。他在这一特殊经历驱使下创作的《故乡》不一定能纾解所有人的乡愁,却能跟我们所有人的乡愁相通!"

读鲁迅作品长大的日本诺贝尔文学奖获得者大江健三郎,在2000年出版的新书《大江健三郎自选随笔集》中写道:"我现在写作随笔的最根本动机,也是为了拯救日本、亚洲乃至世界的明天。而用最优美的文体和深刻思考写出这样随笔的,是世界文学中永远不可能被忘却的巨匠鲁迅先生。在我有生之年,我希望向鲁迅先生靠近,哪怕只能靠近一点点。这是我文学和人生的最大愿望。"

马来西亚南方大学学院教授、新加坡作协原主席王润华告诉《环球人物》记者,20世纪50年代,他读初中时,父母把他送去了当地华人办的独立中学。"当时有两种学校,一种是英国殖民政府办的'国立中学',另一种是民间办的独立中学。'国立中学'都有一门华文课,至少有几篇鲁迅的文章。而华人办的独立中学里,鲁迅的影响就更大了。《阿Q正传》《祝福》《孔乙己》等文章正是深受殖民之苦的东南亚国家所需要的。他是对东南亚影响最大的中国作家,那时就是我们青年人的导师。中国人也许很难想象得到,东南亚的劳工,譬如码头工人也都知道鲁迅,很多工会聚会时谈论的就是鲁迅。"王润华说。

"东南亚广为流传一篇初中课文,即鲁迅写的《给颜黎明的信》。他在文中鼓励青年友人颜黎明,不要只看他一个人的著作,要读一些科学类、世界游记类的作品,以开拓眼界。这种精神今天仍然可取。其他的课文如《一件小事》表达的要有同情心、《鸭的喜剧》表达的国际友谊、《藤野先生》表达的大小国家平等理念,都具有时代价值。2006年,由香港《亚洲周刊》评选的'二十世纪中文小说一百强',鲁迅的《呐喊》《彷徨》两部小说集入选,《呐喊》高居榜首,当之无愧。鲁迅永远不会过时,不光在中国如此,在全世界也是这样。"王润华说。

"百年间可能只有鲁迅一个"

2016 年底，有媒体统计，这一年当中，鲁迅相关信息点击量达到 4.4 亿人次，其中 97% 是 18 岁到 48 岁的中青年人群。2017 年，北京大学图书馆调查结果显示，所有文科书籍里面，鲁迅的书借阅率是最高的。

正是出于人们对鲁迅的无比信任，在网络媒体和自媒体越来越发达的今天，有些网友开始请鲁迅为自己站台。2019 年 5 月，有媒体发现，鲁迅已经成了"亚洲第一梗王"，与鲁迅相关的最大的梗就是"鲁迅语录"——一本正经地把鲁迅根本没说过的话说成是鲁迅说的。很快，鲁迅成了当代青年亚文化中的顶流。

有人做微商，假装引用鲁迅的话说："鲁迅先生说：生意不要做得太委屈。能卖就卖，不能卖就不卖。"有人希望自己喜欢的篮球队赢，还专门制作了表情图，上面画的是鲁迅正在提笔书写"湖人总冠军！"有人干脆说："人只要有钱，烦恼就会减掉 90% 以上，情商和智商也会提高，更不会乱发火。——鲁迅"……

当然，也有很多表情包里引用的鲁迅的话是真的。比如"还是拉倒罢"，出自鲁迅 1934 年写给青年文化工作者杨霁云的信；"你是个好人"，出自鲁迅 1934 年写的《〈解放了的堂·吉诃德〉后记》。

鲁迅文章中一些比较晦涩难懂的句子也被拿来"玩梗"。比如鲁迅 1924 年的散文《秋夜》开篇写道："在我的后园，可以看见墙外有两株树，一株是枣树，还有一株也是枣树。"这句话让很多人感到困惑。如此表述的意义何在？直接写成"我家后园有两株枣树"不就行了吗？殊不知，这个看上去冗赘的句子写出了作者的观察过程，也表达了作者百无聊赖的情绪，为后面的句子"这上面的天空，奇怪而高，我生平没有见过这样的奇怪而高的天空，他仿佛要离开人间而去，使人们仰面不再看见"做了铺垫。要是直接写成"我家后园有两株枣树",这里面的情感便没有了。于是当代青年借这句话自嘲道:"我有两张自拍,一张很丑,另一张还是很丑。"

这场"玩梗"的高潮之一,是北京鲁迅博物馆官网"亲自入场"——上线了鲁迅原文查询系统,只要输入关键字进行搜索,立马可知鲁迅是否说过这样的话及其出处。2019 年 5 月 7 日上午,热情洋溢的网友们竞相登录该系统进行检索,半天时间访问量就达到 870 万次,导致系统难以支撑,瘫痪数十次。

如果你觉得网友只会拿鲁迅的话玩简单的文字游戏,那就太小看这届网友了。在年轻人的聚集地 B 站上,"消失的四次元口袋"等 5 人共同制作了一段视频——"鲁迅填词版《孤勇者》",以时下流行的歌曲《孤勇者》为曲,以鲁迅用到的词或典故作词,对电视剧《觉醒年代》中一个个革命先驱的镜头进行剪辑。歌中唱道:"满目道义堂而皇,哭声碰撞在字行,抽刃直问孔夫郎,伦常重几两?横眉立寒的模样,热血激流在涌上,以墨铸弹笔化枪,击碎那痴妄。湮吗?导吗?这千年的洪崩。刺吗?刺罢!以最犀利的锋。"

"伦常重几两"出自鲁迅 1929 年作品《关于〈子见南子〉》,文中写道:"中央长教育行政者,前访蔡孑民先生,今为蒋梦麟先生,在山东则为教育厅何仙槎厅长,均系十年前林琴南所视为'覆孔孟,铲伦常'者也。"他们突破礼教伦常的束缚,都是鲁迅敬佩的人物。"湮""导"出自鲁迅 1936 年1 月发表的《理水》一文,讲的是大禹治水弃"湮"而"导"的故事。这个视频自 2022 年 2 月 12 日发布以来,已有 700 多万人观看。

南京大学文学院教授吴俊在接受媒体采访时曾说:"到了今天,鲁迅也活在普通人的日常里。年轻人喜欢拿鲁迅来玩梗,这是一种对历史文化资源的当代化、生活化、游戏化的再创作。以往我们习惯于从严肃的角度谈论作家的价值,年轻人却启示我们:如果一个作家能够活在人们的日常生活经验中,那么其生命的长度一定远远超过他的实际生命,而这样的作家,百年间可能只有鲁迅一个。"

中国鲁迅研究会原副会长谭桂林说:"我在南京师范大学开设鲁迅研究选修课时,就很惊讶地注意到大学生对鲁迅的喜爱。很多学生和我说:'谭老师，我没能选上这个课，能不能来旁听啊？'选修上这门课的学生，也很少有翘课或请假的，都认认真真地听完了一学期。为什么会出现这种现象？我觉得很重要的一点是，学生们在中小学期间就学习过鲁迅的文章，有比较好的阅读积淀，随着阅历不断丰富、思想渐趋成熟，他们开始慢慢领会到鲁迅的真正价值。加上鲁迅的作品大量地表现青年人的探索、苦闷，和他们对社会的观察、对未来的想象，当代青年把鲁迅奉为知音也就不足为奇了。"

小说集《呐喊》中的最后两篇文章《鸭的喜剧》和《社戏》发表于1922 年 12 月。百年过去，鲁迅依然年轻。郜元宝告诉《环球人物》记者："鲁迅先生那个年代，社会处在大变局当中，中国文化迎来了现代化转型的千年未见之机遇和挑战。他是在这个背景下涌现的天才人物。他的精神担当、文化创造力以及对社会人心的深刻洞察，不仅可以跨越种族，还可以跨越时间，发挥着广泛而久远的影响。通过鲁迅及其同时代优秀文化人的努力，中华优秀传统文化像凤凰涅槃一样与现代文化交融在一起，由此创造了中国文化崭新的现代气派。我们今天仍然处在中国式现代化尚未完成的进程当中，百年后的今天鲁迅依然受人喜爱，是中国现代文化历史展开的必然。"

（文／田亮）

一团肆意的火，一捧清冽的水

在鲁迅诞辰 140 周年的时候，北京鲁迅博物馆布置了纪念展览"鲁迅的道路"，接近最里面的地方，放置了一张鲁迅的巨幅肖像照。瘦削的面颊显出骨骼的棱角，头发和胡须依旧是硬挺的"战斗"姿态，他一手举烟，兴致颇好。抓拍这张照片时，离他生命的终点只剩 11 天了。在当天拍摄的整组照片里，鲁迅与几名年轻人围坐在一起，时而交谈，时而大笑，年轻人前倾着身子，眼神热切，如同趋向一颗明亮的星。

"过去为了凸显鲁迅的战士形象，使用他的照片时往往挑选严肃持重的，虽然对应了他'横眉冷对千夫指'的自我写照，却也有意无意忽略了这联诗的下句'俯首甘为孺子牛'。其实鲁迅的照片中，不乏微笑乃至开怀大笑的，我希望人们留意这些珍贵瞬间。"北京鲁迅博物馆常务副馆长黄乔生对《环球人物》记者说。他正是这场展览的策划人。

研究鲁迅 36 年，黄乔生对这位研究对象的认识也经历了变化，"最开始，鲁迅是抽象的、粗线条的；后来学问做得细了一些，鲁迅的形象越来越丰满，有好玩的、生活的、家常的一面；现在认识又更进一步，他的审美、品格、性情，他的纯真和高洁，是他真正高的地方和独特之处。"

大恨与大爱

"文如其人。"作家止庵向《环球人物》记者强调道："鲁迅是一个特别率性而为的人，恨很多人，也爱很多人。"

他常常是刻薄而可爱的。鲁迅喜欢给人起绰号，曾有朋友当面评价他"毒奇"，他也笑笑首肯了。童年时，他给爱哭的女生取名"四条"，笑话她眼泪鼻涕一起流。在日本师从章太炎时，同班的钱玄同聊天时话最多，又在席上爬来爬去，被鲁迅赐名"爬来爬去"，后来更简化为"爬翁"。在北大讲课时，毕业留校的章廷谦留着所谓学生头，鲁迅便起了个绰号"一撮毛"。章廷谦结婚前一年把大部分时间用在谈情说爱上，鲁迅赠了他一本自己的《中国小说史略》，题赠赫然是：请你 / 从"情人的拥抱里" / 暂时汇出一只手来 / 接受这干燥无味的 / 中国小说史略 / 我所敬爱的 / 一撮毛哥哥呀！

他的记仇和回击也时有"恶意"。作家叶灵凤在 1929 年发表的小说里有这样一句："照着老例，起身后我便将十二枚铜元从旧货摊上买来的一册《呐喊》撕下三页到露台上去大便。"两年后，鲁迅在一次演讲中有了回应："……还有最彻底的革命文学家叶灵凤先生，他描写革命家，彻底到每次上茅厕时候都用我的《呐喊》去揩屁股，现在却竟会莫名其妙的跟在所谓民族主义文学家屁股后面了。"及至 1934 年，有杂志登出叶灵凤画的《阿 Q 正传》插图，并有题词："如果生在今天，阿 Q 决不会是这种模样。"鲁迅当即在给杂志编者的信里写道，"叶先生还画了一幅阿 Q 像，好像我那一本《呐喊》还没有在上茅厕时候用尽，倘不是多年便秘，那一定是又买了一本新的了。"

鲁迅与人论战热情满满。"他写杂文与人论战，是每天早上取回订的几份报纸，看完之后当天写成文章寄去报社，就和现在写微博很像，寄去后一两天便登出来。"止庵看过鲁迅的手稿："你看他那些文章，有时候引用对手的话，都来不及写，而是直接把报纸剪下来贴上，能看出才思泉涌的状态。他还会把别人攻击他的文章也编在自己的书里，好多人的文章反而因此才留了下来。"

甚至鲁迅好几本杂文集的名字，也来自别人的攻击。有人讽刺他"坐在华盖之下正在抄他的小说旧闻"，总是太过于追求趣味，"矜持着的是闲暇，闲暇，第三个闲暇"，他便出了一本《三闲集》。有小报开了个"文坛贰臣传"专栏，攻击他是文坛的"贰臣"，并怀有"二心"，他便出了一本《二心集》。有人给鲁迅画像，"很喜欢演说，只是有些口吃，而且是'南腔北调'"，他便出了一本《南腔北调集》。还有人讽刺他发在报上的短文是"花边文学"，只因他的短文往往被编辑加一圈花边以示重视，而"花边"又是银圆的别名，暗讽他写文章是为了稿费，他便干脆出了一本《花边文学》。而这种种名字的来源，他定要在序言里交代清楚。"鲁迅的斗争有自己独特的方法，也有他自己很大的乐趣在。"止庵说。

"鲁迅的杂文是'匕首''投枪'，他有战斗性的一面，但同时也有很温暖的一面。当然，强调后者并非弱化前者，鲁迅是一个很复杂的人，有一个很丰富很立体的形象，无法用某一面去限定他。"中国作家协会副主席阎晶明对《环球人物》记者说道他出版了一本《这样的鲁迅》，旨在让青少年认识一个温暖与深刻并存的鲁迅。

鲁迅关爱底层的人。在1936年2月19日的日记中，鲁迅写道："午后得夏传经信，即复。"夏传经是南京一家布店的店员，与鲁迅素不相识。他在信中询问鲁迅怎样研究文学，又抄了些他读过的鲁迅著译，问还有什么书未读到的，等等。鲁迅在回信中一一解答，并"别纸录上"自己著译的书，包括"作"五种，"编"三种，"译"十六种，还多列上了评价，比如"已旧""太专""尚可""好"。过了5天，他又给夏传经寄去4本自己的书，并叮嘱"此在我皆无用之物，毫无所损，务乞勿将书款寄下"。

他还诚挚地帮助青年。鲁迅说"青年多几个像我一样做的，中国就好得多，不是这样了"。在爱人许广平的回忆里，"至于先生以精神帮助青年，那更不必说了，逐字逐页的批改文稿，逐字逐句的校勘译稿，几乎费去先生半生工夫。大病稍愈的时候，许多函稿送来了，说：'听说你的病好些了，该可以替我看些稿，介绍出去了罢？'有时寄来的稿字是那么小，复写的铅笔字是那么模糊，先生就夹心衬一张硬白纸，一看三叹，终于也给整本看完了。"

在阎晶明看来，鲁迅与人结交，"不看社会地位，也不是看头衔，而是看他是否愿意做事情，尤其对青年来说，是否愿意踏踏实实做事，而且做小事，做别人不愿意做的但又有意义有价值有必要的事。这从他对他人的评价里就可以看出"。

追忆"左联五烈士"之一的柔石时，鲁迅写道："无论从旧道德，从新道德，只要是损己利人的，他就挑选上，自己背起来。"追忆文学青年韦素园时，鲁迅写道："是的，但素园却并非天才，也非豪杰，当然更不是高楼的尖顶，或名园的美花，然而他是楼下的一块石材，园中的一撮泥土，在中国第一要他多。他不入于观赏者的眼中，只有建筑者和栽植者，决不会将他置之度外。"

当然，鲁迅毕竟是鲁迅，他从不为尊者讳。追忆友人刘半农时，他毫不讳言："我爱十年前的半农，而憎恶他的近几年。这憎恶是朋友的憎恶，因为我希望他常是十年前的半农，他的为战士，即使'浅'罢，却于中国更为有益。"

这些爱与恨，是同样的真。

科学的与艺术的

鲁迅以文学家闻名，却从未重文轻理。鲁迅的科学叙事始于晚清，尤其是 1902 年于日本留学后。北京鲁迅博物馆展览着 1903 年刊行的第八期《浙江潮》，翻开的页面上是一篇署名为自树的《说鈤（音同日）》，鈤是化学元素镭的旧译，而自树就是鲁迅，这是中国最早评介居里夫人及镭的发现的论著之一。在同一期杂志上，还有一篇署名为索子的《中国地质略论》，也是鲁迅的手笔，这是国内最早系统介绍中国矿产的科学论文。同时期，鲁迅还参与编著《中国矿产志》，1906 年该书出版后，清政府农工商部通令各省矿务、商务界购阅，学部批准为中学堂参考书。

科幻小说也颇受鲁迅重视。在他看来："我国说部，若言情谈故刺时志怪者，架栋汗牛，而独于科学小说，乃如麟角。智识荒隘，此实一端。故苟欲弥今日译界之缺点，导中国人群以进行，必自科学小说始。"他根据日文版本重译过儒勒·凡尔纳的小说《月界旅行》《地底旅行》，小说中探索进取的精神最吸引他。他在翻译时也相当"进取"，有人评价他"随阅随译，速度惊人"。

1909 年回国后，鲁迅开始在浙江两级师范学堂担任化学和生理学教员，并兼任博物课日籍教员的翻译。1910 年，他又在绍兴府中学堂任监学兼生理学教员，常常带着学生远足，采集植物标本。有学生回忆说："我们最高兴的是鲁迅先生带我们去远足或旅行。大家排着队出发，敲着铜鼓，吹着洋号，鲁迅先生总是在前面带队的。他穿着洋服，戴着礼帽，我们觉得先生很神气，也是学校的光荣，我们做学生的也很有面子……鲁迅先生领队，还在肩上背着一只从日本带回来的绿色洋铁标本箱和一把日本式的洋桑剪。沿路看到有些植物，他就用洋桑剪剪了放进标本箱内。那时候做植物标本在我们眼中也是一件新鲜的、奇怪的事，在他以前，绍兴是从没有人做过的。一只标本箱也引起我们的各种推测，以为是药箱，因为他是医生，可能采了药草要做药用的……不知这玩意儿究竟是什么。我曾经问过鲁迅先生，他很幽默地回答我：'葫芦里卖药，小孩子不懂的，这是采植物做标本用的。'"

直到后半生，鲁迅仍没有远离科学，他在 1930 年翻译了日本药学家刘米达夫的《药用植物》一书，还一直惦记着翻译法国昆虫学家法布尔的《昆虫记》。他劝告年轻人"不要专门看文学，关于科学的书（自然是写得有趣而容易懂的）以及游记之类，也应该看看的"；"不要放开科学，一味钻在文学里"。

贯穿鲁迅一生的，除了对科学的热爱，还有对艺术尤其是美术的热爱。他自幼喜欢绘画，小时候最喜欢的年画之一是《老鼠娶亲》，最爱的书是《山海经》，即使"纸张很黄；图像也很坏，甚至于几乎全用直线凑合，连动物的眼睛也都是长方形的"。他还把压岁钱都用来买画谱，比如《海上名人画稿》《诗画舫》《点石斋丛画》。

鲁迅自己的画功也颇不俗。小时候，他把纸蒙在《荡寇志》和《西游记》的小说绣像上，一个个描下来，积少成多，攒了一大本，后来因要钱用，卖给了有钱的同窗。及至到东京跟着藤野先生上课，他画下臂血管，被藤野指出血管移了一点位置，鲁迅虽口头应承，却忍不住"腹诽"：图还是我画的不错；至于实在的情形，我心里自然记得的。

鲁迅把自己的美术才华用在出版设计上。《呐喊》的封面便是他自己设计的——暗红的底色，唯有一个长方形黑块，内用阴文写出书名与作者名，呐喊二字的"口"字旁刻意偏上，还有一个"口"居下，三个"口"仿佛在齐声呐喊。在《坟》的扉页上，鲁迅放上了自己绘制的猫头鹰。这只猫头鹰歪着头，一眼圆睁，一眼紧闭。猫头鹰最早是钱玄同给鲁迅的外号，鲁迅后来也以此自喻，这在某种程度上可以看作是鲁迅的自画像。鲁迅还很重视书籍的插图，对页面的版式，字体大小、行距、标点、留白、用色等也很在意，甚至会提出非常具体的要求。"鲁迅的设计非常简洁，并不片面强调文化的高雅性，反而有很强烈的民间性，但又绝不流俗，是一种很严肃的，同时又是很轻松活泼的结合。"阎晶明说。

不能绕过的，还有鲁迅对木刻版画的喜爱和他对左翼木刻版画运动的支持。"黑白木刻不是书斋里的文人画，它成本低，易于传播，在鲁迅看来是一种无产阶级的艺术，可以表现底层人民生活，有号召力。"黄乔生说："鲁迅为推动木刻版画做了很大贡献，他凝聚起一批青年木刻艺术家，帮他们出版画册，为他们宣传推广，把他们的作品送去苏联、法国展览，为他们请老师授课，自己也对他们的作品提出意见和批评。很多受鲁迅帮助的木刻家后来成为中国美术界的骨干，在抗日战争时期，他们四散在重庆、桂林、延安，为宣传抗日发挥了很大作用，木刻也成为抗战美术最重要的组成部分之一。"

本文开头提到的那张照片，便是在 1936 年 10 月 8 日上海八仙桥青年会举办的中华全国木刻第二回流动展览会上拍摄的。在当事人的回忆里，那天的鲁迅"瘦得颇可以，可是他却十分兴奋地，很快乐在批评作品的好坏。他活像一位母亲，年青的木刻作家把他包围起来，细听他的话……""他和我们边走边谈，讲话很是幽默风趣，不时爆发出爽朗的笑声，声音异常响亮。""他边指着画，边回过头来对大家说：'刻木刻最要紧的是素描基础，万不可忘记它是艺术。若环境不允许作细微素描时，就要多速写。单是题材好，是没有用的，还是要讲求技术。作者必须每天练习素描才会有进步，而且观察要准确，构图要紧凑。'""鲁迅先生在跟我们促膝谈心，他无拘束地侃侃而谈，一言一语，一举一动，都像磁石般深深地吸引着我们。我们几个青年，有时也在当中插话并互相交换意见。每在这个时候，鲁迅先生总是手捏烟卷，凝神静听着。因为他今天情绪很兴奋，看画、谈话的时间很长，我们很担心他的健康，多次问及并请他歇一歇。可他总是操着绍兴口音的普通话，快活而慈祥地说：'没关系，没关系，倘若我身体不好，今天就来不了。'这一天，他的精神一直很亢奋，长时间谈话并无倦容，从下午三时多直到五时多，没有停止过。当他听说我们有准备开全国第三回木刻展览会的打算后，非常高兴地表示赞同。"

11 天后，1936 年 10 月 19 日，鲁迅病逝，终年 55 岁。

加速度与暗功夫

"我们现在读到的鲁迅实际上是一个未完成的鲁迅。"止庵评价道。

"鲁迅有很多计划没有实现，比如中国文学史、中国字体变迁史的编写。他还收集了很多金石拓片和汉画像石拓片，花了很多时间在准备上，但大部分都没来得及研究出版。在世的最后一年，他又回归散文写作，准备再出一本散文集，已经写了几篇，最后也没能完成。"

止庵曾参与编辑《鲁迅著译编年全集》，把鲁迅现存的全部日记、创作、翻译、书信以具体系于年月日的编年体编排，这让他有了一个发现——鲁迅的人生是"加速度"的。"鲁迅去世的时候才 55 岁，而他的起步又晚，37 岁才因发表《狂人日记》出名。此前的 6 年，他在北京教育部任职，上班之余就在家抄古碑，如果没有新文学运动，没有《新青年》跟他约稿，他也许就默默待在那里。鲁迅从出名到去世，不过 18 年时间，我编这套全集就发现，最开始他的著译是好几年出一卷，然后变成两年一卷，然后一年一卷，再然后一年两卷，最多一天能写好几篇文章，整个生命进程越来越快，最后又突然离开了。而这 18 年里，他也是爱干什么就干什么，都是自立规矩，但最后也就成了。"

在止庵看来，"鲁迅并不是传统意义上的小说家，他一共只写了 30 多篇白话文小说，但这些就是我们不能忽略的；他也不是一个百分之百的学者，他的学术专著只有《中国小说史略》，这还是起于他弟弟周作人把北京大学安排给自己的课让给他上，课上的讲义就成了这本书。鲁迅花了很多时间在论战和写杂文上，争论的很多问题也不是什么大不了的，但放在一起又是一个巨大的存在，文章也确实好，后来学他的人也学不来。鲁迅演讲的次数也不多，但一些有分量的文章就是由讲稿而来。他在北京师范大学演讲的时候，听众太多，最后是去操场站在方桌上讲的。"

鲁迅的加速度并非灵光闪现，有学者曾评价，鲁迅的伟大在于有暗功夫。

这从他的藏书和收藏便可见一斑。鲁迅的藏书被完整保留下来，超过1.4万册，涵盖文学、金石学、考古学、科学史、文字学、哲学、美学、民俗学、心理学、历史学。在北京的14年里，他经常去逛琉璃厂，选购书籍、碑帖、文具、古物等。他收藏的历代金石拓片有6000余张，古籍近千本，自己又一遍一遍抄碑文，抄古籍。现存鲁迅辑校古籍手稿50余种，辑校石刻手稿近800种，总计300余万字。鲁迅虽然对旧文化说过一些极端的话，实际吸收继承了相当多的优秀传统文化，这些都融入了他的文字和文章。

中国人民大学文学院教授孙郁曾有评述："民国一些著作家谈旧的文化，笼统者为多，鲁迅就不以为然。因为自己下过功夫，就不上他人的当。有人说唐宋小品如何悠闲，他则反向而谈，说，其间也有不满之音……在抨击复古思潮的时候，他以古人的例子来表达自己的意见。在讽刺京派的小品文心态时，又能以唐宋以降的野史矫正其观点的偏颇。而在表达对于人文审美观的意见时，六朝的经验暗自使他得以论证得体而自由。古人的小品智慧和小说智慧，他能转化成自己的风格，《呐喊》写乡村人物的形态，其手法就从古小说和杂记中来，戏剧的空间也得以再现。"

鲁迅的藏书中还有很多外文书，包括日、德、英、俄文的。鲁迅能读、写日文，能读德文，英文懂得一些单词。事实上，鲁迅翻译的作品量远远大于他自己创作的量，这些翻译也与他的创作产生了映射。

"鲁迅不少翻译作品都已经被其他译本替代了，他翻译了很多现在看起来没有太大价值的作品，但读过这些译作，就会发现鲁迅不少作品受了他同时期译作的影响。"止庵向记者举例道:"比如他在1922年创作了小说《不周山》,后来收在《故事新编》里,改名为《补天》。创作这篇小说的前一年,鲁迅翻译了芥川龙之介的小说,其中一篇就是现在很有名的《罗生门》,他对这篇小说有评价,'这一篇历史的小说（并不是历史小说),也算他的佳作,取古代的事实,注进新的生命去,便与现代人生出干系来'。这便是与创作《不周山》的关联。鲁迅还翻译过俄国作家爱罗先珂的作品,他不少关于青年人和老年的观点,就是从爱罗先珂那里来的。鲁迅翻译过爱罗先珂的一篇童话《小鸡的悲剧》,后来他自己写了一篇小说《鸭的喜剧》。再有,我们能看到他在自己的作品中引用了某位作家的话,是因为他当时正在翻译这位作家的书呢。"

孙郁也论及过域外文化对鲁迅的影响:《狂人日记》明显受到果戈理、托尔斯泰的影响;讥讽梁实秋是丧家的资本家的乏走狗,概念来自日本文艺批评家厨川白村的《出了象牙之塔》;对于西方的审美理论,他也有很多化用。"大量译介西方艺术作品的结果是,一方面使珍品得以流布,一方面催促了自己的新作品。而这些,都是不经意间自然出现的。"孙郁以鲁迅去世前的一篇小说《女吊》为例,这篇文章"色彩极为幽暗,然而有明快的曙色在暗中涌动","阅读此文,我想起比亚兹莱、珂勒惠支和麦绥莱勒。在表现的韵致和精神的跨度上,未尝没有这些域外艺术家的痕迹,只是我们不易察觉到罢了。文章的韵致是美术品与诗意的缠绕,同时还有戏剧的元素,小说的空间。读解鲁迅这篇文章,能够感受到他的知识结构的多维性构造。"

鲁迅如同一座冰山,露出水面、为人熟知的,仅仅是其一角。"鲁迅是未完成的一个人,但他的才学足够大,已完成的部分已经足够我们好好享受,好好研究学习。"止庵说。(文/朱东君)

陈寅恪，不愿做文化偶像

陈寅恪，1890年7月3日生于湖南长沙，1969年10月7日卒于广州。中国著名诗人、历史学家、古典文学研究家、语言学家。

陈贻竹，1941年出生。中国植物园之父陈封怀之子，植物生理学专家，中国科学院华南植物研究所研究员。

"惟此独立之精神，自由之思想，历千载万祀，与天壤而同久，共三光而永光。"

1927年王国维投湖自尽，众说纷纭中，陈寅恪在故友的纪念碑上留下这句话，他以"独立之精神"与"自由之思想"赞誉这位大师。

20多年后，双目已盲的陈寅恪解释了碑文的内容："我的思想，我的主张完全见于我所写的王国维纪念碑中。我认为研究学术，最主要的是要具有自由的意志和独立的精神。"（陈寅恪《对科学院的答复》）。他将"独立与自由"品格更多地归于一种治学精神。陈寅恪侄孙陈贻竹接受《环球人物》杂志记者采访时总说："那深厚的学养，我肯定是复制不来的。"

陈贻竹的父亲陈封怀是陈寅恪长兄陈衡恪次子，陈贻竹称他"叔公"。陈寅恪在广州的最后9年，陪伴左右的亲人中就有陈贻竹。其实，不仅是做学问，叔公的一言一行，他都有所了解。"如今人们总感叹那些成就，不曾想他经受的苦难。"

欣欣向荣的陈府

晚清时候，湖南长沙岳麓山脚下，湘江东岸城北的"蜕园"，住着陈家祖孙三代，陈寅恪便在这里长大。其实，陈氏祖籍江西，陈寅恪祖父陈宝箴被曾国藩赏识，政治重心一度迁移到湖南，他将家眷从老家接了过来，长沙才成了这个大家族的居处。纵观陈寅恪一生，他在这座城市的时间并不长，却被烙上了明显的印记——陈寅恪一生偏于湖南口味。另外，陈贻竹回忆叔公的口音，说他讲话也一直带着明显的长沙腔调。

陈寅恪在"蜕园"的童年赶上了陈家最好的日子。他5岁时，祖父陈宝箴被清廷任命为湖南巡抚，立行新政，备受光绪皇帝赏识。父亲陈三立爱结交名士，曾推荐梁启超担任时务学堂中文总教习，是陈宝箴最得力的助手。陈府欣欣向荣，家中兄弟妹妹8人在此都受到良好教育。陈寅恪喜欢读书，未到启蒙年龄，见兄长亲友子弟在家塾就读十分羡慕。他就躲在门外专注静听，很快牢记老师讲授的内容。

但陈寅恪不擅长运动，被兄妹们笑为"笨手笨脚"。他也不喜热闹，住在一个院子里的小孩子最爱往人多的地方钻，他却相反。1894年，长兄衡恪娶亲，成婚当日宾客众多，小孩子们欢喜得不得了，唯独不见5岁的寅恪。后来，家人发现他一人离群独坐。

很多年后，陈寅恪向后人回忆与兄弟妹妹的第一次合影，在湖南长沙巡抚署后花园"又一村"。当年照相是件稀罕事情，大家都好奇地注视着镜头，7岁的寅恪心中暗自思量：长大后恐难以辨认出照片上哪个小孩是自己。他也不多问，伸手就握住身旁一株桃花，想以此作为标记，这样将来再看时必定不会出错了。

走向衰落的世家

1898年，陈家发生了两件大事，一件在年初1月10日，陈寅恪的祖母病逝。另一件则是祖父陈宝箴与父亲陈三立均被革职，因为百日维新失败，慈禧太后垂帘听政，两人将永不被叙用。11月初，陈宝箴带着全家离开长沙，返回江西南昌。两年后，陈宝箴"突然去世"，陈三立则一心寄情于诗词，从此远离政治。

陈家还沉浸于悲痛中，未满12岁的陈寅恪离开故土，踏上游学征程。自1902年起，他先后到日本巢鸭弘文学院、德国柏林大学、瑞士苏黎世大学、法国巴黎高等政治学校、美国哈佛大学就读。但陈寅恪放弃了当时十分热门的政治学，选了冷门的古代语言作为专业，修藏文、蒙文、满文、西夏文、突厥文、梵文和希伯来文等。

25 年后，陈寅恪回国受邀前往清华任教时，已经精通 22 种语言。但他仍然坚持不提政治，明确表态："我从来不谈政治，与政治决无连涉，和任何党派没有关系。"

陈贻竹曾听父辈们说起，陈三立退出政坛时，为陈家后人留下一块刻有"永不从政"的牌匾。"我没见过这块匾，但家族里一直流传着这种说法。甚至从叔公往后，陈家再无人学文了。陈寅恪的三个女儿分别从事医学、生物与化学工作。我的父亲陈封怀搞植物研究，我也是学植物的，在植物园工作。"

但关于陈寅恪"无政治觉悟"的说法，陈贻竹讲了自己的看法，"他研究文字语言历史，这些都是承载体，以史明鉴。"陈寅恪女儿们在回忆录里写祖父陈三立与曾祖父陈宝箴的政治情怀，也不忘加上父亲的名字。"祖孙三代人对甲午战争订立的不平等条约，心中总是愤懑难耐、痛惜不已。"

陈寅恪的婚姻，以及为女儿取名，也与他的家国观念相关。1928 年初入清华园的陈寅恪，因熟读前台湾巡抚唐景崧驻守台湾的事迹，一眼认出女教师唐筼屋中署名为"南注生"的横幅，"南注生"是唐景崧的别号，唐筼就是他的孙女。两人见面后互生好感，这年秋天便结为夫妻。陈寅恪和唐筼共育有 3 个女儿，长女名"流求"，次女名"小彭"，取自琉球、澎湖岛名，都与《马关条约》中割台条款有关。

与北平诀别

"不涉政治"的陈寅恪曾两度逃离了政治中心北平。1937 年前，陈寅恪一家住在清华园南院，日子安静平祥。卢沟桥事变爆发后，北平沦陷，陈寅恪不得不携夫人与孩子们南下长沙避难。

第一次离开北平的时候，陈寅恪右眼已经失明了。走前几个月，在北平颐养天年的父亲陈三立去世，治丧期间，他的右眼出了问题。女儿们回忆，临走打包行李的时候，因为书籍称重出错，一向好脾气的父亲突然发火，"我们从未见他这么恼，后来想想应该是右眼新近失明，所以心情格外烦躁"。

乱世之中，一家人辗转奔走于昆明、桂林、香港、成都等地。在成都燕京大学执教期间，陈寅恪不幸左眼也失明。抗战胜利后，陈寅恪于1946年10月重返北平，再次进入清华园执教的时候，他已经是盲人教授，上课、批改学生论文都有助手帮忙。此后他再出现在老照片里，多是挂着拐杖，或者坐在沙发里，双眼也对不准镜头了。

陈寅恪在北平待了两年。1948年，战火再次逼近，年底，一家人又登上飞离北平的飞机来到南方，最后抵达广州。这次离开，陈寅恪留下这样的诗句：

临老三回值乱离，蔡威泪尽血犹垂。

众生颠倒诚何说，残命维持转自疑。

去眼池台成永诀，销魂巷陌记当时。

北归一梦原知短，如此匆匆更可悲。

从诗中便可知，此时陈寅恪已经暗下决心与北平永别。如果说第一次逃离北平是被动与无奈的，那么第二次离开便多了些主动和决绝。此后，陈寅恪不是没有机会再回北平。1954年春天，国务院派特使去广州迎接陈寅恪回北京，就任中国科学院哲学社会科学部历史研究第二所所长。在旁人看来，这是件好事，家人、朋友都劝他，他却以"贪恋广州暖和"和"从来怕做行政领导工作"为由，不肯前往任职。

陈寅恪最终留在广州，走完了他人生的最后20年。

陈寅恪热里有炒作

1960年，陈贻竹念大学，来到广州。"第一次见到叔公，没有特别深刻的印象，就是一位安静的长辈"。

陈贻竹告诉《环球人物》杂志记者："叔公晚年时候钟爱散步。"双目失明的他住在中山大学南区时，自己一手拄着黄藤拐杖，一手摸着楼梯扶手，独自一人慢慢上下楼，到楼下门外的白色小路上来回走动。一段时间下来，黄藤杖底被磨得越来越短。在中山大学读书期间陈贻竹也经常陪叔公一同散步，"但我们很少交谈"。

陈寅恪也爱听戏。年轻时他就喜欢京剧和外国歌剧，失明后全靠耳听，家里的一台电子管收音机，是他工作之余的宠儿。陈贻竹回忆陪叔公去中大小礼堂听戏，"有一次，他还听出了唱词错误，好像是场与孟母有关的戏。他认真听着，突然低头喃喃一句'这里唱错了'"。

而陈贻竹第一次知道叔公盛名在外，是在"文革"时期的大字报里。"（陈寅恪）住在大学东南区一号楼上，整栋楼都被大字报覆盖，甚至里屋、床头都贴上了，最后还被扫地出门，搬到了南区50号的平房。"

被批斗的日子里，人们总把陈寅恪晚年的生活想象得凄凄惨惨。其实在物质方面，他的生活是有保障的，除了妻子唐筼，还有护士照料起居。"不过我能感受到他内心的苦闷压抑"，陈贻竹好几次跟随父母去看望叔公，"那时他越加沉默了，每天埋头创作，苦难一字不提"。其间，陈寅恪完成了《柳如是别传》一书，洋洋洒洒80万字，这是其篇幅最大的一部著作，写了位明于民族大义的奇女子。

1969年10月7日，陈寅恪因心力衰竭去世。45天后，唐筼也撒手人寰。她曾对人说："料理完寅恪的事，我也该去了。"

陈寅恪曾是独立与自由最好的践行者。他避开政治，或许是因为不愿多与现实抗争，用他自己的话说，内心纠结的只是"民族文化之衰颓"。陈寅恪留下的精神遗产，在文化断层的年代，鼓舞着失落文人们，成为他们借以安身立命的精神食粮。

在陈贻竹看来，今天的陈寅恪热，有太多的喧哗和炒作。"人们好像误解了叔公的追求"。他死后葬于江西庐山植物园，据说去世前曾向家人交代：死后骨灰要撒到黄埔港外，不要让人来追悼。叔公很决绝，他不做文化偶像，只愿在复杂的利益格局变化中独善其身，安心治学。（文/毛予菲）

田汉之子田大畏回忆：父母一生爱得艰难

"云儿飘在海空，鱼儿藏在水中，早晨太阳里晒鱼网，迎面吹过来大海风……"1934 年，电影《渔光曲》在上海公映，创下了连映 84 天的纪录。影片中由任光谱曲、安娥作词的同名电影主题曲也随之传唱全国。

几个月后，一名与安娥有过感情纠葛的男子，无意间听到了这首歌，优美的旋律令他顿时思绪万千。他随即用短短 28 个字，表达了自己对安娥的复杂情感："君应爱极翻成恨，我亦柔中颇有刚。欲待相忘怎忘得，声声新曲唱渔光。"这名男子，就是后来创作中华人民共和国国歌《义勇军进行曲》的著名剧作家田汉。

然而，田汉与安娥之间的爱情故事，不是这短短二十几个字能够说清楚的，就连他们的儿子田大畏也说："对于父母的经历，我也是后来才了解，他们几乎不和我谈过去。"

2010 年 10 月 13 日，《环球人物》杂志记者来到位于北京东直门附近田大畏的家。田老已年近八旬，是我国著名的俄文翻译家、国家图书馆原副馆长。他的书桌上堆满了俄文书稿，厚厚的俄文大辞典已经翻得泛了黄。老人很豁达，对于过往直言不讳。"我们家里，爸爸、妈妈和我，是 3 个独立的生活轨迹，直到晚年才有些许重叠。"（田大畏于 2013 年 6 月 12 日于北京友谊医院去世，享年 82 岁。）

一生最爱三个人

田汉原名田寿昌，1898 年出生在湖南长沙一个小山村。他 6 岁时，父亲去世，母亲易克勤带着 3 个孩子艰难生活。田汉曾在《三叶集》中提到，自己最爱的人有 3 位：一位是母亲，一位是他的舅父兼岳父易象，另一位就是自己的妻子易漱瑜。田汉的母亲是一位坚强倔强的女性，遇到困难从不低头。看到田汉从小聪慧好学，为了供他读书，母亲把家里唯一的被单也当掉了，长期盖着破棉絮过冬。

田汉的舅父易象是一位民主主义革命家，对田汉的才华非常赏识，把他当儿子一样对待,并想把唯一的女儿易漱瑜许配给他,亲上加亲。1916 年,易象出资送刚从长沙师范毕业的田汉和自己的女儿去日本留学。田汉和易漱瑜可以说青梅竹马,又都喜欢诗文,情投意合。1920 年底,他们在日本结婚。这一时期田汉的话剧创作也进入了丰收期,如《乡愁》《咖啡店之一夜》等。应该说,与易漱瑜的爱情,是田汉一生中感到最幸福、最满意的。

1922 年,夫妻二人回到国内,联合创办了《南国》半月刊。刊物的名字取自王维名诗《相思》中的“红豆生南国”,这也是田汉发表自己戏剧作品的园地。然而,不幸的是,易漱瑜 1925 年病逝。临终前,易漱瑜将自己的同窗好友黄大琳介绍给田汉,希望他们能结婚。

在田汉的恋情中,黄大琳不过是一个过渡人物。田汉在给日本友人、著名作家村松梢风的信中说:“妻子去世后又有了恋人,可是无论如何没有以前的滋味。我深切地感到人生的春天只有一次。”

不过,1927 年,田汉还是与黄大琳结了婚。但与此同时,他开始和一位远在新加坡的女教师林维中有了联系,彼此通信 3 年。

林维中因逃婚而出走南洋,1925 年,她偶然在刊物上读到了田汉在丧妻悲痛中写的散文《从悲哀的国里来》,被深深打动了。林维中风姿绰约,一直想找一位有文化的丈夫。她大胆地给田汉写了一封信,坦承自己的爱慕之情。就这样,刚再婚一年的田汉与林维中凭着传递信件和照片,感情一发不可收拾。田汉天性浪漫,他在给日本作家谷崎润一郎的信中写道:“怀念着旧的,又憧憬着新的,捉牢这一个,又舍不得丢那一个。于是,我成了暴风雨中的小舟似的,只好让它漂流,让它颠簸,毫不能勇猛地向着某一个目标疾驶迈进了。”

1927 年秋,田汉任上海艺术大学文学科主任,不久被推举为校长,并编写了话剧《苏州夜话》《名优之死》等,颇具影响力。1928 年夏天,林维中利用暑假回上海与田汉见面,当她听说田汉办学没钱,立即把自己积攒下的 500 元钱交给了他。当时,500 元可是一笔不菲的资财,上海普通工人的月工资也不过几十元钱。

1929 年新年刚过,田汉率领南国社去广州公演。虽然异常繁忙,但他一个月之内还是给林维中写了 7 封信，热恋之情可见一斑。这时，他已决定与黄大琳分手，娶林维中为妻。不久，田汉和黄大琳的婚姻宣告结束，他们不但友好分手，还专门去照了一张离婚合影。田汉在合影下写道："为着我们精神的自由，为着我们不渝的友谊，我决然与你小别了，亲爱的大琳！"

和莫斯科"红色女郎"相识

1929 年，对田汉来说，是人生的一大转折。大革命失败以来的形势，使他决定"转换一个新的方向"，即从思想上、政治上、文艺作风上转向"左翼"文艺战线。因为田汉在上海的影响力，他成了各方势力争取的对象。恰在此时，一位来自莫斯科的"红色女郎"出现在了他的生活中，她就是安娥。当年，安娥只有 24 岁，身份是上海中共特科成员。在田汉看来，安娥不单具有政治魅力，还有诗人的才情，浪漫、热烈且具叛逆精神。

安娥 1905 年出生在现石家庄市长安区一个书香之家，原名张式沅。父亲是清末民初教育家。田大畏告诉记者，"母亲在少女时代，就表现出追求自由、独立的个性。她 15 岁上初中就'不安分'，干了一件惊世骇俗的事。"安娥因学监压迫学生，就带领全班同学罢课，住在旅馆不回学校，迫使学监辞了职。事后，安娥离开学校，被父亲带到北京读书。1923 年，安娥进入国立北京美术专门学校西画系学习，1925 年加入中国共产党。

田大畏说："我的外祖母性格很刚强，这一点母亲和她很像。听说母亲加入地下党，她直接来到北京，硬是从学校里把母亲抓回家。"当时正值 1926 年"三一八"惨案发生，安娥在报纸上看到 25 名学生被杀，再也按捺不住，索性逃走。"母亲的这一选择，让外祖父直到去世都不认这个女儿。外祖父不赞成母亲走上共产革命道路，他发表声明'从此不再有这个女儿'。"

同年，安娥受李大钊派遣，到大连从事工人运动，不久，又被周恩来派到莫斯科中山大学学习。在那里，她第一次接触到了情报工作，也由此开始了特工生涯。她做特工时有许多化名，"安娥"就是其中之一，后来成了她的正式名字。

田大畏说，"在中山大学时，母亲因为历史比较简单，俄文也不错，被选入苏联国家政治保卫局，后来叫克格勃，当时叫格别乌，做东方部主任的助手，帮助他们办案。"

1929年，学成归国的安娥被安插在国民党驻上海"中央特派员"杨登瀛（鲍君甫）身边担任秘书。她负责将收集来的信息，及时抄送给陈赓，再由陈赓报周恩来。这些重要的情报使许多地下党员化险为夷。安娥参与营救的就有任弼时、关向应等人。这位从莫斯科回来的"红色女郎"，一天可以变换好几个身份，一会儿是衣着华贵的秘书小姐，一会儿是女工，一会儿又成了大学校园里的意气学生。

田大畏说："当时父亲已经是一位左翼作家，各方面来往的人很多。母亲懂文艺，自己也会写东西，组织就派她去接近田汉。"那时，田汉已成立南国社。他本以为所见的是一位积极要求入社的女学生，却见安娥眉清目秀，不卑不亢，举止大方，颇有几分英豪气，很是欢喜。这以后，安娥便经常带着她写的一些作品来找田汉。当她将小说《莫斯科》交给田汉时，这位"靠思想飞翔的艺术家"震惊了，作品反映出的丰富阅历以及不俗才情让田汉兴奋和感动。

在安娥的影响下，田汉开始更多地关注现实社会问题，加入了"左联"，并申请入党。正是这一思想的转变，使田汉成为"时代之子"，并创作出日后的国歌《义勇军进行曲》。频繁地接触与交流，急剧增进了两人的感情。1930年秋，在南国社被查封、田汉被迫隐居的情况下，安娥选择了与田汉同居。

争爱情不争躯壳

然而，甜蜜的爱情并没有维持多久。与田汉保持了5年通信恋爱关系的林维中，不久从南洋归国，她曾资助过田汉的事业，且早已被田母默认为儿媳。林维中知道安娥与田汉的关系后，当面去质问她。而田汉，既不愿伤害这个，也不愿伤害那个，犹豫不决。在这种情况下，反而是安娥帮他下了决心。她告诉林维中："我不要家，不要丈夫，你与他结婚吧。"最终，田汉决定遵守诺言，与林维中完婚。

谈起此事，田大畏说："母亲是地下党员，从事秘密工作，是个四海为家的革命者，当时并不能结婚。不仅如此，她听说父亲结婚没有房子，甚至还张罗着给他们找婚房，这是父亲后来在回忆录中写的。"而田汉并不知道，这时的安娥正怀着自己的骨肉。

1931年8月，田大畏出生了。可是，革命工作不容安娥过多沉迷于儿女私情，出于经济和安全等考虑，她不得不把儿子送走。"在最难的时候，母亲唯一想到能依靠的，只有姥姥。她踏上了6年未回的家乡。母亲再次出现，还带着私生子，当时的场面可以想象。据说，她是跪着求姥姥，请她照看我的，姥姥搂着母亲失声痛哭。"之后，安娥果断地回到了上海，来到田汉面前，亲口告诉他："孩子已死，勿需挂念。"

1933年，由于叛徒的破坏，安娥的直接领导姚篷子被捕叛变，作为姚的下线，安娥与党组织失去了联系。经作曲家任光介绍，她进入上海百代唱片公司歌曲部工作，创作了大量旋律悦耳、意境优美的歌曲。脍炙人口的《渔光曲》《卖报歌》等，都写于这一时期。

1937年抗战全面爆发后，安娥撤离上海，在由上海辗转武汉的路上，她竟然又与田汉相遇了。民族存亡战线上的再相聚，决定了他们的爱情命运。"母亲告诉父亲，孩子尚在，而且也长得很高了，父亲听后很激动。"当时，田汉的妻子林维中住在重庆，而他和安娥住在武汉，两人密切配合，一起出席各种活动，爱情又明朗化了。在田大畏看来，父亲当时根本不可能选择离婚，"他并不是很风流的人，尽管他在这个问题上很犹豫，哪个也放不下，但那边有妻子有孩子，毕竟是一个家庭，我父亲在这个问题上很传统。"

诚如作家吴似鸿在《回忆田汉》一文中所言，田汉虽然兑现了跟林维中结婚的诺言，但无论是政治倾向、艺术观点和人生态度，他都跟安娥更加契合。经历诸多感情波澜，田汉"被爱的伤痕留遍"，甚至曾说："婚姻是一条绳索套上脖子，好不自由，最好不结婚，用情人制。"

1948年2月，安娥接受上海《新民报》专访，开诚布公地表明了自己的爱情观。她说："争，或许可以得到一个人的躯壳，但却不一定能得到一个人全心全意的爱情。"当记者问她，面对如今的局面如何应付？安娥笑言，"无所谓应付""一切应该随田先生""是他自己因善良而产生出来的痛苦，也正因为他这一份善良，在日常生活里，时常使我感动"。

抗日战争期间，安娥曾任战地记者，1938年后辗转武汉、重庆、桂林、昆明等地，抗战胜利后回到上海。这时，田汉已经与林维中离异。1948年，安娥和田汉同赴解放区，安娥次年重新加入中国共产党。

相濡以沫度晚年

战乱、纷争、婚变，安娥与田汉在历经20年风风雨雨后，1948年前后终于厮守在一起。他们在创作上的相互帮助，成就了中国现当代文坛的一段佳话。新中国成立后，安娥将田汉创作的16场京剧剧本《白蛇传》改编为11场地方剧本；将田汉17场京剧剧本《情探》改写为9场越剧剧本；还将田汉整理加工的湘剧高腔剧本《追鱼》改写成越剧。田汉对安娥的帮助则更多。他为安娥的诗剧《高粱红了》作序，为安娥的报告文学《五月榴花照眼明》润饰文字，修改安娥的戏曲剧本《新纺棉花》。安娥把田汉的湘剧高腔剧本《追鱼》改编成越剧之后，田汉又在此基础上把《追鱼》改成了《金鳞记》，使这个剧本渗透了夫妻二人的感情和智慧，真正是"你中有我，我中有你"。

田大畏说，他的父母亲从1949年至1954年依旧过着独立的"宿舍生活"，没有称为"家"的住所，各忙各的。1954年，虽然有了共同的宿舍，但他们仍是聚少离多。"我感觉父亲是为了戏剧来到这个世界的，而母亲是为了革命和理想。他们无论环境怎么恶劣，怎么困难，只要跟这些事有关，都不知疲倦，把物质和权势完全抛之脑后。"

田大畏说，他曾因对父亲不够理解、不够体谅，而和父亲有过争执，但当他看到父母晚年相濡以沫的情景，也不禁想落泪。"我9岁才被母亲接到重庆，见了父亲一面，之后几乎联系很少，多半都是自己住校。但当我翻阅父亲晚年写给母亲的信时，才了解他原来对家人有那么细腻的情感。"

1954年，田汉率中国京剧团赴云南慰问解放军，他给北京的安娥写信说："你已回京否？为什么不见只字来？应该知道我是如此念你。母亲处也请你去看看，听说她老人家又有小病，已好些吗？"之后，田汉又在浙江写信："亲爱的沅：到这里住了三天，完成了《白蛇》初稿……我们住在一百号，下次一定同你来，也住一百号。"

1956年，安娥在郑州观摩豫剧演出时突然病倒，中风不语，半身瘫痪。田大畏说："父亲始终鼓励母亲别泄气，同病魔作斗争。他给母亲找最好的医生，给母亲读报、读文件、讲国际形势。为使母亲不完全脱离文艺界，父亲无论到外地参观游览还是观摩演出，都尽可能带着母亲。"其实，当时田汉的处境也不好，很压抑，即便如此，他还坚持多年如一日，找来小故事和笑话，耐心地讲给安娥听。在田汉同常香玉等艺术家的合影中，总能看到安娥灿烂的笑容。

1956年，田汉在颐和园创作，听说安娥突然生气了，非常不安地写信给她："……你昨天回去生了气，不吃饭，生了谁的气呢？应该始终保持心境平和，乐观，这样对于病才有好处……两三天后再回来开会。同你到万寿山玩玩吧。"安娥中风后失去了写作能力，1961年，她在广东养病时，勉强用左手给田汉写了一封信。田汉收到信后无比高兴，立刻回信说："……信皮上写得花花搭搭地像一幅画，但绿衣使者给正确地投到了。知道你又顽强地在练习用左手写字，我多么高兴……汉。"安娥在上海养病时，田汉不时写信叮嘱："……棉衣找给你，不知对不对"，"四川带去的药，一定要做成药丸，按时吃一年再说，不要忘记。北京的人都好，不要挂念。汉"1963年，田汉因病在北京住院，他在病床上仍关心着在昆明疗养的安娥："亲爱的沅：我的病好转，勿虑。听说你安心静养，我放心。"

"文革"期间，田汉被分配到顺义牛栏山参加"四清"。行动不便的安娥总要陪田汉到车站，目送他离去，有时甚至拖着病残的身子，到市郊看望丈夫。1968 年 12 月 10 日，田汉在"文革"中被迫害致死，安娥也被疑为"王明苏修特务"，受到迫害。1976 年 8 月 18 日，安娥谢世于北京隆福医院。

这对 20 世纪革命情侣的执着与热诚，今天的人可能难以理解；但他们在那个热血年代的革命情怀，却让人难以忘记。（文 / 刘畅）

东京审判大法官梅汝璈之子回忆父亲：

"父亲为中国人赢得尊严"

梅汝璈，江西南昌人，中华民国和中华人民共和国法学家、律师、政治人物，曾任远东国际军事法庭法官。1973年在北京逝世，终年69岁。

2012年11月，党的十八大召开后，中共中央总书记习近平和中央政治局常委们齐聚国家博物馆，参观了名为《复兴之路》的大型展览，直到今天热度不减的"中国梦"一词就出自习近平在此次参观时的讲话。几天之后，一位老人也来到展览现场，他走进一个个展厅，仔细观看一幅幅图片、一件件实物，最后在一件叠放整齐的法袍前驻足。没有人知道，这位老人的父亲正是这件法袍的所有者——原远东国际军事法庭法官梅汝璈。1946年5月至1948年12月，梅汝璈正是穿着这件法袍参与了举世闻名的东京审判，对第一批28名日本甲级战犯的定罪量刑工作做出了突出的贡献。

1998年，梅汝璈之子梅小璈与母亲肖侃一起，将这件记录了中华民族复兴进程的法袍捐赠给原中国革命博物馆（后与中国历史博物馆合并为国家博物馆），希望这能成为历史的见证，警示后人永远不要忘记过去的那段岁月。

旧纸堆里了解父亲

"我恐怕算不上什么名门之后。"接受《环球人物》杂志记者采访时，梅小璈婉转地表达了自己的担心。他说，父亲只是尽心尽力完成了自己的本职工作，"没有什么了不起"，毕竟"有了同胞的牺牲才有胜利，有胜利了才有审判，有审判才成全了作为法律工作者的父亲。"

梅小璈不愿意过多谈论父亲的另一个原因是，自己与父亲相处的时间非常短，在相当长一段时间内，他甚至都"不太清楚父亲是做什么的"。

"我父母属于晚婚晚育。"梅小璈告诉记者，"1945年，父亲和母亲经人介绍结了婚，婚后不到一年时间，父亲就出任法官去了东京。新中国成立后，母亲随同父亲来到北京定居，生下姐姐和我。"1950年，姐姐梅小侃出生，1952

年梅小璈出生时，梅汝璈已经 48 岁了。梅小璈说："14 岁之前，我只是隐隐地感觉到我们家和别人家有点不太一样。"但父亲具体是做什么的，为什么和别人不一样，梅小璈并不清楚。"父亲从不和我们谈论以前的事，我们也没有问过。"14 岁以后，梅小璈大概知道当时父亲在外交部工作，"但第一次知道父亲参加东京审判的这段经历，是在他去世后。"梅小璈说，父亲死后，当天的《人民日报》上有一则短短的讣告，里面提到了父亲当过远东国际军事法庭法官。

"父亲生前，我几乎不知道他是个什么人；父亲死后，我对他的认识反而越来越深。"梅小璈说，在整理父亲遗作的过程中，他逐渐发现了一个既熟悉又陌生的梅汝璈。

心怀传统知识分子的家国情怀

梅汝璈，字亚轩，1904 年 11 月 7 日出生在江西省南昌市郊区朱姑桥梅村（今南莲路南昌铁路南货场附近）。12 岁那年，梅汝璈从江西省立模范小学毕业，之后以优异成绩考取清华学校（清华大学前身）留学预备班。每到寒暑假，梅汝璈每天早上在外面拾猪粪牛粪做肥料时，总要带本英语书，一边拾粪一边苦读。

1924 年从清华毕业后，梅汝璈赴美留学。1926 年毕业于美国斯坦福大学，获得文科学士学位；1926 年夏至 1928 年冬，在芝加哥大学法学院攻读法律，后获法学博士学位。在此期间，梅汝璈曾与同学共同组织了中山主义研究会，以响应国内发生的北伐。1929 年春，他在游历了英、法、德、苏等国后回国，在山西大学法学院担任教授。

"父亲有着浓重的清华情结。"梅小璈告诉记者，梅汝璈之所以选择到山西大学任教，一个重要的原因就是它和清华大学同样与"庚子赔款"有关。"庚子赔款"是 1901 年清政府与西方 11 个国家签订的《辛丑条约》中所规定的赔款，其中有一部分被减免用来兴办中国教育事业。梅汝璈告诫学生们："清华大学和山西大学的建立都与外国人利用中国的'庚子赔款'有关系，其用意是培养崇外的人。因此我们必须'明耻'，耻中国的科技文化不如西方国家，耻我们的大学现在还不如西方的大学，我们要奋发图强以雪耻。"梅小璈说："父亲还曾多次在日记中提到'中国还得争气才行'。我读父亲的日记，印象最深的是他对一些不争气的祖国同胞最感痛苦，他不止一次提到假使国人不能团结一致，国际地位就会没落，每想到这些事，'几乎有两三个钟头不能闭眼'。"

此后，梅汝璈先后在南开大学、西南联大、中央政治学校、复旦大学、武汉大学担任教授职务，讲授英美法、政治学、民法概论、刑法概论、国际私法等课程。在梅小璈眼中，父亲是个"专家型的知识分子"，有着知识分子最朴素的家国情怀。"我后来搜集到那段时间他写的文章，比如《〈拿破仑法典〉及其影响》《盎格罗·萨克逊法制之研究》，都是纯学术论文。"

一直坚守法律底线

1945年7月26日，美、中、英三国政府签署了敦促日本无条件投降的《波茨坦公告》。8月8日，苏联宣布加入该公告。公告第十款规定：吾人无意奴役日本民族或消灭其国家，但对于战争罪犯，将处以法律之裁判。1946年2月15日，盟军统帅麦克阿瑟根据各盟国政府的提名，正式任命了远东国际军事法庭的11名法官：中国的梅汝璈、澳大利亚的韦伯、美国的希金斯、英国的帕特里克、苏联的沙阳诺夫、法国的柏乃尔、加拿大的马克杜古、荷兰的洛林、新西兰的诺斯克鲁夫特、印度的帕尔、菲律宾的哈那尼拉。"能够代表中国出席国际法庭，还见证了著名的东京审判，这对于父亲来说，是无上的荣耀。"

"其实，当时谁都没有料到，父亲这个'教书先生'居然能代表中国担任远东国际军事法庭的法官。"那中国政府为什么派梅汝璈担任法官？因为年代久远且没有官方文件记述，一直以来有很多猜测。梅小璈告诉记者，父亲被任命是有人推荐的。"据说是当时的外交部长王世杰，他曾经担任过武汉大学的校长，和父亲一样也是清华的老校友。我父亲留学回来以后曾经在武汉大学任教，大概是有一点联系，有些了解。"

对于这一任命，很多人开始并不看好。就连梅小璈如今回想起来也心存疑窦，"我个人一直有个怀疑，老蒋派我父亲去做这个法官，他是重视东京审判呢还是不重视？尽管父亲的学历符合国际社会及盟军总部的要求，但毕竟没有真正上过法庭。"可能当时梅汝璈自己也有些底气不足。为了使自己看上去更加有威严，梅汝璈还特意蓄起上唇胡须，增添了几分老成。虽有担心，但梅汝璈始终坚守心中的正义，在临行前他曾向前来采访的记者慷慨吐露心迹："审判日本战犯是人道正义的胜利，我有幸受国人之托，作为庄严国际法庭的法官，决勉力依法行事，断不使那些扰乱世界、残害中国的战争元凶逃脱法网。"

带着一身正气，梅汝璈于 1946 年 3 月 19 日登上了赴日本的飞机。此后的情节在很多影视作品中有表现：中国虽然是同盟国中受侵略最深的战胜国之一，但审判长由澳大利亚韦伯法官担任。开庭前预演时，韦伯宣布入场的顺序为美、英、中、苏、加、法、新、荷、印、菲，把中国法官的座次排在英国之后，但按受降国签字的顺序，中国应排在英国之前。梅汝璈气愤地脱下黑色的法袍，拒绝参加，向韦伯提出强烈抗议，韦伯最终同意将中国排在第二的位置。

在量刑方面，一些法官因为来自没有遭到日军过多侵略践踏的国家，不赞成对战犯处以死刑，而梅汝璈根据两年来在审判过程中收集的日军暴行证据，坚持主张对南京大屠杀主犯松井石根、板垣征四郎、土肥原贤二、梅津美治郎、南次郎等侵华主犯判决死刑。最后，表决结果以 6 票对 5 票的微弱优势，终于将东条英机等 7 名罪行累累的首犯送上了绞刑架！

在法庭最后环节的工作——判决书的书写问题上，有人主张判决书统一书写，梅汝璈却坚决认为，有关日本军国主义侵华罪行的部分，中国人受害最深，最明白自己的痛苦，因此，这一部分理当由中国人自己书写。经过他的交涉，由这次历史性审判而形成的长达 90 余万字的国际刑事判决书，留下了梅汝璈代表 4 亿多中国人民写下的 10 多万字。梅汝璈将庭审结束后堆积如山的证据记录在判决书里，每个字都是对日军的控诉。"那些日子，我们就像钻进成千上万件证据和国际法典的虫子，每天在里面爬来爬去，生怕遗漏了重要的东西。"现在，这份判决书的中文原稿已经连同法袍一起捐献，梅小璈说："它的每一页都是现实警世钟。"

东京审判的很多情节被搬上大荧幕，为大家熟识。"可惜有些文学、影视作品水准不高，一味强调爱国复仇，描述东京审判时出现了一些致命的差错。"梅小璈说，"父亲曾经在日记中记录，刚开庭的一段时间，中方在提供证据方面比较薄弱，他坐在审判席上干着急，一点都帮不上忙。但有些文学作品和影视剧里出现了法官和检察官私下交流案情的行为，这是绝不允许出现在法庭上的。这不但没有还原历史真相，反而给日本右翼分子提供了攻击我们的炮弹。"

"无论如何，父亲都没有逾越法律的边界，哪怕他对日本再恨之入骨，心中也永远放着法官应有的那杆秤。"虽然许多人从法理的角度对这场历史大审判提出过质疑。尤其是在日本国内有很多不同看法，认为这是一场"战胜国对战败国单方面的审判"，是有罪推定，不符合法治精神。但梅小璈始终相信父亲，他还给记者讲了一个故事。1946年3月29日，到东京不久的梅汝璈遇上了去考察战后日本教育现状的著名教育家顾毓琇博士。顾毓琇将一柄长约三尺的宝剑赠给梅汝璈。梅汝璈说："'红粉赠佳人，宝剑赠壮士'，可惜我不是壮士。"顾毓琇大声道："你代表全中国人民和几千几百万死难同胞，到这个侵略国首都来惩罚元凶祸首，天下之事还有比这再'壮'的吗？"在当天的日记中，梅汝璈写道："戏文里有'尚方宝剑，先斩后奏'，可现在是法治时代，必须先审后斩，否则我真要先斩他几个，方可雪我心头之恨！"梅小璈说，这说明法官是中立的，父亲在审判时一直严守法律精神。

最早提出研究南京大屠杀

审判结束后，由于美国的操纵，法庭以"罪证不足，免予起诉"为借口，先后分两批将剩下的 42 名日本甲级战犯全部释放。因此，1948 年 12 月以后，远东国际军事法庭实际上已无事可做，各国法官只得纷纷回国。

1949 年 6 月，梅汝璈设法由东京抵达香港，与中共驻港代表、清华校友乔冠华取得了联系，乔装打扮后又秘密由港赴京。到达北京的第三天，梅汝璈便应邀出席了中国人民外交学会成立大会，周恩来在会上介绍："今天参加这个会的，还有刚从香港回来的梅汝璈先生，他为人民办了件大好事，为国家争了光，全国人民都应该感谢他。"回到祖国怀抱的梅汝璈心头激起了层层热浪。1950 年，梅汝璈担任外交部顾问，1954 年当选全国人大代表和全国人大法案委员会委员。此后，梅汝璈还任第三、四届中国人民政治协商会议全国委员会委员，以及世界和平理事会理事、中国人民外交学会常务理事等职，为新中国的外交与法律事业做出巨大贡献。

然而好景不长，1957 年"反右运动"开始，梅汝璈受到了不公平对待。提起这段往事，梅小璈回忆，父亲被打为右派与他根深蒂固的法治精神也有关系，"据说，在一次公开会议上，父亲发言称要防止再出刘青山、张子善这种贪官，光靠个人自觉不行，还得靠制度。这句话被看成是父亲'旧法观念'未除的标志。"梅汝璈成了"靠边站"的一类人。"文革"开始后，梅汝璈被强制要求在外交部内扫厕所，写外调材料。在一份检查中，梅汝璈写道："我实际上只是一本破烂过时的小字典而已。"

这一时期，梅汝璈仍然不忘国耻，首次提出政府应该研究南京大屠杀。20 世纪 60 年代初，日本军国主义阴魂复活，右翼分子在名古屋为东条英机等 7 个被处死的战犯树碑立传，把他们吹捧成"殉国烈士""民族英雄"。有关部门邀请梅汝璈写一篇反驳文章，梅汝璈依据在远东国际军事法庭上掌握的材料，编写了《关于谷寿夫、松井石根和南京大屠杀事件》一文。文中写道："我觉得，为了充实历史和教育人民，我国的历史工作者对于像轰动世界的南京大屠杀一类的事件以及外寇在我国的其他残暴罪行，似乎还应该多做些调查研究和编写宣传工作……我国学术界和出版界对于这个缺陷似不应不亟谋补救，亦不应以此类调研有困难、无急需或不愉快为理由而淡然置之。"然而，随着"文革"的来临，梅汝璈的建议最终没有得到应有的重视。

名字是中日关系晴雨表

20 世纪 70 年代，中美关系得到改善，广播里开始有一些教英文的节目，也出版了很多学英语的小册子。梅小璈回忆，"那时候父亲就已经神志不清了。有一次我从内蒙古回京探亲，去医院看望生病住院的父亲，他睡梦中偶尔会蹦出几个英文单词，也不知道说什么。听医院的护士说，他清醒的时候偶尔会教护士们说英语，是纯正的美音。"梅小璈说，那个时候他开始意识到，父亲已走到人生的最后一个驿站。

1973 年，梅汝璈在北京逝世，终年 69 岁。姐弟两人知道了父亲的经历后，梅小璈的母亲肖侃女士专门告诫他们："不要老去宣传你们的父亲。真正抗日的，是 4 万万同胞，你父亲只是完成了政府交代的任务，他从没觉得自己有什么与众不同。"梅小璈说，这是母亲的教诲，但同时一定也是父亲的遗愿。

1973 年下半年，梅小璈回到北京。1977 年恢复高考，梅小璈考入北京师范学院，后进入中国青年报工作，并在这一时期开始整理父亲的遗作和日记，姐姐则进入雀巢公司，后来升任高管。2003 年，追随梅汝璈一生的母亲肖侃也离开了姐弟两人。现在，梅小侃和梅小璈都退休在家，梅小璈继承了父亲的遗志，从事远东国际军事法庭的研究工作，在他的努力下，梅汝璈未完成的书稿《远东国际军事法庭》以及东京审判期间的部分日记均已出版。曾有人说："梅汝璈名字出现的频率和受关注的程度，基本上是中日关系的晴雨表。"中日关系紧张时，他便被人翻出来说；中日关系缓和时，他便成为不合时宜之人被淡化。但梅汝璈曾这样评价自己："我不是复仇主义者，我无意于把日本军国主义欠下我们的血债写在日本人民的账上。但是，我相信，忘记过去的苦难可能招致未来的灾祸。"这些话语掷地有声，我们要永远铭记。（文/黄滢 季芯冉）

冼星海之女冼妮娜：延安的一天从音乐开始

冼妮娜，1939 年出生于陕西延安，音乐家冼星海之女，曾在大西北国防工厂、浙江图书馆工作。

烟花三月，杭州市西湖区马塍路上绿树成荫。午间小憩后，82 岁高龄（2021 年）的冼妮娜独自下楼，在吴侬软语间与相熟的邻里擦肩而过。她手里拎着一个鼓囊囊的布袋，又挎着单肩包，没有拄拐棍，也不乘电梯，看见《环球人物》记者就开心地打招呼，声音高高的，眼神亮亮的，讲话依然带有一丝西北口音。

冼妮娜是著名音乐家冼星海的独女，20 世纪 70 年代末从大西北回到杭州陪伴外婆和母亲。几十年过去，她依然心系延安，和黄土高原上的那片土地有着千丝万缕的联系。

"我是土生土长的延安娃"

"我刚出生时声音就很亮。"冼妮娜对记者说，"我父亲当时还赞叹说'好一个女高音！'"对延安的那段岁月，冼妮娜怀着满腔倾诉的热情。"我小时候，在延安吃得最多的是小米饭，里头放点南瓜红枣，算是很高级的。"她给记者看自己珍藏的一张童年照片——4 岁的小妮娜嘟着红红的小圆脸，手捧妈妈种的番茄，啃得开心。

冼妮娜回忆，战时的延安物资紧缺，每家一个月不足一斤白面。小妮娜却并不在意这些，每天开饭的号子一响，她就抱起饭缸子往食堂跑。"打游击喽！"这是她和小伙伴的"暗号"。"延安《解放日报》曾刊登过丁玲为'三八'妇女节所写的一篇文章，其中提到：'延安的妇女是比中国其他地方的妇女幸福的。甚至有很多人都在嫉羡地说——为什么小米把女同志吃得那么红胖？'"

那时候，谁家有吃的，就贡献出来先紧着孩子吃。当时，鲁迅艺术学院（简称鲁艺）副院长赵毅敏的孩子赵战生也刚刚出生，没有奶水喝，冼妮娜的妈妈钱韵玲就把两个孩子一块儿喂。于是，不满 1 岁的小妮娜和小战生因为都吃着钱韵玲的乳汁，成了"奶姐奶弟"。二人长大后也一直保持联系，情同手足。

"爸爸是鲁艺的音乐系主任，每天忙着创作，有时一连几天不眠不休，一家的生活全靠妈妈照料。"说起妈妈，冼妮娜很是自豪。出生于湖北咸宁的钱韵玲，是时任上海暨南大学教授、社会活动家钱亦石的女儿，身为大家闺秀的她吃苦耐劳、心灵手巧，看不到一丁点儿"小姐做派"，在延安曾多次被评为三八红旗手。1942 年前后，为了克服严重的经济困难，夺取抗日战争的胜利，延安军民展开了大生产运动，实行以农业为主，畜牧业、手工业、运输业等全面发展的方针。"大人们要种地、种菜、纺纱线、打毛衣，我妈妈很能干，打的毛衣款式新花样多。"冼妮娜说。

看着大人们热火朝天地劳动，小妮娜坐不住了，嚷嚷着"我也要干活"。她学着母亲的样子打毛线，两根小树杈，一双小手穿来引去，一颗扣子倒也有模有样地被她打出来了。"妮娜的扣子打得真好看，也给我打两个？"看见的邻居都逗她。初尝劳动的光荣感，小妮娜心里美滋滋的。后来有了自己的孩子，冼妮娜也是亲自动手缝棉袄、补裤子、打毛衣、装被子。

从 1939 年出生到 1945 年抗战胜利撤离延安，6 年的童年时光，用冼妮娜的话说"在延安过的还是蛮愉快的"。作为一个"土生土长"的延安娃，冼妮娜的一生证明了一个道理——"假如你有幸童年时在延安生活过，那么你此后一生中不论走到哪里它都与你同在。"

"《黄河大合唱》是我的胎教音乐"

当记者问起，现在再回延安还能不能找到当年住过的窑洞时，冼妮娜脱口而出："门口有石碾子的就是我家。"原来，每次冼星海的学生来找他请教问题，等待的间隙，他们就坐在石碾子上唱歌，这一幕给小妮娜留下了深刻印象。

1938年10月，在武汉任教的冼星海接到鲁艺师生的邀请电报。于是，他高兴地对钱韵玲说："我们去延安吧，那里有光明的世界。"两人在奔赴延安的途中结婚。组织上安排他俩住在鲁艺旁边的一孔窑洞里。时年33岁的冼星海先是担任鲁艺音乐系教员，不久担任系主任，除了负责音乐理论、作曲课程，还教授音乐史及指挥。钱韵玲则进入了该院的高级研修班学习，之后在延安保育院小学任音乐教员。

在冼妮娜的记忆中，延安的一天是伴着音乐开始的。清晨的钟声一响，鲁艺的学员纷纷起床，随之而来的，是他们的歌声。"这边是'大刀向鬼子们的头上砍去'，那边是'风在吼马在叫'或是'二月里来呀'，大家一边唱着歌，一边端着脸盆到延河边洗漱，开始一天紧张的工作和学习。"冼妮娜时常和小伙伴去看鲁艺学员演戏唱歌。"我们看《白毛女》《血泪仇》看完了以后就扮着玩，你演白毛女，我演别的角色，有一句没一句的在那儿唱，也挺开心的。"回忆起童年，冼妮娜脸上挂着孩子般的笑容。

在延安，冼星海进入创作的巅峰期，《黄河大合唱》正是这一时期的代表作品。1939年1月，诗人光未然来到延安和平医院养伤。曾与他在上海、武汉合作过的冼星海听说后，立刻跑了十几里山路来找老朋友，两人一见面，彼此都有说不完的话。"我父亲给光未然提出再来一次厉害的合作。"光未然便把两次渡过黄河时感受到的震撼、雄奇、磅礴、悲壮，用5天时间口述了8段、400多行的长诗，并让演剧三队队员胡志涛记录了。冼星海被诗人激情澎湃的朗诵深深打动。"我父亲简直忍耐不住，一把抓住他的手，说'我有把握将它谱好，保证在你们三队离延之前交稿！'"

1939年3月26日至31日，6天6夜的时间里，冼星海凭着"抗战必胜的信心"、一杯杯黄豆粉磨成的"土咖啡"，还有光未然送来的白糖，夜以继日地伏案疾书，光蘸水笔用坏的笔尖就堆成了一个"小山头"，终于完成了8个乐章的谱曲工作。经过一轮轮紧张的排练和试演，5月11日，《黄河大合唱》在中央党校大礼堂正式公演，大获成功。"当时毛主席听完后，高兴地站起来把手举过头顶鼓掌。人们都说，从延安的窑洞里飞出了金凤凰。

我父亲含着热泪向大家鞠躬，他的创作得到了主席和人民的首肯，非常高兴。演出结束以后，大家唱着'风在吼马在叫'离开了会场。"冼妮娜激动地向记者讲起这段往事。

一曲《黄河大合唱》，从鲁艺唱遍了延安，从解放区唱到了国统区，只要有人烟的地方，就有抗战的歌声。2007年10月24日，我国第一颗绕月探测卫星"嫦娥一号"又将《黄河大合唱》的歌声带到了茫茫宇宙。

《黄河大合唱》是冼妮娜的"胎教音乐"，她受艺术的熏陶，在心中埋下了一颗种子。"我喜欢艺术，上高中的时候，就想要学习工艺美术。"长大后的冼妮娜最喜欢国画和木刻，喜爱版画家古元先生"新颖又细腻"的木刻作品，只是这颗艺术的种子最终没有发芽，而是被另一个使命取代了。

"祖国的需要就是我的志愿"

离开延安的冼妮娜一直没忘了那片土地，或许正是那一代人专属的眷恋与牵挂，促使她十几年后又回到了陕西。1964年，冼妮娜从天津大学无机化工系毕业，分配志愿第一个填的是服从组织安排，第二个填的就是大西北。"祖国的需要就是我的志愿，学了干吗，学了不就是为祖国服务吗？"从小理科就不错的冼妮娜虽然没有追随父亲的艺术道路，却用另一种方式将青春挥洒在黄土高原上。她如愿来到陕西国防工厂，参与飞机制造工作，一干就是13年。

历经抗日战争与解放战争，举国上下百废待兴，生活条件依然艰苦，但衣食住行上的困难对于"延安娃"来说不值一提。没有吃的，就把西瓜皮晒干做成干菜；大冬天炕上铺盖太薄，就用鸡毛充当鸭绒一样暖和；纳鞋底没有料子就用玉米皮；脚上生了冻疮，一走路就往外渗血，没有药膏，就用红薯黏儿敷在伤口上，强忍着痛走路……"努力去做就没有克服不了的困难，我理解的延安精神就是艰苦奋斗的精神。"冼妮娜对记者说。即便自己生活尚且艰难，她一见别人有困难，便把省吃俭用攒下来的钱倾囊相助。冼妮娜的一个徒弟，因为家里没钱，婆婆去世也不能去奔丧。冼妮娜知道后，毫不犹豫地拿出刚发的一个月工资："不要紧，拿去用。"徒弟的丈夫忍不住感叹："你师傅真好。"徒弟骄傲地回答："我师傅就是好！"

除了艰苦奋斗、无私助人，延安岁月还养成了冼妮娜勤俭节约的习惯。"新三年，旧三年，缝缝补补又三年。"记者采访当天，冼妮娜身上穿的黑色马甲是很早之前花5块钱在街边买的，一穿就是30多年；一支小学同学送的钢笔，一直用到现在还小心翼翼地收着。

她更加小心翼翼收着的，是父亲的照片、曲谱、书籍、指挥棒等。1940年5月，告别妻子和8个月大的女儿，冼星海远赴苏联执行任务——为大型纪录片《延安与八路军》进行后期制作与配乐。1945年，在庆祝抗战胜利的一场联欢晚会上，毛主席把6岁的小妮娜抱到腿上："爸爸要回来了，要见到爸爸了，高兴吗？"还不太懂事的小妮娜呵呵笑着。谁知等来的竟是噩耗。1945年10月30日，冼星海在莫斯科一家医院病逝，年仅40岁。后来，毛主席亲笔题词："为人民的音乐家冼星海同志致哀。"并对他一生所作的贡献给予了高度评价。

当记者问已是耄耋之年的冼妮娜还有什么愿望时，老人说："我父亲为祖国奋斗，立志要'拯救危难中的祖国'，现在国家已经富强起来，但是我们的使命还没有完成，要建立强盛的中国，要让孩子们知道爱国，了解历史，刻苦学习。再一个就是，战争年代我父亲的作品丢失得比较多，我想尽办法要把它们搜集起来。"

采访结束时，杭州傍晚的暖阳还没有落下，十字路口熙熙攘攘，刚下班的年轻人步履匆匆，放学的孩子三五成群，叽叽喳喳。这满街的行人大概难以想象，曾经的历史如何抖落了尘埃，流动至今，而和他们擦肩走过的老人，即使步履蹒跚，依然不停搜寻着关于父亲、关于那段红色岁月中的一点一滴。

"在毛主席、周总理等党中央领导同志的关怀下，在延安这片土地上，我们感受到的都是积极正面的东西。来自五湖四海的人都是同志，大家为着同一个目标奋斗。"冼妮娜说，"红色延安是中国进步青年心之向往的革命圣地，虽然艰苦，但生长在这里何尝不是一种幸运？而这份幸运只有在那片土地上真正生活过的人才能懂得、回味。"（文／高塬）

国 之 重 器

感天动地钱学森

公元 2009 年 10 月 31 日，98 岁的钱学森在北京溘然长逝。

消息传出的一刹那，大江南北，无数张面孔上写满惊愕。这表情中蕴含的意味，胜过"中国火箭之父""中国导弹之父"等人们给他的所有荣誉。

从现在开始，我们只能在回忆中与他见面了。我们又看到了他一生都挂在脸上的智慧、纯净的微笑，又记起他感动了几代人的赤子传奇……

父亲教他"生当有品"

自 2009 年 10 月 31 日起，杭州市下城区马市街方谷园 2 号——这座白墙黛瓦的小院，将从"钱学森旧居"更名为"钱学森故居"。

一代科学巨擘钱学森，即出生于此，并在这里度过了 3 年孩提时光。后来，他随父到北京读书。1929 年，钱学森考入上海交通大学。为了"和独子离得近些"，父母又把家从北京搬回杭州。至今，这个小院的房产所有人一栏还登记着"钱学森"的名字。

《环球人物》杂志曾对杭州钱氏家族进行过专题报道。据考证，钱学森是吴越国王钱镠（公元 852—932 年）的第 33 代孙。作为吴越钱氏宗脉发源地，杭州钱氏历代名人辈出。而当今最为著名的，应数钱均夫和钱学森父子以及钱学森的堂侄钱永健（诺贝尔化学奖得主）。

钱学森的祖父是一位丝绸商人，家境殷实。父亲钱均夫，早年就读于杭州求是书院，后留学日本，研修教育学。回国后，钱均夫在上海成立"劝学堂"，提倡"兴教救国"，颇具影响。1911 年，也就是钱学森诞生的那一年，钱均夫出任浙江省立第一中学校长。钱学森的母亲章兰娟是杭州富商之女，受过良好教育。她的记忆力和计算能力超群，具有数学天赋。有人说，钱学森在科学方面的才华，正是来自母亲的遗传。

早在 3 岁时，钱学森就已表现出非凡的记忆力，能背诵上百首唐诗、宋词，还能用心算加减乘除。邻居因而传言钱家生了个"神童"。5 岁时，他已能读懂《水浒》。三十六天罡、七十二地煞，都是他心目中的英雄。有一天，他对父亲说："英雄如果不是天上的星星变的，那我也可以做英雄了。"父亲高兴地说："你也可以做英雄。但是，必须好好读书，努力学习知识，贡献社会。"

钱学森之子钱永刚曾在杭州接受《环球人物》杂志记者采访，谈起父亲的成长经历，颇多感慨。钱永刚说，父亲小时候并非"神童"，也不是那种每次考试拿第一的尖子生，但家学传承对父亲的教育和影响不容忽视。钱永刚告诉记者，钱家在教育子女方面，只有两个字："身教。"钱学森后来常说："我的第一位老师是我父亲。"博学多才、谦和认真的钱均夫，营造了家庭宁静的文化氛围与求实精神，这对幼年钱学森的成长至关重要。

钱永刚动情地向记者讲述了父亲当年出国时的一个细节。1935 年 8 月，钱均夫送钱学森赴美留学，一同登上"杰克逊总统号"美国邮轮。临开船时，钱均夫从衣袋里掏出一张纸条，郑重地塞到儿子的手里："这就是父亲送给你的礼物。"说罢，老人快步走下舷梯。钱学森怔怔地望着父亲的背影消失在出口处，这才连忙打开手中的纸条。只见上面写道：

人，生当有品：如哲、如仁、如义、如智、如忠、如悌、如教！

吾儿此次西行，非其夙志，当青春然而归，灿烂然而返！

——乃父告之

钱学森看罢潸然泪下。他默念着父亲的临别教诲踏上了赴美留学之路。

（文／张建魁　李鹭芸）

留美 20 年酸甜苦辣

1935 年 8 月，经过 20 个日日夜夜的海上颠簸，钱学森乘坐的"杰克逊总统号"邮轮，终于抵达美国。

"卡门—钱学森公式"

在麻省理工学院航空系学习 1 年后，钱学森决定以航空理论为自己的研究方向。1936 年，他从美国东海岸的波士顿，来到西海岸的加州理工学院，拜见著名的空气力学大师冯·卡门，希望师从其门下。冯·卡门被他的聪慧和敏捷打动，收下了这个弟子。

在加州理工学院，钱学森从第一学期开始，就表现出了惊人的才华。他不仅学习航空知识，还广泛选修物理、化学和数学等基础理论课程。他总能机敏地提出一些深刻而复杂的问题。冯·卡门曾回忆道："我记得，物理系的大理论家保罗·S·爱泼斯坦教授有一次对我说：'你的学生钱学森在我的一个班上听量子力学、相对论等选修课，很出色……您觉得他是不是有犹太人血统？'"当时，西方科学界普遍认为，只有犹太学生是最勤奋、最聪明的，哪能想到一个中国人会如此出色。

20世纪30年代，飞机的飞行速度和高度，是决定空军实力强弱和空战胜负的关键。当时，美国的航空工业落后于欧洲，迫切需要取得突破。1939年，钱学森以4篇博士论文，获得了航空和数学两个博士学位。文中，他与冯·卡门合作提出的高速音速流动理论，为飞行器克服音障和热障提供了依据，直接促成了美国超音速飞机的诞生。这就是航空科学史上具有划时代意义的"卡门—钱学森公式"。获得博士学位后，钱学森和冯·卡门又一起投身导弹研究，为美国及同盟国在"二战"中的胜利做出了贡献。

与音乐家妻子的浪漫爱情

二战的硝烟散尽后，钱学森于1947年夏天回国探亲，拜访了他的母校上海交通大学，并与未婚妻蒋英完婚。

钱蒋两家是世交。蒋英5岁那年，钱学森母亲就向蒋英的父亲、著名军事教育家蒋百里提亲："你们这个老三（蒋英排行老三），将来得给我当儿媳妇。"

就在钱学森留学美国的同一年，蒋英考入柏林音乐大学声乐系。蒋百里赴美国考察时，把蒋英在欧洲留学的照片拿给钱学森看。照片中，脸上泛着动人微笑的蒋英，依然是钱学森记忆中的模样。他心里泛起了微澜。1947年，钱学森借两人都回国之际，向蒋英求婚："12年了，我们天各一方，只身在异国他乡，尝遍了人生的酸甜苦辣。我们多么需要在一起，互相提携，互相安慰！天上的牛郎织女每年还要相逢，我们却一别12年，太残酷了。

这次我回来，就是想带你一块儿到美国去，你答应吗？"

1947年9月，这对新婚夫妇回到美国。在他们家里，唯一的奢侈品就是一架黑色钢琴。这是钱学森送给妻子的新婚礼物。后来，这架钢琴随着他们回到中国，成为他们一生的爱情见证。

香烟纸上的求救信

当新中国成立的消息传到美国后，钱学森和蒋英按捺不住内心的喜悦，商量着早日回国。但此时，以美国参议员麦卡锡为首的反共势力，在全美掀起了一股"揭露和清查美国政府中的共产党活动"的浪潮。单纯的钱学森没想到，他一提出回国要求，就酿成了一场劫难。美国海军次长金布尔恶狠狠地说："他知道所有美国导弹工程的核心机密。一个钱学森抵得上5个海军陆战师，我宁可把这个家伙枪毙了，也不能放他回红色中国去！"随后，抄家、流放、拘留……没完没了的政治迫害接踵而来。在长达5年被软禁的日子里，钱学森和蒋英常常只能夫吹竹笛、妻弹吉他，以共同演奏古典室内音乐来排解寂寞与烦闷。

1954年4月，在日内瓦会议上，美国请英国外交官出面与中国交涉，想要回因违反中国法律而被扣押在中国的美国人。周恩来总理于是做出决定：美国人既然请英国外交官与我们疏通关系，我们就应该抓住这个机会，把留在美国的一批留学生和科学家要回来。他拟了一份名单，上面就有钱学森。

然而，美国拒绝释放钱学森。正当周恩来为此焦急万分时，时任全国人大常委会副委员长的陈叔通，收到了一封从大洋彼岸辗转寄来的信。陈叔通拆开一看，是一张香烟纸，信末的署名是"钱学森"。他心头一震，立即将情况汇报给了周恩来。

原来，钱学森为了摆脱特务的监视，把信写在香烟纸上，夹在寄给比利时亲戚的家书中，辗转带给了陈叔通。他在信中请求祖国帮助他回国。

陈叔通当即把信送到周恩来那里。很快，这封信由外交部火速转给了正在日内瓦参加中美大使级会谈的王炳南。周恩来通过密电告诉王炳南："这封信很有价值。这是一个铁证，美国当局至今仍在阻挠中国平民归国。你要在谈判中，用这封信揭穿他们的谎言。"

面对这封信，美国人哑口无言。在中国政府和钱学森本人的双重努力下，1955年8月4日，美国移民局发出了允许钱学森回国的通知。同年9月17日，他带着妻子蒋英和一双幼小的儿女，登上"克利夫兰总统号"轮船，踏上返回祖国的旅途。（文/朱珠）

毛泽东请他坐在身边

坚决要求做副职

钱学森到达北京后的第二天清晨，就带领全家来到天安门广场。仰望雄伟的天安门和高高飘扬的五星红旗，他心潮澎湃。

1947年，钱学森曾回国探亲，在当时的浙江大学、上海交通大学和清华大学作学术演讲，引起轰动。国民党政府希望他留下来，但当时混乱的时局，让他婉拒了国民党政府的要求。现在，新中国诞生了，他终于可以为心中的强国理想奋斗了。

回到国内后，钱学森的生活有了很大变化。他脱下穿了20年的西装，换上中山装。从此，除了不一般的气质、学识和经历，他和普通中年知识分子没什么区别。

为了让钱学森尽快熟悉国内的情况，组织上安排他去东北考察。其间，陈赓大将特意从北京赶到哈尔滨，在哈尔滨军事工程学院接待他。在一个小火箭试验台前，陈赓问："我们能不能造出火箭、导弹来？"钱学森不假思索地答道："有什么不能的，外国人能造，中国同样能造！"陈赓听罢哈哈大笑，激动地握着钱学森的手说："要的就是您这句话！"后来，钱学森才知道，陈赓是带着国防部长彭德怀的指示，专程来请教他的。

回到北京后，钱学森向中国科学院提出了组建力学研究所的建议。

一个月后,力学研究所宣告成立,钱学森任所长。在周恩来总理的鼓励下,他起草了《建立我国国防航空工业的意见书》,提出了我国火箭、导弹事业的组织方案、发展计划和具体措施。这份意见书受到党中央的高度重视,周恩来亲自主持中央军委会议,决定成立国家航空工业委员会,同时授命钱学森组建我国第一个火箭、导弹研究机构——国防部第五研究院。

1956年10月8日,在钱学森归国一周年时,国防部第五研究院宣布成立。钱学森给刚分配来的156名大学生讲授"导弹概论",开始培养新中国第一批火箭、导弹技术人才。1957年2月,周总理签署国务院命令,正式任命钱学森为国防部第五研究院的第一任院长。从此,他开始了作为新中国火箭、导弹和航天事业技术领导人的生涯。

但是,随着我国导弹事业的发展和国防部第五研究院规模的扩大,钱学森的行政事务也越来越多。他既要为中国的导弹事业举办"扫盲班",又要带领大家进行技术攻关,还要为众多职工的柴米油盐操心。一次,一份有关幼儿园的报告等待他这位院长的批示。他说,我哪里懂幼儿园的事呀。为此,他给聂荣臻元帅写信要求将自己降为副职,以便专心致力于科学研究和技术攻关。上级经过慎重考虑,同意了他的要求。从此,钱学森只任副职,集中精力攻克我国国防科技发展中遇到的重大技术问题。

"失踪"不停,惊喜不断

在钱学森的诸多身份中,"'两弹一星'奠基人",是媒体提及最多的一个。"两弹"是指原子弹(后演变为原子弹和氢弹的合称)和导弹,"一星"是指人造地球卫星。而研究"两弹一星",需要地势开阔,同时也要严格保密。钱学森作为这项工作的牵头人,从回国后不久,就时常一头扎进渺无人烟的大西北,在人迹罕至的沙漠中与同事们一起鏖战,经常一干就是几个月,而且不能给家里写信。丈夫屡屡"失踪",让妻子蒋英备受煎熬。每次钱学森"出差"前,蒋英都"问他要到哪里去,不说;去多久,也不说"。有一次,钱学森又是"出差"几个月,其间杳无音信。蒋英坐立不宁、寝食难安,终于忍不住冲到一位国家领导人面前问："钱学森到哪儿去了？他还要不要这个家？"

其实，钱学森这时正在戈壁荒漠上，紧张地进行着"东风一号"短程导弹的发射准备工作。

1960年11月5日，蒋英从报上看到一条新闻：中国第一枚"东风一号"近程导弹，在西北地区发射成功！她暗自思忖：莫非这是钱学森"搞的鬼"？不久，钱学森"出差"归来。在妻子的追问下，他只好老老实实地承认，自己去研制"东风一号"了。后来，蒋英发现，丈夫每"失踪"一次，就能给新中国带来一些惊喜——她对此颇为自豪。

原子弹爆炸，毛主席庆功

20世纪50年代末，在苏联的帮助下，中国开始了导弹仿制工作。然而，1960年5月底，赫鲁晓夫下令撤走所有苏联专家，并撕毁了257个科技合同，其中包括给中国提供原子弹、火箭、导弹样品的合同，还带走了导弹研制图纸。这意味着，我国必须靠自己的力量来研制导弹。

即便如此，钱学森带领他的助手们，用了仅仅不到一个月，就把我国第一枚装载国产燃料的短程弹道导弹成功发射升空。1964年6月29日，他又将"东风二号"导弹"送"上了天空。这是我国完全依靠自己的力量和技术，自行设计研制的第一枚中短程导弹。

1964年10月16日，在钱学森和众多科技人员的努力下，中国成功试爆了第一颗原子弹！毛泽东对此十分高兴，决定破例举办一个庆功宴。宴会前，工作人员拟定了一份座席名单给毛泽东审定。他看过后，郑重地用铅笔将钱学森的名字从另外一桌划到自己那桌的名单上，而且就让钱学森紧挨自己坐。宴会开始后，毛泽东笑着对大家说："今天，请各位来叙一叙，主要是因为我们的原子弹爆炸了，我们的火箭试验成功了，我们中国人在世界上说话，更有底气了！"然后，他话锋一转，指着钱学森，风趣地说："我现在特别向在座的诸位介绍一下我们的钱学森同志，他是我们的几个王呢！什么王？'工程控制论王'、'火箭王'！他这个王用工程控制论一发号令，我们的火箭就上天，所以各位想上天，就找我们的'工程控制论王'和'火箭王'钱学森同志！"毛泽东接着又说："这位'工程控制论王'也给我们作出另一个榜样呢！他不要稿费，私事不坐公车，这很好嘛！"

卫星入轨，热泪沾襟

但是，原子弹由导弹发射出去，才算是真正意义上的核武器。因此，钱学森道别毛泽东后，立即投身另一项极其重要的研究——实现两弹结合，用导弹将原子弹发射出去。这是一个连党和国家领导人都有些担心的任务。钱学森也感受到了前所未有的压力，如果出现一点失误，伤及的将是祖国人民。为了确保实验获得成功，钱学森在基地里连续工作了100多天。

1966年10月27日，新疆罗布泊上空发出了一声巨响——中国的两弹结合试验获得圆满成功，中国从此拥有了真正意义上的核武器。对此，外电纷纷评论说，这声巨响震动了全世界，中国闪电般的进步像神话一样不可思议。从第一颗原子弹爆炸到第一枚导弹核武器研制成功，美国用了13年，而中国仅用了两年多。毫无疑问，头功应该记在钱学森身上。

在研究两弹结合问题的同时，1965年1月8日，钱学森正式向国家提出报告，建议早日制订我国的人造地球卫星研究计划。3个月后，国防科委根据他的报告，向中央提出了在1970年或1971年发射我国第一颗人造地球卫星的设想。于是，钱学森就像长了三头六臂一样，一边主持两弹结合项目，一边领导"长征一号"运载火箭和卫星研制工作。1970年，当我国第一颗人造卫星"东方红一号"飞临北京上空时，整个首都突然静寂下来，人们都在侧耳聆听卫星播放的"东方红，太阳升"乐曲。而当钱学森听到从千里之外的观测站传来"卫星入轨"的喜讯时，他知道，自己多年来为之奋斗的梦想，终于变成了现实。他抑制不住激动的心情，任凭泪水打湿脸庞。回国15年了，他终于用自己的勤奋和智慧，实现了报国夙愿，使祖国开始跻身航天大国行列。

1991年，已是80岁高龄的钱学森退休。正是在他回国后的36年里，我国的航天事业、导弹和核武器技术有了飞速的发展和提升。有专家说，钱学森将我国的导弹和原子弹发射提前了至少 20 年。而导弹和原子弹是一个国家成为军事大国的重要标志——由此可见他对整个国家和民族的意义。

了解钱学森的人认为，晚年的钱学森，是最幸福的人。他回国的初衷，就是要帮助祖国变得更加强大。他见证了"神舟七号"飞船和中国宇航员遨游太空，看到了国庆 60 周年阅兵式上震撼世界的导弹方阵……他的梦想不折不扣地实现了！（文 / 白菊梅）

他的伟大源于爱国

钱学森带着强国梦实现后的满足走了。

如今的中国，宇宙飞船遨游苍穹，宇航员漫步太空；人造卫星俯视地球数十年，即将造访火星；先进的短程、中程、洲际导弹守卫国土……当今世界，只有为数不多的几个国家拥有这样的能力。而这些成就，起步于钱学森或基于他所开拓的事业。

《人民日报》曾对他做了这样的评价："钱学森是我国航天科技事业的先驱和杰出代表，在空气动力学、航空工程、喷气推进、工程控制论、物理力学等技术科学领域作出了开创性贡献，是中国近代力学和系统工程理论与应用研究的奠基人和倡导人。"这一"官方评价"，概括了他对国家、民族的贡献。

他告诉人们什么是爱国。

他曾回忆说："我从 1935 年去美国，1955 年回国，在美国待了整整 20 年。这 20 年中，前三四年是学习，后十几年是工作，所有这一切都是在做准备，为的是日后回到祖国能为人民做点事。"当年，留在美国代表着生活优裕，回到中国意味着一穷二白，但他不留恋；美国将军威胁要"枪毙"他，特务跟踪他长达 5 年，但他不惧怕。他说，"我的事业在中国，我的成就在中国，我的归宿在中国。"50多年来，他的故事总能让我们血脉偾张，总能让我们的民族自豪感和国家荣誉感再次得到积淀。

他是中国科学界的一个标杆。

北京大学教授徐光宪院士在反击一些人称中国没有人能获得诺贝尔奖的说法时，掷地有声地说："中国也有巨人。"1989年在美国召开的国际科学技术会议上，钱学森被授予"世界级科学与工程名人"称号。1999年，他又被国际媒体选为"影响20世纪科技发展的20位世界级科技巨人"之一。第一是爱因斯坦，然后是玻耳、居里夫人、冯·卡门等，钱学森排名第18。"所以，钱学森是十年一遇的世界伟大科学家，超过一年一遇的一般诺贝尔奖得主。"

他诠释的人格魅力，垂范后人。

他谦逊地说："我个人仅仅是沧海一粟，真正伟大的是党、人民和我们的国家。"他回国20多年后，美国科学院、美国工程院仍然认为他"成就卓著，举世公认。如果他应邀来美，美国政府和有关学术机构将表彰他对科学的重要贡献"。但他说："如果中国人民说我钱学森为国家、为民族做了点事，那就是最高的奖赏。我不稀罕那些外国荣誉头衔！"他这种"高度的民族自尊心、民族自信心和民族气节"，让老师冯·卡门非常感动："人们都这样说，似乎是我发现了钱学森，其实，是钱学森发现了我。"

在他心里，"国为重，家为轻；科学最重，名利最轻"。这种对名利的超然，在现时更具价值。

他的科学精神，造福后来者。

他当年的学生米博恩回忆："有次上课，钱老说如果你5道题做对了4道，按常理，该得80分，但如果你错了一个小数点，我就扣你20分。他常告诉我们，科学上不能有一点失误，小数点错一个，打出去的导弹就可能飞回来打到自己。"他曾在黑板上给学生写下"严谨、严肃、严格、严密"几个大字。作为我国的"航天之父",他的科学精神,对当下稍显浮躁的社会是一种鞭策,促动着"科学"二字深植于社会。

钱学森的一生,给了我们怎样的启示?他告诉我们:国家的命运,掌握在每个国民手上;个人成就源于爱国,个人的伟大源于胸中有祖国!(文/章功)

"核司令"程开甲的"矛"与"盾"

程开甲，1918年8月出生，江苏吴江人。中国科学院院士、著名理论物理学家，"两弹一星"功勋奖章获得者，2013年国家最高科学技术奖获得者，我国核武器事业的开拓者和核试验科学技术体系的创建者。2018年11月17日在北京因病逝世，享年101岁。

从研究核武器到研究防御核武器，他穷尽一生建立起我国核试验科学技术体系。

在江苏吴江，一位小学生写了封信，想寄给在北京的同乡英雄程开甲爷爷，但他写好信后，却不知该寄往何处了——2018年11月17日，在程开甲为之奉献终生的人民共和国步入七十华诞前，这位"核司令"与世长辞，离开了他的家与国，享年101岁。

我们心里清楚，那些从战火中走来、在苦难中奋斗的老一辈"国宝"终将辞行。可是，当程开甲逝世的消息传出时，我们的眼泪还是夺眶而出——共和国永远不能忘记的"两弹一星"元勋，又走了一位。

"两弹一星"的故事已被传诵千百遍——突破美国重重阻碍而回国的钱学森，在飞机失事时用身体保护绝密资料的郭永怀……这些故事读再多次，我们也会心潮澎湃、热泪盈眶。他们映照出的，是70年来走过的每一步艰难历程，更是每一位中国人对这片土地最深沉的爱。所以，人们不愿说告别；所以，到真正告别的那天，即便天南海北，即便步履蹒跚，人们也想去鞠个躬、行个礼。

生命的最后时刻，只为罗布泊而激动

2018年11月21日，北京八宝山革命公墓，与程开甲告别的地方。习近平、李克强等党和国家领导人送来花圈。清晨5时多，人群就开始聚集，等着进入八宝山。他们中的很多耄耋老者，是前一天从合肥、吴江等地赶来的。

为了到八宝山和程老作最后的告别，国防科技大学教授熊杏林女士前一晚从西安赶来。到北京时，已是晚上 10 时多。差不多一个月前的 10 月 24 日，她赶到北京和程老见了一面。当时，程开甲家人给她打电话："老爷子的时间可能不多了，来和他见个面吧。"放下电话，熊杏林就往北京赶，在解放军总医院见到了病榻上的程开甲。

程开甲身体虚弱，需要依靠呼吸机维持生命，一天中大部分时间在昏睡，但醒来时意识依然清醒。熊杏林带着新近出版的《程开甲的故事》坐到病榻边。这本书，是程开甲家乡吴江教育界人士找到熊杏林，希望编写一本适合中小学生的程开甲读本而出版的。当听说家乡提议编写这本图书时，程开甲特意叮嘱相交 18 年的熊杏林："要实事求是，让孩子们读了有所启发。"因为他自己就是在中学时读了很多科学家传记后走上科研道路的。

书出版了，程开甲却没来得及看。而吴江那名写信的小学生，正是第一批读者。在病房里，熊杏林翻开书中插图，一幅幅指给程开甲辨认。"起先，程老没有什么反应。但看到两个场景时，他激动起来，一个是第一颗原子弹爆炸试验所用的铁塔，塔架上放着原子弹；另一个是我国第一颗原子弹爆炸试验的爆心。我感觉他眼中有了光芒。"程开甲吃力地说出一句话："这是我非常熟悉的地方。"熊杏林合上书，走出病房，泪如雨下。她说："能记录程老的一生，是我人生最有意义的事。"

纵然过去了半个世纪，纵然是病中羸弱，程开甲依然记得研制原子弹、氢弹的光辉岁月。那是几代科研工作者生命中最难忘的时刻，是新中国立于世界民族之林的坚强根基。

蘸着菜汤在饭桌上写公式

时间回到 1960 年夏天，正在南京大学物理系任教的程开甲被校长郭影秋叫到办公室。郭影秋递给他一张写有北京地址的字条，让他马上去报到，但没说做什么。

时年 42 岁的程开甲已是物理学界权威，与另一名核物理学家、居里夫人的学生施士元在南京大学创立了核物理专业。字条来自第二机械工业部第九研究所，借调他两年，原因却不能说。到二机部后，程开甲才知道这次调动是钱三强点将，邓小平批准，实际就是参加原子弹研究。1961 年 11 月，时任国务院副总理聂荣臻还写了封信给教育部长杨秀峰和副部长蒋南翔，建议在两三年内免除他们（程开甲和周光召）在学校的兼顾工作。

程开甲曾经向熊杏林回忆，原子弹研制初始阶段所遇到的困难根本无法想象。有核国家对这一军事内容采取了极严格的保密措施，美国科学家卢森堡夫妇因被指控为"核间谍"而受电刑处死；程开甲的师兄福克斯因泄密被判 14 年监禁。"我们得不到资料、买不来所需的仪器设备，完全靠自力更生、艰苦奋斗，自己闯出一条路来。"

要研究核武器，得先解决一个难题：铀 235、钚 239 的状态方程是什么？程开甲到研究所后，状态方程小组负责人就向他汇报工作进展。这个小组的成员大部分没有学过固体物理，进展缓慢。于是，程开甲开始系统讲课，帮助研究人员复习热力学、统计物理方面的知识，指导查阅外国文献。他自己也是没日没夜地计算。那段时间，同事经常看见吃着饭的程开甲突然把筷子倒过来，蘸着菜汤在饭桌上写公式。那是三年困难时期，菜汤写在桌上，几乎不会留下油渍。研究所里流传着一个故事——有一次排队买饭，程开甲把饭票递给卖饭的师傅，条件反射般地说："我给你这个数据，你验算一下。"排在后面的邓稼先笑着提醒："程教授，这儿是饭堂。"

这样的故事，在八宝山告别现场，也被跟随程开甲多年的老一辈科学家频频提及。86 岁的程耕从合肥赶来，他在新疆那支隐姓埋名的核研究团队里工作了 20 年，是程开甲最信任的研究员之一，大家戏称他是"程开乙"。只有在回忆起生活细节时，程耕沉痛的脸上才会轻松一些："生活上，我们得照顾程老师。他是一位纯粹的科学家，平时做饭、回家买票这些事他都不会。"

经过半年的艰苦努力，程开甲算出了高压状态方程。负责原子弹结构设计的郭永怀拿到结果后，高兴地大喊："老程，你可帮我们解决了一大难题啊！"

1962 年夏天，研制第一颗原子弹的关键理论研究和制造技术取得了突破性进展。程开甲接到了新任务——负责原子弹爆炸试验的研究与准备。程开甲的优势在理论不在试验，有人劝他："今天干这个，明天干那个，东搞西搞，搞不出名堂。"但程开甲想，国家需要，义不容辞。

他开始准备我国第一颗原子弹爆炸试验。这次他成了"光杆司令"——没人、没房子、没设备。程开甲只提了一个要求："请给我调人，我们马上投入工作。"他列出名单，经邓小平批示，从全国各地和全军选调技术骨干。直到 90 多岁，程开甲在跟熊杏林口述自传时，仍能一一说出这批技术骨干的名字。

试验场区选定在新疆罗布泊后，程开甲与参试人员提前半年进入了场区。这是一片荒芜的沙漠，方圆 300 公里只有连绵的沙丘和寸草不生的乱石。1964 年 5 月，参试人员和参试设备经过长途运输驻扎进了罗布泊。5、6 月的罗布泊，经常刮 10 级以上狂风，把帐篷都掀掉；7、8 月则要面临地表温度 60 至 70 摄氏度的炙烤。加上这片沙漠水质很差，又涩又咸，喝得人经常拉肚子。但在程开甲看来，这是一个完美的试验场区。

试验时间定在 10 月 16 日 15 时。接到通知的程开甲度秒如年。15 日晚上，他彻夜未眠；16 日一早，他就走出帐篷，观测天气。他在回忆录中写到那天早上的心情："看到天空碧空如洗，心里轻松许多。"有了理想的天气，试验才能正常进行。他还记得那天中午吃的是包子，"香喷喷的，但吃到嘴里一点也感觉不到它的味道"。

"14 时 59 分，张震寰在主控站发出口令。50 秒后，仪器设备进入自动化程序，9、8、7、6……数完 1 时，试验现场传出一声惊雷般的巨响。我们看到仪表指针剧烈跳动，知道原子弹爆炸成功了！"直到 40 多年后，程开甲还能清晰地向熊杏林等人说出那时的点点滴滴。

一朵巨大的蘑菇云在西北戈壁滩腾空而起，世界重新认识了新中国。

那一晚，大家在帐篷里豪饮一场。酒量很差的程开甲直接干了一碗白酒，足足有半斤。与此同时，远在北京的人民大会堂里，周恩来总理也向3000余名《东方红》演职人员宣布了中国第一颗原子弹试验成功的好消息，现场掌声雷动。

世人记住的是这个激动人心的日子，但对程开甲来说，试验成功仅仅是起点。如果要武器化，还必须考虑运载工具和战术技术要求，进行空爆核试验。所以没过几天，程开甲就接到通知，回北京主持首次空爆试验方案的制定。美国人断言中国在5年之内不会有运载工具，但程开甲带领技术人员仅用8个月就完成了——1965年5月14日，原子弹空爆试验成功，这标志着我国有了可以用于实战的核武器。

半个月后，周恩来在北京接见并宴请为原子弹爆炸作出贡献的核武器研制与试验部门代表。席间，周恩来、邓小平、罗瑞卿、张爱萍、张蕴钰、王淦昌、程开甲和空军飞行员同坐一桌，又商议起氢弹的研制来。

氢弹研制由当时的青年物理学家黄祖洽、于敏负责。1965年，程开甲的主要精力也转移到氢弹原理试验上。这一做，又是一年多。1966年12月28日，氢弹原理装置点火，一朵巨大的蘑菇云翻滚着直冲云霄，我国氢弹技术取得突破。

一次又一次推开阻止他进入爆心的手

多位受访者告诉《环球人物》记者，程老的功绩，不仅在于参加研制"两弹"，还在于高瞻远瞩地建立了核试验科学技术体系，决策主持了30多次各种方式的试验。

氢弹研制成功后，程开甲把地下核试验提上了日程。这项试验最早是由周恩来提出的。1963年，程开甲等人在中南海向周恩来汇报原子弹研制进程时，被问及地下核试验，并请他们"回去研究一下"。当时，大家的精力集中在第一颗原子弹研制上，无暇顾及地下核试验。直到1967年，氢弹爆炸试验成功后，首次地下核试验技术工作会议召开。但大家意见分歧很大，有人认为氢弹都响了，没有必要再搞地下核试验。程开甲据理力争，多次发言，阐述地下核试验的重要性、必要性和可行性。最终，支持的人占了多数。1969年，中央专委决定进行第一次地下核试验。

此后十多年，程开甲将工作重心放到地下核试验上，带出了林俊德等核武器研究的新一代人才，并多次进入核爆后的平洞、竖井，掌握第一手资料。进爆心有"三高一险"：温度高、压力高、放射性强度高和易塌方险情，就连工程兵进入爆心施工也有很大风险。但年过半百的程开甲一次又一次推开阻止他进入爆心的手，常常在里面一观测就是一两个小时。有一次他进到了被严重挤压的廊道里，原本10多米宽的空间被核爆作用力挤压到直径只有80厘米，幸好程开甲个子并不高大，可以爬过去。更危险的一次是进入竖井。井很深，需要吊下去。当时刚刚进行了一次核爆炸，程开甲急着察看爆心的地表现象，带着通信员李国新直下爆心。随身携带的放射性剂量探测笔一直"嘀嘀"尖叫，他却根本顾不上核辐射影响，只忙着记录第一手资料。

程开甲曾评价："及早部署并研究地下核试验技术，为我国核试验事业的可持续发展争取了主动，是一项具有战略意义的英明决策。"

1984年，66岁的程开甲离开核试验基地，担任国防科工委科技委常任委员。他的研究方向又一次发生变化。

有矛必有盾。作为武器的核弹可以产生巨大的杀伤力，因此也要从对立面来思考武器装备的防御问题。基于此，研究了半辈子"矛"的程开甲转而研究"盾"，投入到抗辐射加固和高功率微波领域的研究中。他担任委员后的第一件事，就是给国防部长张爱萍打报告，提出抗核加固问题的系统研究方案。张爱萍收到报告后很重视，在经费上给予很大支持，这项研究得以展开。此后，研究内容不断扩展，涵盖了材料、电磁脉冲、微波、激光等多领域，使抗辐射加固研究成为我国武器装备技术发展中一个十分重要的方面。

20世纪90年代，程开甲已经年过七旬，又提出了一个开创性理论——TFDC电子理论。这是材料科学领域的电子理论，是他前30年实践经验的提炼。过去，新材料的设计研制主要靠经验，程开甲关注到这一领域需要指导性理论，他再次开始了全新的研究，最初甚至没有助手。不久，总装备部给程开甲配备了技术助手，开始系统地进行理论研究。这期间，他还以 77 岁高龄前往俄罗斯等地交流。这一理论后来取得了很多成果，应用在纳米材料、钢铁材料、超硬材料的设计上。

从 1964 年第一次核试验起，我国建立了一支精干有效的核自卫力量。今天，我国已经拥有新型战略导弹、核潜艇等用于国防安全的战略核力量。程开甲坚信，我们研制和发展少量核武器，不是为了威胁别人，完全是出于防御的需要，是为了自卫，为了维护国家的独立、主权和领土完整，保卫人民和平安宁的生活。他曾说："有一种最可靠的安全，就是让敌人知难而退，我为此奋斗了终生。"1999 年，党中央、国务院、中央军委向程开甲等 23 位科学家颁发"两弹一星"功勋奖章。正是他们的研究，使我国国防实力发生了质的飞跃。

带着一大堆专业书籍和无国籍证明漂泊一个月

从抗战中走来，家国情怀是那一代知识分子最浓重的底色。1918 年 8 月 3 日，程开甲出生在江苏吴江。1941 年，他从浙江大学物理系毕业；1946 年赴英国爱丁堡大学留学，师从理论物理学家、量子力学奠基人马克思·玻恩。玻恩是爱因斯坦的挚友，在 1954 年获得诺贝尔物理学奖，和很多著名科学家有交往。他很喜欢这位来自中国的学生，乐于把他介绍给那些物理界的大师。因此，在英国求学期间，程开甲结识了狄拉克、海特勒、薛定谔、缪勒、鲍威尔、玻尔等顶尖科学家。那是基础物理学科的黄金年代，程开甲所汲取的养分难以想象。1948 年，他在爱丁堡大学博士毕业，应玻恩的邀请留校任研究员。

程开甲尽管身在英国，却并没有归属感。玻恩两次提醒他把家眷接来，他都回绝了。经历战火的程开甲无法割舍对祖国的热爱。百年前，中国第一批留学生西渡重洋学习科学技术时，就写下过这样的话语：此去西洋，深知中国自强之计，舍此无所他求；背负国家之未来，取尽洋人之科学，赴七万里长途，别祖国父母之邦，奋然无悔。对程开甲而言，同样如此。

1949年4月，国内处在解放战争渡江战役期间，英国皇家海军远东舰队"紫石英号"军舰无视警告，擅自闯入长江下游水域前线地区，遭人民解放军炮击。在苏格兰出差的程开甲从当时的电影新闻片中看到了这条消息，"我第一次有出了口气的感觉"，他在自传中这样说。那一天，从电影院出来，程开甲走在大街上，腰杆挺得直直的，"就是从那天起，我看到了中华民族的希望"。他马上给家人和朋友写信，询问国内情况，并很快决定回国。

英国的朋友都劝他不要回去，说中国太落后，没有饭吃。程开甲一边感谢他们的关心，一边也忍不住争论。有一次他甚至争得拍了桌子，说："你们不要看今天，要看今后！"从那时起，他就为兑现自己这句话而准备着。

考虑到新中国一穷二白，回国建设必然需要搭建相关科学体系，程开甲决定多买一些专业书籍带回来。整整一年，他跑图书馆、跑书店，尽量收集固体物理和金属物理方面的资料。熊杏林还记得，程开甲晚年和她讲述这段故事时，仍然兴奋地说："后来，果真都用上了！"

离开那天，玻恩亲自到火车站相送。他坚信这个学生如果留下来继续做研究，一定能取得学术上的非凡成就。但程开甲归国之意已决。1950年7月，他从英国海关出关，海关人员惊讶地问："杭州？"当时，新中国成立不久，在英中国人过去使用的护照已经失效，海关人员给程开甲开具了一张无国籍证明。拿着这张证明，程开甲心里很不舒服，但为了尽快回到祖国，他也只能拿着。在海上漂泊了一个月后，程开甲终于到了香港，回到了祖国的怀抱。他再从香港坐火车经广州回到杭州。一到杭州，他甚至没急着回家，而是径直去了浙江大学，与大学时代的恩师束星北讨论如何开展物理学教学。

在20世纪50年代，程开甲先后任教于浙江大学物理系、南京大学物理系，完成了《固体物理学》的撰写，创建了南京大学金属物理教研组和核物理专业，并在1956年加入了中国共产党。

晚年，程开甲回忆归国前后的心路历程时说："我不回国，可能会在学术上有更大的成就，但最多是一个二等公民身份的科学家，绝不会有现在这样幸福，因为我所做的一切，都和祖国紧紧地联系在一起。"

他的名字，注定与新中国国防事业相连。70年励精图治，70年斗转星移，正是和程开甲一样的老一辈科学家的付出，铸就了复兴路上一个又一个大国重器。（文／张丹丹 马晓钰 感谢国防科技大学教授熊杏林对本文的支持）

王希季的太空梦想

王希季，造火箭的人

无论是东方红一号的轨道倾角，还是载人航天器的选择，他总是看得更长远。

当中国科学院院士王希季迎来 101 岁华诞之时，遥远太空中，中国首个科学实验舱问天实验舱与空间站核心舱组合体顺利完成交会对接，中国航天员首次在轨进入科学实验舱。对王希季来说，这无疑是最好的生日礼物。

1999 年，王希季被授予"两弹一星"功勋奖章，他的获奖简介中有这样一段介绍："我国早期从事火箭技术研究的组织者之一，是我国第一枚液体燃料火箭及其后的气象火箭、生物火箭和高空试验火箭的技术负责人，倡导并参与发展无控制火箭技术和回收技术两门新的学科。他创造性地把我国探空火箭技术和导弹技术结合起来，提出我国第一枚卫星运载火箭的技术方案。主持长征一号运载火箭和核试验取样系列火箭的研制……"此外，王希季还主持了中国第一颗返回式卫星的技术设计，参与过多艘神舟飞船研制过程的技术把关……这位造火箭的"两弹一星"元勋，穷其一生都在为实现中国人的太空梦想殚精竭虑。

"他把困难留给自己"

中国第一颗人造地球卫星东方红一号是 1970 年 4 月 24 日晚间从酒泉发射的，由中国首枚运载火箭长征一号送入太空，卫星入轨后很快飞出国境。第二天晚上 8 时 29 分，东方红一号卫星和长征一号运载火箭第三级火箭飞经北京地区上空，第三级火箭上的"观测裙"反射出太阳光，在空中形成一个地面上"看得见"的亮点。无数双喜悦的眼睛追踪着那个亮点，其中一双是属于王希季的，他深知这光亮来之不易。

1957 年，苏联率先发射了世界上第一颗人造地球卫星。美国紧随其后，也于次年成功发射一颗人造卫星。中国国内要发射人造卫星的呼声渐高，毛泽东很快有了指示："我们也要搞人造卫星。"

中国第一颗人造卫星工程由工程总体和 4 个系统组成，包括卫星本体系统、运载火箭系统、测控通信系统和发射场系统。其中，研制中国第一颗人造卫星运载火箭的任务，于 1965 年落在了第七机械工业部第八设计院（以下简称七机部八院）身上，王希季是七机部八院时任总工程师。

采用哪一种技术途径发展中国的卫星运载火箭，是研制人员面临的问题。同时，他们还面临时间紧、任务重、要求高的难题，要能在 1970 年左右发射中国第一颗人造卫星，还要在技术上有所超赶，把比苏联和美国第一颗人造卫星重量大得多的中国卫星送入预定的太空轨道。但在预定的发射时限内，中国没有现成的火箭可以改进为卫星运载火箭。

"面对这些难题怎么办？"王希季多年后回忆道："研制人员通过认真讨论，认为只有充分了解中国的国情和实际，充分利用中国可以利用的资源，在此基础上自主创新，才能完成国家提出的新任务，满足迫切的新需求，除此之外，别无他途。"

要把人造卫星送入预定轨道，运载火箭必须达到 7.9 千米／秒的第一宇宙速度。单级火箭不具备如此强大的动力，只能依靠多级火箭接力。于是，王希季带领他的团队提出了一个以中程液体推进剂导弹为火箭的第一级和第二级、研制一个固体推进剂火箭作为第三级的运载火箭方案。这一方案充分利用了中国当时的导弹研制成果，在可靠的基础上力求先进，符合国情，比较简单又切实可行。

当东方红一号卫星进入环地球运行轨道时，轨道倾角（卫星轨道面与地球赤道面的夹角）为 68.5 度。事实上，在最初的方案设想里，这一倾角为 42 度。钱学森"四弟子"之一的李颐黎回顾了这段往事——李颐黎早年在钱学森指导下探索中国卫星技术和空间技术，从事过火箭、卫星和载人飞船系统的设计与研究，是王希季登攀航天科技高峰的重要见证者。

李颐黎说："王希季当时是七机部八院的总工程师。在他的领导下，人造卫星和运载火箭总体设计室副主任朱毅麟、总体组组长倪惠生和作为参数组组长的我带领一批年轻的科技人员紧张地开展方案论证工作，并于1965年10月向国防科委委托中国科学院召开的我国第一颗人造卫星方案论证和工作安排会议提出了《我国第一颗人造卫星运载工具方案设想（草案）》。该会议确定了我国第一颗人造卫星的发射场为酒泉卫星发射中心，轨道倾角为42度。限于当时的条件，这一轨道倾角的确定没有考虑到后来返回式遥感卫星的研制要求。

"七机部八院1966年初开始了我国返回式卫星的方案论证工作，论证中研究人员发现返回式卫星需要更大的轨道倾角，不适合采用42度的轨道倾角。那么，东方红一号卫星能不能也选用较大的轨道倾角呢？我们计算了长征一号火箭沿不同方向发射时所能达到的运载卫星的质量，结果证明东方红一号卫星可以采用和返回式遥感卫星相同的轨道倾角。我向王希季总工程师汇报了这一结果，得到他的大力支持。

"1966年4月1日晚，中国科学院和七机部有关领导及主要科技人员在北京中关村召开碰头会，我也参加了。会上，王希季总工程师介绍了上述计算结果，他说：'一个发射方向被选定了，若后续型号需要再变就很困难，因此倾角42度有问题，它不符合我国返回式卫星（需要的）轨道倾角。'时任中科院副院长裴丽生也说：'第一颗（卫星）必须与以后的（卫星）结合，不结合就不行。第一颗还是搞极地轨道，这是个方向。'这次会议经过讨论，一致认为第一颗卫星的轨道倾角要与后续系列卫星结合起来考虑。

"王希季总工程师在东方红一号卫星工程中是负责运载火箭长征一号研制的。如果仅从运载火箭考虑，采用42度轨道倾角可以大大减少运载火箭研制的困难，但他能从全局出发，站在国家利益的立场上，主动提出更改原定的东方红一号卫星轨道倾角。他把困难留给自己。

"随后在中国科学院力学研究所召开了人造卫星轨道选择会议，会议比较了轨道倾角为42度、60度—70度及90度左右的三个方案，与会者一致认为以60度—70度作为卫星的轨道倾角是最合适的。后来的实践也表明，这一选择是正确的。1970 年 4 月 24 日，长征一号运载火箭搭载着东方红一号成功发射。从 1970 年至 1983 年，我国发射的 3 个系列 13 颗卫星的轨道倾角均在 57 度—70 度，大大节约了投资。"

观察小小的降落伞

1986 年 10 月，时任航天工业部科技委主任的任新民在一次讲座会上谈到他访问欧洲的观感时说："欧洲的航天界人士认为中国空间技术有两件事了不起，一件是独立自主研制出液氢、液氧做推进剂的发动机，另一件就是独立自主研制出返回式卫星。"

研制返回式遥感卫星比研制东方红一号卫星要困难和复杂得多。东方红一号是一颗不需返回地面的小卫星，技术比较简单，而返回式遥感卫星则要用航天相机进行对地摄影，并需要使储存对地观测成果的载体返回地面。一旦相机出现故障，卫星就无法观测地物；一旦密封不当，胶片就会曝光变得一片漆黑；一旦卫星调姿有误或返回舱制动变轨失灵，返回舱就不能转入返回轨道；即便调姿正确，制动可靠，若返回舱再入防热失效，降落伞没有打开或被撕破，返回舱也会被烧毁或摔毁。

这样一项大难度的航天工程，于 1966 年落在了七机部八院身上。面对众多新课题，王希季带领研制人员提出了返回式 0 型试验遥感卫星总体方案。

后来在一篇有关中国航天自主创新的文章中写道："在中国人造卫星事业刚刚步入工程研制的时期，在受到国外严密的技术封锁的情况下，如何提出一个完全依靠本国的力量自主创新，在技术上追赶苏联和美国（当时只有这两个国家成功发射并回收了返回式照相侦察卫星），能适应任务需求又具有发展潜力的返回式卫星遥感工程系统总体方案（指不仅提出返回式遥感卫星的总体方案，还要具体提出与卫星处于同一系统层次的运载火箭、发射场和测控网应达到的设计指标要求，即进行返回式遥感卫星的外部设计），对于研制人员来讲，确实是一个严峻的挑战和难得的机遇……在返回式 0 型试验遥感卫星的方案提出和其后的研制过程中，自主创新的瞄准点（一直）放在如何更好地实现中国第一种返回式卫星遥感工程系统的功能上，放在使该工程系统有可能适应今后的发展要求上。"

最后提出的方案是充分利用长征二号运载火箭能力的、由返回舱和设备舱两舱组成的、采用弹道式返回方式的大返回舱方案，兼顾了可行性和可发展性。当时，在如何回收胶片问题上有 3 种意见。一种是回收整颗卫星，一种是回收装载胶片暗盒的大容积返回舱，一种是弹射回收装胶片的容器。王希季决策只回收装胶片的舱段，并相应地在卫星构形上把卫星分为返回舱和设备舱两个舱段，前者装载储存胶片的暗盒，后者装载相机和卫星服务与支持系统。

1994 年，时任返回式 Ⅱ 型遥感卫星总设计师林华宝在发表的论文中认为，在返回式 0 型试验遥感卫星总体方案论证中，王希季卓有远见地决策采用大容积返回舱，从而使这种返回舱成为可适用于其他返回式卫星的公用舱，为后来研制返回式 Ⅰ 型遥感卫星和返回式 Ⅱ 型遥感卫星时能集中力量去提高卫星的在轨性能和相机的技术水平打下了坚实基础。

1975 年 11 月，返回式 0 型试验遥感卫星产品首次完成轨道运行和对地摄影任务，并基本上完成了返回舱的返回任务。此后，返回式 0 型试验遥感卫星第二颗、第三颗产品又分别于 1976 年和 1978 年成功完成飞行和返回任务。至此，中国成为继美国和苏联之后世界上第三个掌握卫星返回技术和航天摄影技术的国家。

着陆回收系统是返回式 0 型试验遥感卫星的一个重要分系统，而降落伞系统是返回式 0 型试验遥感卫星着陆回收系统的重要部件。在参与研制返回式遥感卫星着陆回收系统的日子里，王希季钻研起降落伞，上班时多方查找资料，在家休息时，又会翻出剪刀、针线、布头，做成小小的降落伞，让家人从高处放下，自己从旁观察。

王希季还多次参加着陆回收系统的空投试验。用空投试验方法试验、检验和验证降落伞回收系统，是研制过程中必不可少的工作。空投试验场基本位于偏远空旷无人之地，条件很艰苦。王希季如此回忆过其中的两次：

"一次空投试验，时值隆冬，选在结冰的内蒙古黄旗海。我们吃的是又粗又黑的'钢丝面'，住的是十几个人挤在一起的、只有一张床的、窗户也不很严的小屋。同志们爱护我，把仅有的一张床给了我，其余的人都睡在铺了稻草的地上。另一次是在天津地区靠海的芦苇塘空投，同志们在水深齐腰的芦苇丛中蹚水寻找空投模型，从上午找到下午才算找到。"返回式卫星的回收系统，经过58次空投试验，反复改进，才送交总装和参加发射。

后来，由王希季作为第一完成人的返回式0型遥感卫星与东方红一号卫星合并作为一个项目，获国家科学技术进步奖特等奖。

"重复使用的并不都是经济的"

20世纪70年代，中国曾批准立项研制曙光一号载人飞船，王希季也参加了飞船的论证工作。在曙光一号计划因故夭折后，他始终留意着载人航天的发展。1986年，中国制定了跟踪世界高技术前沿的"国家高技术研究发展计划"，即"863"计划，航天是其中重点研究和发展领域之一，这为中国载人航天的再度兴起提供了契机。

1986年3月，中国空间技术研究院（以下称航天五院）开始了空间站及其空间运输系统的研究，王希季时任航天五院科技委主任。在他主持召开的航天五院第一次空间站研讨会上，五院508所提出了采用飞船向空间站运人运货、载人飞船兼做轨道救生艇的建议。

当时，国际航天界发展的潮流是研制航天飞机，希望通过运载器的重复使用降低发射成本，中国多数专家也赞同航天飞机是世界最新、最先进、可重复使用的航天器，中国应该尽快研制。但王希季研究后认为，航天飞机由于研制费用高，使用频率低，再加上每次发射的维修、储存等费用，实际上不可能真正实现减少发射费用的初衷，也不符合中国的国情。他写了一篇文章《重复使用的并不都是经济的》，论证自己的观点。

1988年7月，"863"计划航天领域专家组召开空间站天地往返运输系统论证结果评审会。会上提交的论证方案有 5 种，其中 4 种都是航天飞机，只有 508 所提出了飞船方案。据当时参加会议的专家回忆，王希季作为评议专家，不顾多数人支持航天飞机的方案，坚持认为当时我国航天不具备超前发展的能力，也不具备全面跟踪条件，载人航天只有以载人飞船起步才是切实可行的发展途径，好高骛远只会给国家造成浪费。

此后，航空航天工业部拟进一步比较研究小型航天飞机和多用途飞船这两种方案。王希季又指导 508 所对多用途飞船方案的技术和经济可行性做进一步论证。在 1989 年举行的比较论证会上，李颐黎代表航天五院做了主张采用多用途飞船方案的汇报发言，发言稿由王希季认真修改，从任务和要求的适应程度、技术基础情况、配套项目规模、投资费用、研制周期 5 个方面，比较了小型航天飞机和多用途飞船，得出发展多用途飞船是中国突破载人航天技术、形成空间站的第一代天地往返运输系统和作为轨道救生艇的适合中国国情的最佳选择。

1990 年 6 月，中国载人航天从发展飞船起步在航空航天工业部范围内取得了共识。1992 年，中国载人航天工程正式立项。

在神舟飞船研制过程中，王希季虽然没有在设计师体系内担任职务，但他对飞船及其各分系统的方案制订、技术攻关和产品质量保证提出了很多有价值的建议。

这在实施中国载人航天工程第二步载人飞船与其他航天器交会对接任务的过程中就有体现。原本方案对接的目标飞行器是神舟飞船的留轨舱，王希季一直不赞成。他和其他一些研制人员主张研制一个具有空间实验室主要功能的航天器，既用来突破交会对接技术，又用来试验航天员进驻空间实验室技术。这样虽然会稍许延后空间交会对接试验的时间，但能为研制正式的空间实验室打下更好基础。神舟飞船设计师系统最终决定采用王希季等人的建议，研制天宫一号目标飞行器。2011 年，天宫一号发射升空，先后与神舟八号、九号、十号飞船进行 6 次交会对接，为空间站的研制积累了经验。

而建立空间站，正是中国跨世纪载人航天工程第三步的目标。在问天实验舱发射之后，梦天实验舱也于 2022 年内发射，中国空间站完成了在轨建造。

2015 年，中国第一颗返回式卫星发射成功 40 周年之际，94 岁的王希季受邀参加了曾参与卫星研制老同事的聚会。李颐黎是聚会的筹备组成员之一，他在欢迎词中概述了王希季多年来的贡献。王希季在接下来的发言中说："刚才李颐黎谈了很多情况，对我过誉了，因为工作都是各位同志跟我一起做的，而不是我怎么样怎么样。我不过是带领大家，跟大家综合分析，然后做出决定。这个决定也不是属于我的个人创造，都是属于大家的功劳。我们是一个团队……"

那次聚会让李颐黎久难忘怀："王希季院士虚怀若谷，他把几十年在航天事业上取得的成绩都看作是'大家的功劳'；他平易近人，与每位参会者都一一握手，还同有的同志提起了往事；他对讲话后的多达十几种组合的合影，都含笑允诺。"

那时，王希季仍然每天去上班，不生病、不下雨的话，八点半前肯定到。正是凭着这股精气神，王希季和中国航天人的太空梦想才能一步步走向现实。（感谢航天五院 508 所航天专家李颐黎对本文的大力帮助）

千秋耻，终当雪。中兴业，须人杰

他经常唱起西南联大校歌。

1950 年 3 月的一天，美国西海岸旧金山的码头，克利夫兰总统号邮轮发出巨大的汽笛轰鸣声。5 个月前，中华人民共和国在大洋彼岸的东方成立了，几十名回乡心切的中国留学生放弃了个人前途和美国的富足生活，登上这艘邮轮，义无反顾地奔向祖国怀抱。

王希季就是这群中国留学生中的一员。在随后一个月的旅途中，这群有志青年经常聚在一起，畅想着祖国的未来。他们个个学识广博、心怀梦想，都想把一身本领毫无保留地奉献给生机勃勃的新中国。一天，王希季走到甲板上，突然看到中国同胞们在放声高歌，于是情不自禁地加入其中，《抗日军政大学校歌》的声音飘扬在浩瀚的太平洋上："黄河之滨，集合着一群中华民族优秀的子孙。人类解放，救国的责任，全靠我们自己来担承……"

梁园虽好，非久留之乡

在 1999 年"两弹一星"功勋奖章颁授之前，出版社编辑找到传记作家朱晴，让她出一本王希季的传记。"我是'老三届'的最后一届，对科学很陌生，对中国航天知道的就更少了，而且也并不感兴趣。"朱晴对《环球人物》记者回忆，她第一次联系王希季有些勉为其难，而王希季的回复也很干脆："我从来都不接受采访。"毕竟"两弹一星"科研人员隐姓埋名那么多年，王希季的回答几乎像一种本能，朱晴也就索性卸下了担子。

后来，有关方面进一步协调，王希季才同意配合。朱晴一边恶补科学知识，一边趁王希季挤出的时间采访。但两人共同话题少，交流效率不高，直到朱晴有次无意中说，自己母亲是西南联大毕业生，王希季的眼睛瞬间亮了，马上问："她的学号是什么字母开头？"朱晴答不上来，王希季就问她的母亲是从哪个学校过去的，听到是南开大学，王希季立即说出她母亲的学号是"N"开头。

1937年11月1日，由国立北京大学、国立清华大学、私立南开大学组建成立的国立长沙临时大学开学。由于长沙连遭日机轰炸，1938年2月，长沙临时大学分三路西迁昆明。1938年4月，改称国立西南联合大学。每位学生学号的开头，是原属学校的英文首字母，清华是"T"，北大是"P"，南开是"N"，而王希季学号开头是"L"，因为他是在1938年直接入读西南联大的。

发现这个缘分，王希季的话匣子一下就打开了。祖籍大理的王希季本出生于昆明的白族富商家庭，后来的战乱使其家道中落。1938年，17岁的王希季还在昆明昆华高级工业学校读一年级，就考入了西南联大工学院。

这看似是走了捷径，但王希季入学后才发现，自己的短板很快暴露出来。联大实行学分制，毕业要求严苛，有的学生甚至五六年都毕不了业。王希季只上了一年职校，课程还有一大半都没学完，就要接受大学教育。"比如数学课，代数还没学完，就要学微积分了。"朱晴说，还有个难题，西南联大那些如雷贯耳的大教授来自五湖四海，上海腔、湖南调……云南青年王希季很难听得懂，有的先生甚至干脆上来就是满口英文。

王希季没有望而却步，而是发奋图强。大学一年级，他将时间利用到极致，发明了"四段作息制"：白天上课；吃完晚饭趁天没黑以及同学外出活动的间隙，抓紧学习；晚上8点前上床睡觉，凌晨一两点起来学习；学到清晨5点左右，再睡两个小时，起床上课。他就这样整整坚持了一年，逐步迎头赶上。

当时，大片国土沦陷，西南联大也不能免于战火和极度物资匮乏。王希季的"四段作息制"是在一个40多人的茅草房宿舍里实践的，"里面的臭虫，咬得我睡不着觉，浑身都痒。你把它踩死，全是血。后来慢慢地，就是你咬你的、我睡我的，处于"和平共处"的状态了"。

由于日军飞机频繁轰炸，学生们几乎天天"跑警报"，而只要警报解除，不管刚才情况多么危急，都要继续上课或考试。一次惨烈的空袭过后，王希季不放心家人的安全，顺着城墙往家中跑去，沿途硝烟密布，尸横遍野，到处是撕心裂肺的哀嚎声。直到年纪很大后，他也没有忘记这些画面，在他心中，这些意味着"国耻"。他曾说："那个时候就是想工业报国。落后挨打，人家总说你工业不行，造不出炮，造不出舰。"

王希季本来向往到对口的热电厂工作，借此改变家乡落后面貌。但1942年毕业后，他放弃了，毅然选择到21兵工厂安宁分厂工作。虽然不知道生产的是什么，但有一点可以肯定：兵工厂的产品是打鬼子的，这是国家的当务之急。进厂后，他很快被提拔为翻砂厂的主管技术员，相当于车间主任。两年后，他又晋升为工程师。此时的王希季不过二十出头，就业不过3年，就已经有了人人称羡的社会地位。

21兵工厂原是南京金陵兵工厂，战时几经辗转，其中分厂落脚昆明。抗战胜利后，兵工厂要迁回南京，王希季却提交了辞呈。他看到，日寇已被赶出中国，但国内依旧在打仗，此时再为兵工厂效力，就成了国民党的内战帮凶。

百姓民不聊生，需要的是建设，于是他先后加入了昆明耀龙电力公司发电厂和联合勤务司令部重工程机械修理厂。两年多的时间里，他更加深刻感受到中国工业基础落后，萌生了出国留学的念头。

1948年4月，他登上邮轮，先后到美国弗吉尼亚州里士满大学和弗吉尼亚州理工学院深造。在攻读硕士学位期间，他坚持每隔一日到学校附近的热力发电厂工作8小时。每天课程结束是下午3点，他在车间继续工作到晚上11点。不去工厂时，他就在图书馆看书到凌晨1点，早晨不到7点就起床。1949年12月，王希季完成论文答辩，获得硕士学位。

就在王希季计划攻读博士时，看到《纽约时报》上刊登的两张照片：一张是解放军为防止扰民，露宿上海街头的场景；另一张是中华人民共和国成立时的宏大场面。

大洋彼岸的王希季看到了一个站起来的新中国，归心似箭。不少人劝他留美发展，就算是回国，先读完博士也不迟。但那个积贫积弱的祖国一直浮现在他的脑海，挥之不去。优渥生活和博士学位都不是他的人生目标，建设祖国才是。现在正是祖国最需要人才的时候，他一刻也不能等！

就是在那艘克利夫兰总统号邮轮上，王希季与其他热血青年一同高唱《抗日军政大学校歌》时，看到了一个熟悉的身影：西南联大教授、著名数学家华罗庚。在美国讲学的华罗庚刚刚谢绝了高薪挽留，义无反顾地回国，还慷慨激昂地呐喊："梁园虽好，非久留之乡，归去来兮！"邮轮途经香港、韩国等地时，王希季又遇到了从英国归来、辗转登船的地质学家李四光和夫人许淑彬。面对王希季这些归国青年们，李四光满怀信心地说："你们放心吧，中国非常有希望！"

那是一个激情燃烧的年代。经过长时间的接触和采访，朱晴看到王希季虽然逐渐老去了，但谈到自己毕生奋斗的事业，永远都是热情澎湃、满眼放光，与当年那个邮轮上的归国留学生没什么两样。

朱晴曾问他："您在西南联大学机械，在美国攻读动力与燃料专业，在大连工学院任教期间又编写《锅炉学》《涡轮学》等教材……人生的每段经历都在换学科，怎么做到的？"王希季居然用非常同情的眼神看着她说："学问到了一定程度，不分学科，甚至不分文理，都是相通的。"

在王希季看来，工业救国的理想抱负，就是他攻克每一门学科的法宝。"我用一个词，你可能觉得不可思议，那个年代的科学家，真的非常干净！"朱晴说，王希季和那一代科学家一样，每个阶段的人生选择都是"无我"的，最先考虑的永远都是国家和民族需要，这一特质一直延续至今。

搞工程，只有满分和零分

后来的王希季做出了更多"无我"选择。回国后，他到大连工学院（今大连理工大学）任教，后来调入交通大学（今上海交通大学）。1958 年 10 月，王希季加入中国共产党，11月，组织找他谈话，要他去新成立的上海机电设计院兼任职务。如果从个人利益出发，这并不是一件好事，增加了任务不说，还因此错过了去民主德国的柏林大学交流两年的机会，但王希季毫不犹豫服从了安排。

1967年11月1日，国防科委决定将长征一号运载火箭的总体任务移交给第一研究院——运载火箭技术研究院负责。在此之前的很长一段时间，长征一号都是王希季工作的重中之重，移交任务时，囊括关键技术的火箭初样设计已经结束。尽管有千万不舍，王希季还是服从了国家安排，交出总体研制任务，并继续配合国家完成关键系统和技术的研制工作。

王希季的"无我"背后，是一颗拳拳赤子心。纵观王希季的人生，可以发现他无论从事哪方面研究，都主张紧密结合中国实际情况，做出真正造福于国家和人民的工程。新中国工业基础薄弱，又处在西方的封锁和孤立之中，尖端科技领域几乎是一张白纸。即便如此，王希季那一代航天人还是摸索出一条适合中国的道路。

调到上海机电设计院后，王希季意外发现接待他的副院长竟是西南联大机械系的同学杨南生。两人交集颇深，同为系足球队的主力队员，王希季为右前锋，杨南生为门将。老同学告诉他，设计院是一个搞运载火箭和人造卫星的总体设计单位，从事的工作高度保密。就这样，这对昔日球场队友，又成了科研战友。他们的手下，是从上海各大院校调集的学生，平均年龄还不满21岁。中国运载火箭究竟应当怎么起步？两人争分夺秒啃书本，经常是头一天晚上啃了刚刚掌握的新知识，第二天就要给大家授课，王希季戏称这是"现买现卖"。

在这样的条件下，弯路是没少走的。经过不懈努力，卫星运载火箭的第一级"T-3"完成了方案设计，但当零部件准备下厂试制时，大家才发现这些零部件只能在实验室做，工厂不能批量生产，"T-3"成了纸上谈兵。

1958年11月，杨南生和王希季带领年轻人重新着手研制"T-5"。这是一种比"T-3"小得多、有制导系统的探空火箭。团队克服重重阻力，完成了"T-5"的设计、制作和总装工作，但到了试验阶段，所必需的仪器设备不齐全、不配套，导致试验无法继续推进，"T-5"最终成了一件展览品。

这两次失败让王希季意识到，研制运载火箭不能只考虑运载火箭本身，发射卫星是一项高技术、大门类工程，必须要有大系统观念，否则就会导致前功尽弃。

这一经历，让王希季想到了西南联大教授刘仙洲的教诲。刘仙洲是我国现代机械工程学先驱。一次考试中，刘仙洲让学生计算时将数字准确到小数点后三位，王希季拿着一把计算尺就开始算。"稍微动动脑子就知道，小数点后三位只有手算才算得出来，结果我用计算尺算，什么都是对的，就是后面第三位错了。"就是因为这一点差错，王希季本可得满分的试卷变成零分。这是最有意义的一个零分，王希季从此明白："搞工程必须坚持零缺陷，如果有缺陷，那工程就是零。"

后来的工作中，王希季总是事无巨细，细心到极致。不少同事都惊叹，王希季对由数万个元器件和零部件组成的卫星竟了如指掌，研制的动态也很清楚。他经常亲自动手计算核实，对关键部位还要打着手电筒实地检查。当过工人的他还经常下车间，与工友打成一片，有效提升了元器件的生产工艺。

他将质量和细节视为生命。曾有一位和他熟悉的同事出了差错，汇报时调侃了几句，王希季不讲情面，马上严肃批评。同样，只要有人说出纠正他的话，哪怕是再小的问题，他都没有架子，虚心接受。

时间长了，对细节的把握也成了他的生活方式。朱晴回忆，在她创作传记时，王希季总是在稿子上用蝇头小楷整齐地写上意见，连标点符号都要改。只要上班，他基本都穿整齐的西装，扎上领带，而领子一定是白的。

不过，王希季的严苛，并未让下属抱怨。一个重要原因是，他本人率先垂范。朱晴说："几乎他的每一个身边人都说，只要是他参与的项目，他一定在现场，并且一定是最早去的。"

有一年，酒泉卫星发射基地发射了一枚技术试验火箭，箭头落到了距发射塔正南 100 千米处的巴丹吉林沙漠西端。箭头中，装有返回式卫星用的高空摄像机和红外地球敏感器等试验仪器。由 20 余人组成的回收队伍挺进沙漠，王希季也坚持去，众人说什么也不同意，于是留下一车重物，让王希季在原地看守。正值 7 月，从上午到下午再到晚间，沙漠温差极大。直到凌晨，王希季也没有等到队伍归来，他发射的信号弹，也无人回应。已是第二天拂晓时刻，王希季再次发射信号弹，终于得到了回应，原来回收队伍在下午 5 点才发现目标，一直到晚上 8 点多才打道回府，但漆黑沙漠，让他们迷失了方向。见到王希季时，他们的水和干粮全喝光吃光了，不少人体能已达到极限。他们发现汽车上的一大桶水一滴没少，王希季就这样守着水桶，熬了一天一夜。

回到基地后，从 70 千米高空拍摄的胶片被冲洗出来，非常清晰。王希季团队终于没有辜负这次荒漠求生。

坚持正确意见，不能算固执

有一年，有人在干部考核表上罗列了王希季的一大堆优点后，小心翼翼地在最后写下一条缺点：有时比较固执，别人感到不好商量工作。看到这个评价后，王希季专门在"对组织评价的意见"一栏里真实表达了内心看法：总体评价高于本人，谢谢，但对其中比较固执的提法认为不一定妥当，坚持自己的意见和见解并不是固执，因为所坚持的也可能是对的。

朱晴认为，人们之所以对王希季有这样的看法，主要是因为他在很多问题上确实是"少数派"，甚至是"独自派"。特别是在新技术论证无法统一，又必须做出决策的关键时刻，他从不模棱两可，敢于坚持、担责。

当第一次提出要在返回式卫星上试验一种新型国产彩色胶片时，不少专家表示反对。反对者主要从稳妥角度考虑，认为黑白胶片已多次成功，且清晰度好，加上国家投资卫星不容易，何必要锦上添花呢？而王希季认为，这个险值得冒，因为彩色胶片获取的信息量要大很多，能为国家解决更多问题，锦上添花有何不好？于是他坚持要上保定胶片厂的新型胶片，试验结果不理想，就亲自去厂里做结果分析。最终他拍板决定：下一颗星不但要上彩色胶卷，而且要多上！后来，这种国产彩色胶片被长期使用，卫星研制工作真的锦上添花了。

20世纪80年代中期，有研制者提出在卫星上用计算机，因为当时数字化卫星姿态控制系统已经完全具备装星应用的条件。但那个年代，国人对"数字化"概念还很陌生。又是王希季顶住压力，进行试用，并取得成功。从此，数字化卫星姿态控制系统得到普遍应用。

还有一次，王希季主张在卫星总装测试完毕后，出厂前要进行整星振动试验。这个意见遭到大多数人反对，认为这样会增加正样卫星被振坏的风险。权衡利弊后，王希季说，即便真的振坏了，也未必是坏事，出厂前在地面被振坏总比上天时被振坏损失要小得多。后来实践证明，整星振动试验效果非常好。

他的眼光不仅独到，而且长远。2008年，神舟七号载人飞船实施中国航天员首次空间舱外活动。筹备期间，王希季得知航天员出舱可能身着俄罗斯的舱外航天服，在会上坚决反对："出舱活动是载人航天的重要发展阶段，终归我们迟早是要解决舱外航天服的，自己研制不是没有基础嘛，如果你们做不出来，我可以组织力量来做，保证按时完成！"最终，航天员翟志刚身着中国人自主研制生产的"飞天"舱外航天服，完成了中国人的第一次太空行走，已经进口的俄罗斯"海鹰"舱外航天服留作了备份。

王希季曾说："空间基础设施具有关系国计民生和国家安全的特殊性质，不应寄希望于买别国的，只能立足于自己建造！"多年以前，他就深刻意识到，花大价钱买别国的空间基础设施，受到国家财力限制，也受国际政治、经济等利害关系制约。世纪之交，我国已有导航卫星，但尚未形成全球性星座。王希季始终主张将控制权、自主权牢牢掌握在自己手中。如今，中国的北斗卫星导航系统已全球组网成功。

90多岁时，王希季与多名两院院士共同完成中科院学部咨询评议项目《空间太阳能电站发展预测和对策研究》，提到中国将在2040年建成商业性的空间太阳能电站。他的目光，超越了人生的长度，投向了无尽的未来。

朱晴发现，王希季越发怀念自己的青年时期了。前些年，与他相濡以沫六十余载的老伴聂秀芳去世了，"他的女儿说，爸爸嚎啕大哭"。因为那是这个世界与他相伴时间最长的人，二人相恋于昆明，用一生诠释了最美好的爱情。

王希季的内心依然是炙热的，他经常对朱晴推荐家乡："我们大理，特别适合养老！"朱晴说："您在那里还有亲戚呢，自己怎么不去呢？"王希季反驳说："去不了啊，我还有事没做完。"

年过百岁，青春未逝，这就是王希季。

转眼间，朱晴与王希季也已相处二十余载，有时处得像一对父女。朱晴与他的女儿关系也很好，她们发现，王希季总是喜欢唱起那首西南联大的校歌。因为那是他的青春，也是他们那一代人，用尽一生实现的理想：

"万里长征，辞却了五朝宫阙，暂驻足衡山湘水，又成离别。绝徼移栽桢干质，九州遍洒黎元血。尽笳吹，弦诵在山城，情弥切。

千秋耻，终当雪。中兴业，须人杰。便一成三户，壮怀难折。多难殷忧新国运，动心忍性希前哲。待驱除仇寇，复神京，还燕碣。"（文／杨学义）

朱光亚儿子儿媳回忆：父亲搞原子弹，是我们猜出来的

他永远保持着一颗科学家的心，从不回忆过去，永远向着未来。

"立德立功两弹一星震寰宇，爱党爱国三山五岳仰功勋。"2011 年 2 月 26 日 10 时 30 分，我国杰出的科学家，核科学事业的主要开拓者之一，中国科学院、中国工程院资深院士朱光亚同志，因病在北京逝世，享年 87 岁。

2011 年 2 月 27 日，北京白雪皑皑，设在朱光亚院士家中的灵堂，吊唁者络绎不绝。"钱老（钱学森）走的第二天北京也下雪了，真巧……"朱光亚的长子朱明远动容地说。在朱明远心中，父亲这么多年来，一直习惯于默默地工作，默默地思考，默默地奉献。

"父亲以他对党的事业的忠诚，缄口不谈他所从事的工作，加之他本人的低调、不事张扬以及沉默寡言的个性，使人们对他知之甚少。"朱明远和妻子顾小英在 2009 年出版的回忆录《我们的父亲朱光亚》中这样写道。如今，人们只能通过这本记录着朱光亚真实工作和生活的传记，来感受一位老科学家的人格风范。

一片赤子情怀

我们从很少谈及自己人生经历的父亲以及母亲和周围亲属们的口中，聊出了有关父亲的零星片段回忆，勾勒出一个从少年起就显得老成持重的父亲的形象。

青少年时代的父亲，可以用"恰同学少年""赤子情怀"这几句话来概括。1924 年 12 月 25 日，父亲出生在湖北宜昌，家中兄弟姐妹 5 人，父亲排行第三。爷爷是位踏实肯干的小职员，奶奶虽说是个裹着小脚的旧式妇女，但善良贤惠，也很聪颖。正是长辈的言传身教，铸就了父亲为人正直、忠厚质朴、善良助人的品质。

1941 年，父亲考入重庆中央大学物理系。1942 年又考入西南联合大学物理系，师从物理学家吴大猷先生。1945 年 8 月，美国在日本广岛和长崎分别投掷了一枚原子弹，这唤起了中国人想掌握和制造原子弹的梦想。蒋介石批了 50 万美金，作为研制原子弹的经费，但需要物色一批一流的青年科技人才赴美国学习制造原子弹的技术。当时的军政部部长陈诚和次长兼兵工署长俞大维邀请了 3 位科学天才——华罗庚、吴大猷、曾昭抡。吴大猷先生在自己的学生中选择了两位学业优异的后起之秀一同带到美国，一位是李政道，另一位就是父亲。

1946 年 9 月底，父亲一行到达旧金山。父亲选择进入吴大猷教授的母校美国密执安大学，读物理系原子核物理专业研究生，并于 1949 年 6 月获得博士学位。

新中国成立的消息传来，父亲欢欣鼓舞。他在同学们中间奔走相告，并积极组织集会和庆祝活动，和同学们交流、讨论如何回国参加建设。自 1949 年底开始，作为北美基督教中国学生会中西部地区分会主席的父亲就牵头组织起草了《给留美同学的一封公开信》，并送给美国各地区的中国留学生传阅、讨论，联合署名。到第二年 2 月下旬，有 53 名已经决定于近期回国的留学人员签上了自己的名字。

这封公开信这样写道："同学们，我们都是在中国长大的，我们受了 20 多年的教育，自己不曾种过一粒米，不曾挖过一块煤。我们都是靠千千万万终日劳动的中国工农大众的血汗供养长大的。现在他们渴望我们，我们还不该赶快回去，把自己的一技之长，献给祖国的人民吗？是的，我们该赶快回去了……我们中国要出头的，我们的民族再也不是一个被人侮辱的民族了！我们已经站起来了，回去吧，赶快回去吧！祖国在迫切地等待我们！"

1950 年 2 月，父亲毅然踏上"克利夫兰总统"号轮船，取道香港，奔向刚刚诞生的新中国，任北京大学物理系副教授。

父亲回国后，每次面临工作变动，都会不假思考地绝对服从党和国家的安排。1952 年 4 月，父亲穿上了中国人民志愿军的军装，秘密地从北京出发，经沈阳抵达丹东，向朝鲜进发，担任朝鲜停战谈判志愿军代表团外文秘书，参加了被载入史册的板门店停战谈判。1953 年，父亲又被抽调到吉林，任刚刚创办的东北人民大学（现吉林大学前身）物理系教授。在他的带动下，该校物理系在短短几年之内便跻身于全国高校物理系的前列。

为核事业奋斗 50 年

1955 年 1 月，党中央、毛泽东做出创建我国原子能事业的决定。实施原子能计划，被列为新中国科学技术发展"12 年规划"的重中之重，这是我国核事业起始的里程碑。1 月 31 日，周恩来总理在国务院第四次全体会议上讲话时说："对中国来说，这是个新问题，现在是原子时代，原子能不论用于和平或者用于战争，都必须懂得才行。我们必须要掌握原子能。"为此，他提出要进行原子能知识教育："要号召专家归队，各位如果知道有专长的人可以推荐，不要瞒起来。"

根据钱三强的推荐及"归队"的召唤，1956 年 5 月，父亲被高教部调回北京大学，与浙江大学的胡济民副教务长、北京大学的虞福春教授、复旦大学的卢鹤绂（音同"福"）教授一起，担负起培养新中国第一批原子能专业技术人才的重任。1957 年，父亲奉调来到位于北京郊区的原子能研究所（即后来的中国原子能科学研究院）任研究室副主任，与室主任何泽慧一起，带领青年人从事中子物理和反应堆物理研究。

在 1958 年 6 月 21 日召开的中央军委扩大会议上，毛泽东说："原子弹就是那么大的东西，没有那东西，人家就说你不算数。那么好吧，我们就搞一点吧。搞一点原子弹、氢弹、洲际导弹，我看有 10 年工夫完全可能。"从此，中国人走上了自力更生、艰苦奋斗、自主研发原子弹的创造奇迹之路。

当时年仅 34 岁的父亲被任命为核武器研究所副所长，全面负责核武器研制中的科学技术工作。真正意义上的白手起家开始了。由于条件不具备，核物理与放射化学的实验先在原子能所开展。原子能所把简陋的工棚改做放射化学实验室。工棚用芦苇做墙，黄泥巴抹面，黑油毡做顶。从外面看，好像是放破烂儿的仓库。里面则是用奶黄色油漆涂的墙面，地上铺着黑色橡胶，实验台、自制的简易手套箱、烘箱、马福炉等都安排得井然有序。实验环境非常艰苦，冬无暖气，夏无空调，自制手套箱密封性很差，废水的放射性剂量也很高。为了打造中国第一颗原子弹，当年的科研人员就是在如此艰苦的条件下夜以继日地奋力拼搏的。

1964 年 10 月 16 日下午 3 时，在世界的东方，中国西部的戈壁滩上，一朵硕大无比的蘑菇云，伴随着轰鸣，向着宇宙苍穹旋转、蔓延，升腾、再升腾。中国第一颗原子弹终于爆炸试验成功！人们忘情地跳跃、欢呼、拥抱，淌着欣慰的泪水。这时，却找不到父亲了。原来在离开主控站后撤时，情急之中，司机驾车走错了路。父亲还没有赶到山头的观测站，原子弹就爆炸了。还在赶路的父亲转过身来看着正在升腾的蘑菇云，一向刚强内敛的他，不禁潸然泪下。18 年前在美国就开始找寻的梦，今天终于实现了。我们中国人终于有了自己研制的原子弹——一度在密语中被称为"老邱"的"争气弹"。

此时，我国核技术专家团队的平均年龄仅有 45 岁。

1964 年 5 月至 1965 年 1 月，毛泽东主席曾两次谈到核武器发展问题，明确指示："原子弹要有，氢弹也要快！"氢弹的研制原理、结构、制造工艺都比原子弹要复杂得多，而研制氢弹首先要从理论上突破。当时，核武器研究院其他院领导要到青海草原上去，父亲留在北京，与彭桓武、邓稼先领导对氢弹原理的探索。

1967 年 6 月 17 日试验的中国第一颗氢弹，甚至让美国最有经验的专家都感到惊奇。从原子弹的原理研究到氢弹的试验，按年月间隔比较，美国用了 7 年 3 个月，英国是 4 年 7 个月，法国 8 年 6 个月，苏联 6 年 3 个月，中国只用了 2 年 2 个月。

回忆当年，父亲告诉我们，当我国政府决定发展原子能事业时，他有幸从那时起就参加了这一工作，而且一干就是近 50 年。他一生都在为核试验成败与否承担风险，如果没有超于常人的坚毅与执着，是很难坚持到底的。为了这个梦、为了理想，他执着地一直奋斗到晚年。

做任何事都像做物理实验

作为一位实验物理学家，父亲做任何事都像做物理实验一样细致认真。所有和他共事过的人，都对他批阅文件的风格深有感触。他批阅文件就像老师批改作业一样，不但修改内容，连病句、错字甚至标点符号都认真修改，而且字迹工整。许多机关干部至今都保存着他批示的手迹，留作纪念。

在日常生活中，父亲做事也像做物理实验一样认真严谨。他为他的每个衣服箱子都建立了登记卡片，箱子里放的是冬装还是夏装、军装还是便装，一目了然，找东西从来不会手忙脚乱。

父亲喜欢凡事亲自动手，家里的各种电器，他都喜欢自己摆弄。他把录放像机的所有功能都利用起来，做到在看一个电视节目的同时，自动录下另一个节目；或者在人不在的情况下，录像机可以自动把想看的节目录下来。

父亲有一个好记性，这是我们一直望尘莫及的。他的老秘书张若愚给我们讲过一个故事。有一次在外面开会，父亲让张秘书回家取一份文件。父亲告诉他：第几个保险柜，第几格，从左到右第几摞，从上往下数第几份，不要看内容，取来给我就行了。

父亲喜欢艺术，特别是音乐。当年，他和生物学家邹承鲁及其他两位同学组成过南开中学小有名气的男声四重唱小组。在美国密执安大学读研究生时，他是密执安大学合唱队成员。那时，他和在美国学习声乐、后来成为中国国家歌剧院女高音歌唱家的邹德华是好朋友。

父亲当年回国时，从美国带回了近百张各种各样的古典音乐唱片。这也成了父亲和我们家的宝贝。每逢周末，偶有闲暇，父亲就会搬出电唱机，放几张唱片听。这套唱片我们家一直保存至今。

2005年12月，父亲正式退休了，但思想却一直没有退休。在中央军委和总装备部领导的关怀下，他的办公室一直为他保留着。几年来，除非生病住院，他每天上午还要去办公室转一转，看看文件。他的警卫干事史博说："首长一到办公室就特别精神，从来不打瞌睡。每天离开办公室以前，他都会把办公桌上的文件和书籍摆放整齐，将茶杯里的剩茶水倒掉，把茶杯洗干净。"

父亲退休后，我们也曾向父亲建议，退休后有时间了，可以写写回忆录了。你的一生，既传奇又神秘，写起来一定很有意思。父亲听了，只是笑笑。父亲永远保持着一颗科学家的心，从不回忆过去——过去做过的事情总留有种种遗憾，如果有机会从头再做一次，一定会做得更好。永远向着未来——未来充满着未知、挑战和希望。

既是慈父也是严父

1948 年，还在美国读书的父亲与我们的母亲——就读于密执安大学化学系的许慧君相识相恋了。母亲出身于当时的名门望族：她的父亲许崇清曾担任广东省中山大学校长多年；母亲的外公廖仲舒是民主革命先驱廖仲恺先生的亲哥哥。许氏家族中还出了与邓小平、张云逸共同领导百色起义的红七军参谋长许卓，还有鲁迅的夫人许广平。1950 年，已经回国的父亲和母亲在北京举行了婚礼。婚后，父母生了我们姐弟 3 人：朱明燕、朱明远和朱明骏。

在我们眼里，父亲既是慈父也是严父，他对我们的管教很严格。但他的方式也很特别，他绝对不搞家长式、训斥式的管教，而是以自身行为来规范与引导我们。

比如说话的准确性，在他那里绝对没有"差不多""大概齐"之类的语言表达方式，而是必须把事情说准确、讲清楚。还有就是做事的认真、精细，即使是每天看过的报纸，也都要按日期的先后顺序摆放整齐，而绝不允许随意一丢。其实，这种做事的条理性，能减少很多生活中的无效劳动。

生活中的父亲还是一个凡事喜欢自己动手的人。就连买书也是这样，父亲决不让工作人员代劳，总是利用休息时间，自己骑一辆旧自行车，亲自到书店去买。这种做法一直坚持到进入老年，后来在大家的劝阻下，他才放弃。

家里人都很自觉，轻易不用他的专车去办事。有时候小孩生急病要送医院，偶尔用一下车，他虽不说什么，但都会在他的一个专门的本子上记下来，事后为我们付费。正因如此，我们学会了有困难尽量自己克服，不给别人添麻烦。

父亲的工作是绝密级的。院里其他叔叔、阿姨也一样。我们只知道父亲是研究物理学的。在家里，他从来不讲自己做什么工作。我们只知道他经常去西北地区出差，而且一走就是几个月。记得我国第一次核试验成功后，《人民日报》发了号外，整个北京城一片欢腾。在学校，老师安排就我国第一次核试验成功写一篇作文。我在作文里提到向我国的科学家学习、致敬。这篇作文被父亲看到了，他马上严肃地对我说，核试验成功不只是科学家的功劳，你去看看新闻报道是怎么说的，那是人民解放军指战员、工人和科技工作者共同努力的结果。

父亲在搞原子弹、氢弹，是我们猜出来的。大概是1967年的一天，院子里的一群孩子聚在一起聊天。记不清是谁突然提出了一个问题，我们的爸爸、妈妈是做什么的？没有人能答出来。有人说，咱们回忆一下，是不是每次核试验，大家的爸爸、妈妈都不在北京？大伙一验证，果然，大家的爸爸、妈妈都在出差，而且都是去了西北地区。确认了这个事实，大家感到非常神圣，静静地坐了好长一段时间。

父亲把写他也好、宣传他的精神也好，都看得很淡，他甚至不愿意让人去写他、宣传他。也许他深信"是非功过，历史自有评说"的唯物史观，所以他才活得平实。宁静而致远，这就是父亲这位"两弹元勋"的人生境界，他正是以这样的淡泊名利和无私奉献成就了科技强国的伟业。（整理/孙夏力）

专访于敏身边人："氢弹只是他成就的一小部分"

1987 年劳动节前夕，国务院决定授予赵成顺、于敏、艾有勤、李国桥和熊汉仙 5 人"全国劳动模范"称号。当时的媒体报道中，其中 4 人都有相对详尽的人物事迹介绍，唯独关于于敏只有短短 13 个字："于敏是核工业部科技委副主任。"除此之外，人们对他几乎一无所知。

多年过去了，尽管这位"中国氢弹之父"生前已获得国家最高科学技术奖，逝世后又获得"共和国勋章"等至高荣誉，尽管 2021 年热播剧《功勋》已经在很大程度上普及了于敏的事迹，但《环球人物》记者在进行于敏相关采访时，仍有身边朋友问："于敏是谁？"有些电脑输入法依然不能默认打出"于敏"这个名字。"干惊天动地事，做隐姓埋名人"，于敏他们真的用一生践行了这句话。

为展示我国核武器的发展历程，位于北京花园路的北京应用物理与计算数学研究所（简称北京九所），建了一座展览馆，即北京第九研究所所史馆。馆中有两间场景复原展厅——周光召厅和于敏厅，各约 20 平方米，分别介绍了两位"两弹一星"元勋的卓越贡献。两个展厅紧挨在一起，其中又各划出一小部分空间还原了两人 20 世纪 60 年代的办公场景：桌椅、沙发、衣架、书柜各一，仅此而已。两人的办公室背靠背连在一起，仿佛他们一直在肩并肩战斗。

说到核武器，许多人首先想到原子弹，然而与远程投射工具相结合的小型化氢弹才是当今各国核威慑力量的主体。于敏虽曾自比为一片无足轻重的叶子，在他氢弹原理突破基础上研制出的中国系列核武器却成为支撑世界核平衡、维护世界和平的一根重要支柱。

"国产土专家一号"

1957 年 2 月 23 日，《人民日报》罕见地发表了一篇满是"θ、τ、π、μ"等物理学符号的理论文章《宇称守恒定律是怎样被动摇的》，作者是时任中科院近代物理研究所（1958 年改为原子能研究所）副研究员于敏。他敏锐地发现，从 30 年前量子力学创立之日起，一直被认为是无可置疑的物理学的基本定律之一——宇称守恒定律，已经被我国留美理论物理学家李政道、杨振宁二位教授予以动摇。"由于这一重要工作的启示，我们相信物理学界将呈现活跃景象。"于敏此文发表后，引起我国物理学界的广泛重视。果然，同年 10 月，李、杨二人获得诺贝尔物理学奖。

当时，于敏的主要研究方向是原子核理论，在原子核相干结构等方面取得了令人瞩目的成就，发表了数十篇学术论文。1955 年 9 月，于敏被评为"全国青年社会主义建设积极分子"。积极分子大会在北京足足开了 9 天，于敏作为代表发言。后来，他还和北京大学教授杨立铭共同出版了新中国第一部原子核理论教材《原子核理论讲义》。

时任中科院近代物理研究所副所长、"两弹一星"元勋彭桓武说："于敏的工作，完全是靠自己，没有老师。因为国内当时没有人会原子核理论。他是开创性的，是出类拔萃的人，是国际一流的科学家。"时任近代物理研究所所长、"两弹一星"元勋钱三强称于敏的工作"填补了我国原子核理论的空白"。于敏之子于辛告诉《环球人物》记者："我父亲他们提出的相干结构模型与国际上受到重视的日本学者有马朗人等人提出的玻色子模型十分近似，两者相比，我们的相干结构模型无论在物理图像还是数学表达形式上都毫不逊色。"

然而，正在原子核理论领域大展拳脚的于敏，突然改变了人生轨迹。1961 年 1 月 12 日，北京飘着雪花，已是第二机械工业部（简称二机部）副部长兼中科院原子能研究所所长的钱三强把于敏叫到自己的办公室，严肃地说："经所里研究，报请上级批准，决定让你参加氢弹理论的预先研究。"

当时，美国、苏联和英国已相继研制出比原子弹威力大几十倍、几百倍的氢弹。"杜鲁门跟艾森豪威尔都赤裸裸地讲，他们决不能让中国搞氢弹。"于敏回忆说。1960 年，苏联又撤走了全部在华专家。中国决定自主研发核武器。

二机部负责核武器的研制。作为二机部的科学家副部长，钱三强很了解有哪些"将"可遣"兵"可用。1957 年 5 月，日本物理学家朝永振一郎率团访华，受到周恩来接见。朝永振一郎在访问近代物理研究所时，钱三强、彭桓武指定于敏参加接待，并让他在会上介绍自己的工作和所里年轻人的成长情况。于敏的才华和研究成果给日本专家留下了深刻印象。日本代表团回国后发表文章称，没有海外留学经历、仅在北京大学学习过的于敏是中国"国产土专家一号"。

只是，从原子核理论研究转向氢弹预先研究，并非于敏兴趣所在。"父亲一生崇尚'淡泊以明志，宁静以致远'，他喜欢安安静静地搞基础理论研究，最喜欢从事的工作是大学刚毕业时的量子场论研究，后来根据国家需要改行做的原子核理论研究也还是基础理论研究。而氢弹研究是应用研究，接受这个邀请，就意味着又一次改行，要放弃在原子核理论上取得的一切成就，隐姓埋名地投身于核武器事业。"于辛说。但对于这个影响一生的抉择，于敏当即就答应了。"爱国主义压过兴趣。"于敏回忆说。

这份"爱国主义"信念从何而来？

1935年，中日签订《何梅协定》，河北省被日本控制，于敏的家乡河北省宁河县（今天津市宁河区）一带，由日伪"冀东防共自治政府"管辖。在天津读中学时，于敏正在马路上骑自行车，对面一辆日本兵开的吉普车突然飞快地直冲他开来，他及时躲避才幸免于难。"日本兵根本不把中国人当人看。还有一次，父亲的一个表叔莫名其妙地被日本宪兵抓走，不知道什么原因就被枪毙了。"于辛说。

新中国成立后，又多次受到美国的核讹诈。抗美援朝期间，杜鲁门威胁对中国使用核弹。1955年3月，艾森豪威尔宣称，如果远东发生战争，美国当然会使用某些小型战术核武器。1958年，美国向台湾海峡增兵，将能装上核战斗部的榴弹炮运抵金门。随后，美国多次举行针对我国的核战争演习。

"我们国家没有自己的核力量，就不能有真正的独立。面对这样庞大而严肃的题目，我不能有另一种选择。""我过去学的东西都可以抛掉，一定全力以赴把氢弹搞出来。"于敏说。

从此，于敏的名字就在原子核理论界，乃至整个物理学界"蒸发"了。1962年，丹麦著名物理学家奥格·玻尔来华访问，于敏担任翻译，时常与玻尔探讨一些学术问题。玻尔发现他很有才华，便邀请他到丹麦工作。于敏曾渴望出国学习、工作。他说："应该学习西方先进的科学技术，回来再给国家做点事。"然而，由于工作重点已转向氢弹，于敏婉言谢绝了玻尔的邀请。

"一个人的名字，早晚是要没有的。能把自己微薄的力量融进祖国的强盛之中，便足以自慰了。"于敏回忆道。

"百日会战"

一枚原子弹的威力很容易达到数万吨TNT（黄色炸药）当量，美国1945年在日本投下的两颗原子弹的当量为1万多吨。而氢弹的威力可以达到几百万吨。当然，氢弹的研制也比原子弹难得多。"起初我们国家研制氢弹，只知道一些一般概念，知道氢弹要用原子弹做'扳机'，制造氢弹需要首先掌握原子弹技术，而对怎么达到那么高的压力、温度、密度等大量细节一概不知，也没有美、苏的任何相关信息。"曾参与氢弹研制的中国工程院院士杜祥琬告诉《环球人物》记者。

1961年1月，于敏出任原子能所轻核理论组副组长。他以功底扎实闻名。在北京大学理学院上学时，他选修了一门课——近世代数。一次考试，老师出的题特别难，数学系里成绩最好的学生也只考了60分，平均分只有20分，而非数学系的于敏却得了100分。北大的老师说，多年没见过这样的好学生了。在研究原子核理论时，有一次，一位法国专家到原子能所作报告，还没讲到实验结果，于敏就小声对旁边的同事说，结果是10的负4次方至10的负6次方数量级。法国专家最后给出的数据果然如于敏所估，同事觉得于敏实在是太神了。

在轻核理论组，"神"一样的于敏很快进入角色。4年之内，黄祖洽、于敏和同事们提交研究成果报告60余篇，对氢弹的许多现象和规律进行了细致的研究。1965 年 1 月，于敏调入二机部第九研究院（今中国工程物理研究院）理论部（今北京九所），任副主任。

二机部副部长刘西尧说："做事要抓龙头，二机部是核事业的龙头，搞核武器九院是龙头，理论部又是九院的龙头，要研制氢弹，要在理论设计上首先突破才行。"1964 年 10 月 16 日，我国第一颗原子弹爆炸成功。此后，理论部把大部分力量转到了氢弹原理的研究上。1965 年 1 月 23 日，毛泽东在听取汇报时提出："敌人有的，我们要有，敌人没有的，我们也要有。原子弹要有，氢弹也要快。"周恩来立即要求有关部门作出全面规划。于敏就是在这个时候率队加入九院理论部的，与主任邓稼先和副主任周光召、黄祖洽、秦元勋、周毓麟、江泽培、何泽慧，共同被称为理论部"八大主任"。

杜祥琬于 1965 年 3 月到理论部报到，那年 27 岁，是理论部里的小字辈。他说："当时，我们不分领导职务大小，一律以'老''小'相称。邓稼先、周光召、于敏叫老邓、老周、老于，我是小杜。大家常常在一起开'鸣放会'，不管老小，谁有想法，都可以到黑板上去画，去说。从不同的意见中发现每一点有价值的东西。"

理论部聚集了全国的顶尖高手，但天才并不等于天然成功。一条条途径、一个个方案被提出来，经过仔细讨论和计算分析，又一个个被否定了，"山穷水复疑无路"是于敏等人当时常有的感觉。于敏曾回忆说，自己并不是很聪明，但很勤奋。"（大学时）每年夏天我回不了家，因为没有路费，常常跑到景山顶上去，拿着课本，拿着习题，乘景山的凉风，勤奋得很。"为突破氢弹原理，于敏可谓废寝忘食。有一次，妻子孙玉芹让于敏去食堂买饭，他随手拿了一个破底的塑料袋。包子和米饭装进袋子里，没走几步就漏了出去，散落一地，惹得大家哄然大笑。

最终，理论部形成了几种可能成形的方案，需要在计算机上进行大量的数值模拟计算。当时国内计算速度最快的计算机有两台，一台是北京中科院计算所的 119 型，另一台是在上海华东计算所的 J501 型，运算速度都是 5 万次/秒。这样的计算机在中国十分稀缺，各单位都在抢着用。1965年国庆节前夕，于敏按上级要求带领几十位工作人员前往上海，利用国庆假期使用 J501 型计算机抓紧验算。"核武器爆炸后，每个时间、空间点上，都有温度、速度、压力、加速度等物理量。计算机就把这些物理量计算出来后打印在 A4 纸大小的连续纸带上。"杜祥琬说。

当时，打印出的字迹很不清楚，用手一摸打印纸，手上就会留下金属烧蚀后的灰烬。于敏等人就是在这样的纸带上，往往一趴就是几个小时，手上、衣袖上都是黑乎乎的一片，但个个依然热情高涨。"一天，老于突然发现，某个量从某个点开始不正常了，让我们马上去查原因。我们搞物理的就去查方程、参数，没有发现错误。做计算数学、编程序的同志去查原因，也没有任何错误。最后，大家从众多的晶体管里发现一个加法器坏了，换掉这个晶体管，物理量马上就变得正常了。这件事情给我留下了非常深刻的印象。于敏高人一筹的地方就是对物理规律理解得非常透彻。经过 3 个多月的分析、比较，于敏带领同事们发现了实现氢弹自持热核燃烧的关键，找到了突破氢弹的技术途径，形成了从原理、材料到构型完整的氢弹物理设计方案。"杜祥琬说，这就是后来所说的"百日会战"。

于敏第一时间通过电话把这个好消息告诉了北京的邓稼先，邓稼先第二天就专程飞到上海。因为于敏的工资比大家高，按照惯例，要由于敏请客犒劳大家了。不过，于敏每个月都把大部分工资寄回天津老家，因为老家人多，又没有什么收入来源。等到被称为"财神爷"的邓稼先一到上海，请客的任务就落到他的头上，他请大家美美地吃了一顿螃蟹。

"三万六千个毛孔全都舒服极了"

很多人看到过一组数字：从突破原子弹到突破氢弹，美国用时 7 年 3 个月，苏联为 6 年 3 个月，英国为 4 年 7 个月，法国为 8 年 6 个月，而我国仅用了 2 年 8 个月，创造了新的世界纪录。这 2 年 8 个月指的是从 1964 年 10 月 16 日原子弹爆炸成功至 1967 年 6 月 17 日氢弹爆炸成功。杜祥琬在接受《环球人物》记者采访时，更加强调另一个时间——2 年 2 个月，即到了 1966 年 12 月 28 日，中国具有氢弹特征、威力远小于全当量氢弹的氢弹原理试验爆炸成功。"这是我国掌握氢弹的实际开端。"杜祥琬说。

"我们小组负责计算爆炸后产生的高能中子和伽马射线这两个重要指标，由测试同事负责测量。爆炸之后几分钟以内，速报结果就出来了。老于一听到这两个关键的速报数据后，便脱口而出：'与理论预估的结果完全一样！'中国的氢弹原理试验成功了！"杜祥琬说。

"这种心情只有经历过的人才能知道，从心提到嗓子眼上，到成功，心情是无法概括的。简直不知道怎么形容，不只是欣慰，也不只是喜悦，是种说不出来的心情。前面提心吊胆得很厉害，知道成功了，好像五脏六腑、三万六千个毛孔全都舒服极了……"于敏回忆道。

1967 年 6 月 17 日上午 8 时，空军飞行员驾驶轰 -6 甲型轰炸机，从核试验基地新疆马兰机场起飞，在预定着弹点成功投弹，这颗全当量氢弹在距地面 2930 米的高度爆炸，天空中出现了"两个太阳"。烟云上升到 1 万米高的平流层，蔚蓝的天空中出现了壮观的蘑菇云。爆点以东 420 公里外的门窗被震得咯咯作响。实测当量为 330 万吨。

一个感人至深的细节是，在马兰基地参加核试验的工作人员来自全国各个单位，他们互相保密。即使是一个单位的，被分在不同岗位，也互不知情。直到在核试验时见面了才知道："原来你也是干这个的呀！"

在于辛印象中，父亲从不谈起他的工作，只说是做科研。于辛说："那时候，经常有他的同事来家里探讨工作，这时候妈妈就带我和姐姐出去玩。"直到 1999 年，于敏被国家授予"两弹一星"功勋奖章时，于辛才真正知道父亲具体是干什么的，才知道父亲的成就有多大。

于敏的成就有多大？于辛和北京九所研究员、于敏带的博士生蓝可不约而同地谈道，氢弹只是于敏的成就中很小的一部分。我国的第一颗氢弹很大，这样的氢弹不利于远程投送，需要小型化，否则无法装到导弹上。此外，于敏还是中国中子弹理论设计的技术把关者和负责人。中子弹也是一种核弹。于敏被人们称为"中国中子弹之父"，但他生前并不愿意人们叫他"某某之父"，曾说："核武器的研制是集科学、技术、工程于一体的大科学系统，需要多种学科、多方面的力量才能取得现在的成绩，我只是起到了一定的作用，氢弹又不能有好几个'父亲'。"

1986年，于敏对世界核武器科学技术发展趋势作了深刻分析，认为美国的水平已接近理论极限，尽管美国不断做地下核试验，但性能不会再有很大提高，为保持自己核霸权，很可能会加快促成国际社会签订核禁试条约。如果届时我们该拿到的数据没有拿到，恐将功亏一篑。于是，他找到邓稼先，联名给中央写信，要求加速核试验，中央批准了他们的报告。果然，1992年，美国向联合国大会提出全面禁止核试验。于敏在我国核武器发展战略上做出了重要贡献。

"'春蚕到死丝方尽，蜡炬成灰泪始干'是对于敏老师生动的写照。由于长期过度的脑力劳动，他身体很虚弱，有时实在不舒服，无法来办公室讨论，就约我们去他家里讨论，而且一讨论就是三四个小时。孙阿姨说：'你们一来，老于就好多了。'"蓝可说。于辛也回忆道："父亲的同事多次和我说，找你父亲有'三不论'：不论时间地点、不论是物理还是力学问题、不论问题的难易，他都知无不言，言无不尽。"他把毕生精力全部投入到国家尖端国防科技的发展上，甚至无暇出版学术专著。《环球人物》记者苦苦搜寻于敏写的书，结果只发现60多年前出版的那本定价1.1元的《原子核理论讲义》。2014年，北京大学出版社重印了这本书。

"于敏老师经常教导我要'坚持科学，勇于创新'。他强调，这里面'勇'字最难，因为在科学道路上，会遇到来自方方面面的阻力和压力，这时就需要有足够的勇气才能坚持科学，才能做到'不唯书，不唯上，只唯实'。"蓝可说。1985年，中国首设国家科学技术进步奖。于敏作为第一完成人的"氢弹突破和武器化"工作，获得1985年度特等奖。接着，他作为第二完成人的某种装置的突破工作，获得1987年度特等奖。作为第一完成人的"中子弹装置的突破"工作，获得1988年度特等奖。2015年1月，获得国家最高科学技术奖。2019年9月，获得"共和国勋章"。如此殊荣，举世无双。遗憾的是，于敏在2019年1月驾鹤西去，成为唯一一位获得"共和国勋章"却没有机会佩戴它的人。（文／田亮）

孙家栋，一生只为大国重器

当年，钱学森向聂荣臻推荐38岁的他负责第一颗人造卫星；后来，他成为"北斗""嫦娥"的总设计师。

"喂，天宫二号吗？你的快递到了！"

2017年，在天上，中国首个货运飞船天舟一号和空间实验室天宫二号完成对接，离中国人"嫦娥奔月"的梦想又近了一步。在地上，中国网友集体化身段子手，管天舟一号叫"太空快递员"，语气又萌又傲娇。

这样的傲娇，每一次大国重器问世时，都会出现。首艘国产航母下水，"蓝鲸一号"首次深海试采可燃冰，首个出口"华龙一号"核电机组亮相⋯⋯光是2017年上半年，中国网友就涌上社交网络，"high"了好多次。

换作从前，人们为大国重器欢呼的方式，是涌向天安门广场。1970年4月25日，新华社向全世界发布了中国第一颗人造地球卫星升空的消息，"消息报出来没10分钟，天安门广场已是人山人海，等我要去天安门广场的时候，挤都挤不进去"。这个挤不进去的中年人，就是负责人造卫星总体设计工作的孙家栋。

弹指间，中年人已是满头华发，但换来了天上的星斗璀璨。"东方红""北斗""嫦娥"⋯⋯在中国自主研发的前100个航天飞行器中，有34个由孙家栋担任技术负责人、总设计师或工程总师。可以毫不夸张地说，自从当年钱学森慧眼识珠，向聂荣臻推荐了孙家栋之后，孙家栋的名字就和中国航天血肉相连了。

要采访这样的科技泰斗，绝非易事。谦逊，不喜抛头露面，躲着聚光灯走，是他们的特点；忙，七八十岁还醉心科研，连轴转，也是他们的特点。然而一听说我们要写孙家栋，一个个科技大咖都立刻放下手头的工作："哎呀，孙老总啊，就应该多说说他！"于是，在起初的几个月里，我们寻不见孙家栋的人，却处处耳闻孙家栋的事。

探月"铁三角"

欧阳自远这个名字，随着"嫦娥工程"而妇孺皆知。可一见面，他就爽朗地说："我不喜欢别人称我'嫦娥之父'。我不懂航天，读书时学的是地质；我搞航天，是孙家栋领进门的。"

他们的故事，从 2000 年开始。欧阳自远想探月，但不知道中国在技术上有没有可行性。他找到时任国防科工委副主任栾恩杰，讲了探月的构想。栾恩杰说："我给你介绍一个人，搞探月，你得把他拽进来。"

"谁啊？"

"孙家栋！你去跟他详详细细汇报。"

欧阳自远跑到了孙家栋的办公室，一谈就是两个上午。每一步构想、每一个目标，孙家栋都问得非常仔细。"谈完后，孙家栋说，咱们这辈子怎么也得把这个事干成。他有这么大的决心！"

这是科学家欧阳自远和工程师孙家栋的第一次相见，也是一种境界与另一种境界的相遇。"科学家的境界，是要做单枪匹马、潜心研究的英雄，就像陈景润那样。"认识了孙家栋，欧阳自远才发现工程师和科学家不一样，"工程师是投身一个团队，讲集体英雄主义"。

欧阳自远探月的那些科学构想，到了孙家栋手里，就分解成一个一个步骤、一个一个系统。"探月工程获得国家立项后，任命了三个人，栾恩杰是总指挥，孙家栋是总设计师，我是首席科学家，大家管我们叫探月'铁三角'。孙家栋一上来就说：'欧阳，我是给你打工的。'我说：'你胡说八道，我对航天一窍不通，我给你打工还差不多！'他就笑：'嫦娥一号能不能到达月亮，这是我的活，到不了，你唯我是问。但是到了月亮以后，该看什么、该拿什么，就轮到我一窍不通了。我把你的眼睛、你的手伸到月亮上去，后边一切事，归你。'他这番话，让我很感动。别看说起来简单，把嫦娥一号送到月球，需要哪些关键技术？如何攻关？哪些单位和个人牵头参与？

阶段性目标和时间表怎么定？……事情千头万绪，他操心死了！"

欧阳自远很快发现，孙家栋不仅航天技术过硬，对各个部门和人的情况也了如指掌，大事小事到了他这儿，都能迅速决断。欧阳自远边听边学习，渐渐进入航天这个领域，也彻底走进了一个团队。"现在，我觉得一切成功，都是靠集体英雄主义，而不是哪一个人的功劳。"

最刻骨铭心的事，当然是 2007 年 11 月 5 日。"我们最操心的不是发射，而是嫦娥一号到了月亮附近后，得被月亮抓住。抓不住就飞跑了，要不就撞上月亮了，前功尽弃。以前美国和苏联失败最多的就是这一步。我们从来没有去过月球，心里真是一点底都没有。嫦娥一号发射出去，从地球到月球，走了 13 天 14 小时 19 分钟，终于到了这个时间节点，我和孙家栋坐立不安，一直在问测控数据。最后一下，汇报说：'抓住了！'我俩说，再验证一下，几点几分几秒在哪个位置抓住的。之后再校准一次，又校准一次，确认，真的抓住了！我俩抱起来痛哭。"

那一刻，孙家栋 78 岁，欧阳自远 72 岁。

"我始终是老同志的尾巴"

"为什么会哭呢？"几个月后，我们终于等到了孙家栋，坐在他面前，好奇地问。

孙家栋坐在沙发一角，一只手紧握身旁一个巨大月球仪的轴——这只月球仪是按照嫦娥一号采集的数据绘制的。他微笑："不知道媒体怎么就拍下来了。我是经历过旧社会的人，那时什么东西前面都要带个'洋'字，洋钉洋火洋油洋盐，因为我们自己生产不了。结果几十年时间，我们国家就能发射自己的航天飞行器到月球，实在太不容易了。当时我就是想到了这些，那种成就感和激动的心情，让我一下子克制不住情绪。"

想当年，第一颗人造卫星上天的时候，年轻的孙家栋并没有哭。那是 1970 年 4 月 24 日的晚上，人造卫星在酒泉卫星发射中心升空，孙家栋则在北京临时卫星接收站内紧张等待，第一次感知这种发射时的巨大压力。"假设当时咱俩坐在一起，肯定能听到彼此的心跳声。火箭带着卫星升空后，我把眼珠子瞪圆了，盯着显示板上的曲线，看着那条线按照设计的弹道轨迹运行起来。我心里还在想：这到底是真起来了，还是假起来了？就像他们搞原子弹的，蘑菇云都炸在那儿了，还在想到底起爆没爆呀？"

不敢置信，又不知深浅，因而满怀豪情。这是孙家栋他们年轻时的心境。"这玩意儿真能掉下来吗？我就不信它能掉下来！然而干了几十年的航天后，经历过几次失败，体会过沉痛的教训，就知道事情不那么简单了。"

这其间，无论成与败，都有个名字，在引领着孙家栋，那就是钱学森。如今，一提到这个名字，88 岁的孙家栋还是掷地有声地说道："恩师！绝对是我的恩师啊！"随着他的讲述，你会发现，他身上那种令欧阳自远难忘的气质——集体英雄主义，恰恰源自钱学森。

孙家栋在苏联学习了 6 年多，1958 年一回国，就被分配到国防部五院一分院导弹总体设计部，院长正是钱学森。部里设了一个总体组，负责对接和贯彻总设计师的意图，孙家栋当组长。那时国内还不兴总设计师之名，但人人都明白，钱学森就是总设计师。

这是青年学生们和大科学家的相遇。青年学生很紧张，早就听说钱学森的大名，连 guided missile 这个词，一会被译作"飞弹"，一会被译作"带引导的弹"，最后还是钱学森准确译为"导弹"。可自己专业不对口，学飞机的，能干导弹吗？见了面，连话都不敢说。大科学家却很谦逊，对青年学生们说，你们在一线，比我强多了，你们先说说吧。这帮年轻人，有学力学的、数学的、化学的、文史的……五花八门，大科学家便当起先生，自己编教学大纲，自己讲《导弹概论》，还邀请庄逢甘、梁守槃、朱正等人来担任讲师。

吃苦，奋斗，这些都不在话下。最难得的是，钱学森示范了怎么面对失败。有一次导弹发射失败了，分析故障原因时，孙家栋和设计组的人懊恼自责，情绪极低。钱学森见状，当即停止了对故障原因的分析："如果说有考虑不周的原因，首先是我考虑不周，责任在我，不在你们。你们只管研究怎样改进结构和试验方法，大胆工作，你们所提的建议如果成功了，功劳是大家的；如果失败了，大家一起来总结教训，责任由我来承担。"

孙家栋跟着钱学森做了近 10 年导弹。1967 年 7 月 29 日午后，正是一年中最热的光景，孙家栋趴在桌子上进行导弹设计。他担心汗水打湿设计图，特意围了毛巾在脖子上。门被敲响了，是一位国防科工委的同志，告诉他，钱学森已向聂荣臻推荐他负责中国第一颗人造卫星的总体设计工作。

那一年，他才 38 岁。距离今天正好 50 年。

"那时候，在美苏的包围下，我们必须要有大国重器，必须要有人造卫星。第一颗上天后，第二步就得解决实在的、急用的问题。所以就做遥感卫星，得拍照、得传回、得把我们 960 万平方公里的国土，连同附近海域，都拍得清清楚楚。"

但这颗遥感卫星发射失败了。1974 年 11 月 5 日，由孙家栋担任技术负责人的中国第一颗返回式遥感卫星在升空后 20 秒爆炸。孙家栋待在发射场坪的地下室里，不用看测控数据，已经明显感觉到火箭爆炸的余震。"我跑出地下室，只看见沙漠里一片火海，整个脑子一片空白，痛哭起来。"11月的沙漠多冷啊，整整三天三夜，孙家栋和同事在滴水成冰的沙漠里，一寸一寸地找火箭的残骸，把所有的螺丝钉、小铜块、小线头一点点收集起来，查找事故原因。他们真找到了。那是一小段导线，属于火箭控制系统的，表皮完好，可里面的铜丝有裂痕，在火箭发射时受到剧烈震动断开了。"一个裂痕就牵扯到整个航天产品的成败，这个教训太深刻了！"就像恩师钱学森当初所做的那样，孙家栋承担了失败的责任。"从此我们就狠抓质量，逐步建立起一套完整严格的质量管理系统。"

1999 年，在庆祝中华人民共和国成立 50 周年之际，国家为 23 位"两弹一星"元勋授予功勋奖章。孙家栋和恩师钱学森一同授勋，但在他心中，"我始终是老同志的尾巴，是他们的学生"。

又过了 10 年，2009 年 3 月，钱学森送了一封生日贺信给"我当年十分欣赏的一位年轻人"。工作人员按照要求拟好，钱学森签上了自己的名字，感慨道："在我眼里，他还是一位 28 岁的年轻人呢！"这封生日贺信的收件人，就是即将满 80 岁的孙家栋。7 个月后，钱学森与世长辞。

"让年轻人放心地干"

听孙家栋讲述，很少听到他说"我"，总是说"我们"。

"国家授予'两弹一星'元勋奖章，激动吗？激动。但这个奖章不是个人的，是我们航天的。"

"我们航天这片沃土很好，只要进来一个年轻人，就能受到我们队伍的感染，一步一个脚印发展得很好。"

"我们航天啊，也有日子难过的时候。"

他说的是 20 世纪八九十年代，"造导弹的不如卖茶叶蛋的"，航天院收入很低，而外企纷纷涌入，做通信的、做测量的，都跑来航天院"挖角儿"。印象最深的是诺基亚公司的人开着大轿车，跑到航天院的对面，挂出招聘的大牌子，给的待遇跟航天院的待遇真是天壤之别。"年轻人去了，临走跟我讲：我很热爱航天事业，搞了航天以后有很大的成就感，可是我实在寒酸，请女朋友吃几顿饭都请不起。"孙家栋听得心里难受。

也就是在那一时期，中国航天走出重要一步——进入国际商业卫星发射服务市场。1988 年 9 月 9 日，美国国务院宣布，批准一项用中国火箭发射美国通信卫星的计划。这个消息是轰动性的，美国政府竟然同意一个社会主义国家发射美国卫星。当时，担任中国航天对外发射代表团团长的正是孙家栋。时任中国长城工业总公司副总经理、曾与孙家栋一同参与谈判的乌可力，至今记得孙家栋在谈判结束后对他说："不容易，我们这样的谈判不容易啊！"老帅聂荣臻更是高兴坏了："中国能为世界上科技最发达的美国发射卫星，是一件很了不起的事情，外国卫星发射成功既可以在政治上产生巨大影响，又可以在经济上得到好处。"

如今，航天人员的待遇大有好转。孙家栋再跟刚毕业的年轻人谈话，他们说："孙老总，我们航天现在收入可以了！中等收入，但我的荣誉感非常强，这是去外企的同学比不了的。"

1994年，北斗导航卫星工程启动，孙家栋担任工程总师。第二年，一位年轻的女工程师周建华加入"北斗"，与孙家栋初见的情形历历在目："第一次见面，是在工程总体协调会上。我小心翼翼的，他可是航天泰斗啊！但多接触几次后，我就发现不用绷着神经了。他实在平易近人，既给年轻人压担子，又给年轻人解压。比如说，他要求'北斗'在实际应用时达到和美国GPS（全球定位系统）一样高的水平。'北斗'起步比GPS晚了很多年，中美两国的工业基础也有差距，这个要求的压力很大。但在攻关的过程中，我们遇到任何困难，孙老总都会帮我们想办法。他让我们放开做，大胆想，不要有后顾之忧，出了问题他负责。"

这样的场景何其熟悉，恍如当年钱学森与孙家栋的翻版。我们忍不住问周建华："您觉得这是传承吗？"周建华想了一下，笃定地回答："是传承！"那时，她已是北斗二号地面运控系统总师。

网友们精心描述过一个细节："2003年杨利伟上天时，镜头扫过，满屏幕白发苍苍的老科学家。现在，每一次大国重器上天，镜头扫过，满屏幕年轻稚气的脸。神舟八号与天宫一号对接，认识了25岁的'天宫神八哥'杨彦波；天宫二号发射，认识了29岁的'飞控女神'申聪聪。"

这样的变化，孙家栋看在眼里。"以前，我们好几年才能发射一个型号的卫星；现在，一年就发射二三十颗，发射场都排不开，大家争着排队。每个型号的总设计师，也就四十来岁。他们二十七八岁博士毕业，进了航天院，第一个回合，跟着大家干，从立项到发射，最多5年就完成了。第二个回合，他们就能领着一支小队伍了。第三个回合，就可能当一个总设计师的副手了。最多20年，45岁左右，就到了第四个回合，成了一个型号的总设计师，真是年富力强！和美俄比起来，我们的技术水平还有一段距离，但这样年轻而热情的队伍，他们是羡慕我们的！"

2014年，孙家栋从待了20年的"北斗"总设计师位置上退下来。"让年轻人放心地干"。只要年轻人不找他，他就不再管"天上的事"。"你很长时间不在天上了，突然之间给年轻人提个问题，你又有个头衔，人家年轻人是同意你好，还是不同意你好？所以天上的事我不干预了，我去搞地面

214

的事。我到南方，到西部，到东北，到处出差，跟企业家谈，告诉他们'北斗'能提供时间和空间的坐标，能办成很多事。它就像一部手机一样，只要你会玩，里面的名堂就能越来越多。"

孙家栋随手举了个例子，"就说共享单车吧。这些单车有一个重要的环节，要用天上的信号给它导航。地面信息传递的时候，我这辆车到哪了，用的是天上的信号。北京这几家，有的用美国 GPS，有的用我们'北斗'，这是企业的自主决定。但我每次出去，一定会告诉他们：你还是用'北斗'好！"孙家栋大笑起来，"再进一步考虑，'北斗'的可用之处就多了。运危险品的汽车开到哪了？接送孩子的校车开到哪了？淘气的孩子跑到哪了？走失的老人走到哪了？如果车上装一个，老人孩子手上戴一个，'北斗'就都能帮到你了。"

另一种"我们"

白发苍苍的孙家栋还是为航天的年轻人犯愁，愁的是"脱不了单"。"他们太忙了，每天要工作近 20 个小时，根本没时间。好不容易有人给他们介绍对象，一次两次没时间约会，马上就黄喽！"

"您当初是怎么'脱单'的？"

孙家栋一愣，继而哈哈大笑："我从苏联回来后已是大龄青年了，也是工作忙，顾不上。有一次清明节，和同事们去郊外踏青，发现照相机忘带了。车子经过木樨地，我同学住在那，我就上他家借。结果借了相机，他不放我走，拿出一张照片给我看，上面是他夫人在哈尔滨医科大学的同学，叫魏素萍，也就是我现在的妻子了。"

魏素萍和孙家栋开玩笑："我们算不算'闪婚'？"孙家栋一点头："算！"那年"五一"，孙家栋利用假期跑去哈尔滨见了魏素萍。他在哈尔滨只待了 20 多个小时，两人一见如故，相见恨晚。这次见面的 100 天后，魏素萍穿着定做的镂花布拉吉裙和高跟皮鞋，只身来到北京找孙家栋，两人签下了一生的"契约"，从此成了孙家栋人生里的另一种"我们"。

婚后3年，魏素萍才调到北京航天总医院，大约猜到了孙家栋是干什么工作的。"那时我们的工作属于绝密，我给她留的通信地址是北京多少号信箱。邓稼先不也是这样？他朋友来家里找他，他夫人说：邓稼先去多少号信箱出差了。"

两人团聚后，依旧是聚少离多。孙家栋待在靶场，常常好几个月不着家。家中的大事小事都是妻子一肩挑。最"离谱"的事有两件。一件是，孙家栋有一回在外屋接电话，门开着，看见妻子在走廊，他想都没想，伸脚就把门关上。妻子难过得不行，打电话还避着我？另一件是，女儿的小名叫"小红"，难得有一次孙家栋回家吃饭，到院子里叫一声"小红"，结果好几个叫"小红"的小朋友跟他回了家。

所有"两弹一星"元勋家庭的牺牲都是相似的，但各有各的浪漫。孙家栋的浪漫是，每次离家时，都画张妻子的鞋样带在身边，这样为她买鞋时，拿出来一比，就知道买多大的了。

"我们"的故事总是如此熟悉，这不是孙家栋一个人的故事，而是从钱学森到孙家栋，从孙家栋到周建华，从周建华到"天宫女神"……一代代人传承不绝的故事。把他们的命运连接在一起的，就是那四个字：大国重器。在采访的最后，孙家栋用沉思的口吻说道："当年，如果没有'两弹一星'这些大国重器，中国就生存不下去。现在也是这样的，生存和发展都重要，但国家安全是首要的。我们只是生活在一个和平的国度，而非一个和平的年代，国家始终需要拿出一定力量来建这些大国重器。"（文/郑心仪）

走近元勋周光召："我愿意改行，
随时听从祖国的召唤"

1967 年 6 月 17 日晚上，在北京西郊花园路 3 号院上班的人们发现，单位大门口的地上突然多了一张纸，红彤彤的，凑近一看，是《人民日报》发出的庆祝我国第一颗氢弹爆炸成功的喜报。杜祥琬笑着告诉记者："不知道谁了解到我们院是做这个事的，就把'喜报'贴到大门口的地上。"

杜祥琬口中的"我们院"，是第二机械工业部（以下简称二机部）第九研究院（今中国工程物理研究院，以下简称九院），20 世纪六七十年代，那里群星璀璨，汇集着朱光亚、彭桓武、邓稼先、周光召、于敏、王淦昌、郭永怀、黄祖洽等一批大科学家。到 2022 年 6 月 17 日，那声来自新疆罗布泊的氢弹爆炸成功的巨响已过去 55 年，23 位"两弹一星"（核弹、导弹、人造卫星）功勋科学家仅 3 位健在，周光召是其中之一。2022 年的周光召已是 93 岁高龄。

当年跟在他们这些大科学家身后的年轻人杜祥琬，在 2022 年接受记者采访时也已 84 岁了，这位应用核物理、强激光技术和能源战略专家听说我们想了解周光召等人的故事，毫不犹豫地答应了采访。通过他和其他身边人的讲述，我们得以走近周光召，也走近了原子弹、氢弹、导弹研究领域的先驱们，走近了那个星光熠熠的年代。

第一次改行，研究原子弹

"那半年可真够赶的。"回忆起从氢弹原理试验成功到氢弹爆炸成功的那半年，杜祥琬又笑了。当时法国也在探索氢弹，为了抢在法国前面爆炸，长中国人的志气，时任九院理论部第一副主任的周光召鼓励大家咬紧牙关，理论部大楼每天晚上都是灯火辉煌。"大家很默契地做好自己手头的工作，也不需要特地加油打气，我们都有切身感受，知道中国一定要站起来，爱国从来都不是一件抽象的事。"杜祥琬对记者说。

这在周光召身上表现得更为具体。20 世纪 60 年代，欧洲、美国的科研机构都向周光召发出访问邀请，还提出承担全部费用，如此殊荣在当时的中国物理界是独一份。可这些邀请都如石头扔进大海，毫无回应，周光召在国际学术界"消失"了。与此同时，北京花园路上一幢4层小灰楼里，却多了一名青年的身影，白净的脸，短衣短裤，中等身材，因为对花粉过敏，总戴着口罩，路过的人向他打招呼，叫他"老周"——他就是来到九院理论部工作的周光召，理论部那时的主任是邓稼先。

周光召是以天才科学家的形象出现在这里的。1961年5月他到来时，已有好多同事"未见其人，先闻其名"。比周光召早几年来的中国工程院院士胡思得记得，大学就在一本从俄文翻译过来的杂志上看到周光召的报道，那时周光召在苏联杜布纳联合原子核研究所（以下简称杜布纳）工作，报道称赞他年轻有为，才华出众。

胡思得所说的杜布纳，当时聚集了社会主义阵营国家的许多科学家，科研水平全球领先。周光召4年里发表了30多篇论文，在国际物理学界声名远播。后来与周光召相熟的诺贝尔物理学奖得主杨振宁，就是那时第一次听说周光召的："美国所有高能物理领域的人都知道他是一位中国年轻的研究员，是当时最杰出的、最有新思想的一个物理学家。我记得很清楚，周光召那时候发表过的好几篇文章我都仔细研究过，而且在一些学术讨论会上，也都是大家热烈讨论的题目。"

正当周光召在科学界崭露头角时，中苏关系开始恶化，去留问题摆在他的面前。恰在此时，时任二机部副部长的钱三强赴苏，与周光召有一次长谈，就中国如何发展核武器谈了自己的观点。"这次谈话对我影响很大，使我知道了党中央发展核武器以加强国防建设的紧迫性和重要性。我决定回国，将自己投身到'两弹一星'的研制中去。"周光召日后回忆道。他主动请缨："作为新中国培养的一代科学家，我愿意放弃自己搞了多年的基础理论研究工作，改行从事国家急需的工作任务，我们随时听从祖国的召唤。"

周光召进入九院时，理论部正面临一个令人头疼的问题，有一个关键数据始终和苏联方面给的对不上，前前后后已经算了9次。在仔细分析核查了同事们的计算过程后，周光召觉得问题不在这里，而在那个一直被视为"权威"的苏联数据。"这是一个非常大胆而具有挑战性的判断！包括所有的专家在内，我们都没有搞过原子弹，要能令人信服，必须有严格的论证。"胡思得说。周光召用了一个"最大功"原理——即便炸药没有任何耗散，能量全部作用于核材料，压力也达不到那个数值。这个论证方法言简意赅，得到一致赞同和支持，计算得以继续进行。1962 年底，周光召协助邓稼先完成并提交了中国第一颗原子弹的理论设计方案。

中国第一颗原子弹在 1964 年 10 月 16 日爆炸成功。试验前夜的 10 月 15 日，周光召突然从时任二机部部长的刘杰那里接到一项紧急任务：认真估算一下中国首颗原子弹爆炸成功的概率是多少。布置任务的是周恩来。这颗原子弹所代表的重大意义让大家必须慎之又慎，刘杰说："不正式爆炸，没有结果以前，那是提心吊胆的，大家都在紧张。"在不到 16 个小时中，周光召抓住要害，精准筛选出有效参数，连夜计算，确认爆炸成功的概率超过 99%，除不可控因素外，原子弹的引爆不会出现任何问题。这为 10 月 16 日 15 时准时起爆中国第一颗原子弹提供了重要保障。

"光召兄的回来，使得中国 1964 年爆第一颗原子弹（比预想中）早了一两年。"杨振宁说。他记得美国报纸陆续有报道说中国研制原子弹的主要是哪些人物，周光召的名字屡屡出现在《纽约时报》上。

1963 年，理论部的工作重心转移到突破氢弹原理上来。周光召和于敏、黄祖洽各率领一路人马展开攻关。氢弹完全是中国自力更生独立研制的，需要运用多门学科的知识，在这场群体攻坚战中，周光召先自己学习、梳理相关材料，然后为大家讲授流体力学、等离子体物理等方面的知识，还编写了讲义。他讲课从不用讲稿，遇到复杂公式就在黑板上边讲边写，一步步把公式推导出来。这种工作方法周光召保持终身，也让他的研究生吴岳良印象深刻："讨论同一个问题时，他不去看自己原来推导过的东西，而是重新推导，重新思考，有一个好处，就是在这个过程中可能会产生新的想法。"现在，吴岳良已经是中国科学院（以下简称中科院）院士、中科院大学学术副校长，他向《环球人物》记者回忆。

在朱光亚、彭桓武主持下，邓稼先、周光召组织科技人员制定了关于突破氢弹原理工作的大纲：第一步，继续进行探索研究，突破氢弹原理；

第二步，完成质量、威力与核武器使用要求相应的热核弹头的理论设计。当于敏领衔的攻关团队率先成功后，周光召又迅速集中精力，协助于敏。1966 年 12 月 28 日，氢弹原理试验成功。1967 年 6 月 17 日，中国第一颗氢弹爆炸成功。

1999 年 9 月 18 日，周光召获授"两弹一星"功勋奖章。可他自觉受之有愧，"无论是原子弹还是氢弹，远不是几个人的事情，是十万以上人的共同工作。如果要评价我其中的贡献，那只不过是十万分之一而已。"4 年后，他把这枚奖章赠予家乡湖南的一所学校。他说，我很小就离开了故土，奖章与其自己收藏，不如赠给家乡，鼓励后人继续为祖国科研事业作贡献。

第二次改行，成为中科院院长

2019 年，周光召九十寿辰时，中科院理论物理研究所和北京应用物理与计算数学研究所共同举办了一场"周光召院士从事科学事业 65 周年学术思想与科学精神研讨会"。诺贝尔物理学奖得主李政道专门发来贺信，信中说："光召兄和我相识已久，相交甚欢，光召兄有大才，是世界著名理论物理学家。几十年来，光召兄和我共建中国高等科学技术中心，搭建国际科学交流平台、基础科学研究基地，为祖国培养了诸多基础科学人才。"

如果说投身"两弹"研制是周光召前半生的高光时刻，贯穿他后半生的则是为中国科技事业发展布局。诚如杨振宁所言："他由一个理论物理学家转变为有影响力并深受尊重的政策制定者"。这次转身同样是应国家所需，代价是放弃了他钟爱的理论研究，但他依然无悔。

1980 年初，邓小平在人民大会堂会见并宴请参加广州粒子物理理论讨论会的海内外学者，并提出要见一见中国粒子物理领域的优秀人才。钱三强立刻从宴席中请来几位科学家，特地把周光召放到前面着重介绍："他 50年代在苏联和国内做出了很好的工作成绩，起了关键性的作用，可算是国内新一代理论物理方面的佼佼者。"李政道接着说："他不仅在国内同行中是佼佼者，包括我们在内，在所从事的粒子物理理论领域，他也是佼佼者。"邓小平听后欣喜地站起身和周光召握手。2 天后在中共中央召集的干部会议上，邓小平提到这场讨论会和中国粒子物理理论研究。他说，我们已经有相当先进的水平，而且有一批由我国自己培养出来的取得了成就的年轻人，只是人数比一些先进国家少得多。邓小平指出，我们要逐渐做到，包括各级党委在内，各级业务机构，都要由专业知识的人来担任领导。

2 年后，正在瑞士日内瓦西欧原子核研究中心工作的周光召收到召他回国的急电，他应召回国，先后任中科院理论物理研究所副所长、所长，1984 年升任中科院副院长。"感觉人生又发生了一个大的转折"，周光召说。据时任钱三强秘书的葛能全回忆，在钱三强的办公室，钱三强与周光召就此事谈了很久，出来时周光召的眼圈都有些红。1986 年底，吴岳良博士毕业前，周光召问他，在以后的人生中可能会面临多种选择，但一旦国家需要你，你是否能服从国家的需要？"当时我只是如实回答可以，后来才想到，那时老师自己是不是也面临新的选择。我想他是站在国家的高度思考后作出选择的，清楚哪个对国家的贡献会更大。"1987 年，周光召升任中科院院长。

"中科院真是一个与众不同的地方，把科学家当成宝，不拘一格发现人才，发挥科学家的积极性。我和光召同志的缘分也是从这里开始的。"80岁的国家科学技术部原部长徐冠华这样向《环球人物》记者回忆起他与周光召的相识。

"七五"科技攻关期间，中科院开展了两个重大地球科学项目，其中一个是三北防护林的遥感调查。徐冠华是遥感领域的专家，但那时并不在中科院工作。"光召同志和当时的中科院副院长孙鸿烈同志没有部门偏见，让我这个'外人'做负责人。"项目结束，徐冠华于 1991 年当选为中科院学部委员（现称院士），随后被借调到中科院任遥感应用研究所所长，2 年后升任中科院副院长。"光召同志不仅对我，对其他青年人都给予信任。"徐冠华至今感念周光召的知遇之恩，他家的客厅里，摆着一张放大的合影，照片中，头发花白的周光召身体侧向年轻许多的徐冠华，笑眼慈祥。"如果不是光召，我现在还不知道在哪儿呢。"2001 年，徐冠华出任科技部部长，成为 21 世纪中国第一位院士部长。

"当时关于科技发展和改革的问题经历过很多争论，光召承受了压力。但他从来都是直率地表达自己的意见。"徐冠华说："他是一个很温和的人，但在关键问题上从不让步。"

周光召对年轻科学家非常关心。他设立了院长特别基金，专门支持有潜力但缺经费的年轻人。吴岳良记得，很多做出成就的人都曾得到这个基金的支持。"他不会偏心自己熟悉的研究领域。对来申请的项目都会认真了解，只要有发展前景、重要，就尽快支持。"中科院原院长白春礼就是这一基金的受益者。他 1987 年从美国回到中科院工作时，在一次座谈会上提出课题经费困难，"光召院长当即对我说，'你马上写个报告给我'，不到一个月，30 万元的院长特别基金拨到了我的课题组，无疑是雪中送炭。"这成为白春礼回国后开始科研事业的一个起点。

在周光召眼里，科学要进步，就必须开放。"'开放、交流、竞争、联合'最早是他在理论物理研究所和中科院开始实践的，后来又成为科技部建设国家重点实验室的一个方针。"吴岳良向《环球人物》记者介绍："他倡导开放，说中科院不只是中科院的中科院，而是全国的中科院，不仅要开放期刊图书等学术资源，还要开放一定的科研经费，支持全国相关领域的科研工作者。不光在国内开放，还要在国际开放，理论物理研究所后来成立了国际顾问委员会，邀请十几位国际顾问委员会成员，周先生也参与进来，帮助营造了一个开放的学术氛围。"

"他是'973'计划的领路人"

周光召是突然病倒的。

那原本是一场交担子的会议。82 岁的他把"973"计划专家顾问组组长的身份移交给了已卸任科技部部长的徐冠华，他是应邀前来和大家交流经验的。他高兴地说，我在顾问组做了十多年，"973"是我人生中很重要的经历。这个担子交给新一届顾问组，我觉得非常放心，相信你们能把这个计划继续做好。他还谈了一些心得体会，想多讲几句，但感到体力难支，提前结束了发言。"冠华，我有点累，就不讲了。"他低声说。可没过多久，会议现场的人看到，主席台上的周光召从椅子上偏倒下来。那一天是2011年11月15日。此后他再没离开过医院。

周光召的晚年是忙碌的。从中科院院长任上退下后，他从1996年起担任了10年中国科学技术协会主席，联系全国科技工作者，促进科学的普及和推广，自称科普工作的"开路小工"。同时，他还参与着科技界重大事项的讨论与决策，"973"计划就是其中之一。

"973"计划的全称是国家重点基础研究发展计划，由中共中央、国务院设立，于1997年6月正式启动，目的是解决国家战略需求中的重大科学问题。周光召是这个计划的专家顾问组组长，带领一批科学家担任项目咨询、评议和监督的工作。从1998年起，他在这个岗位上连续工作了12年。在缺乏自主创新的年代，中国创造的工业价值相当一部分交给了外国公司。周光召说，中国要实现可持续发展和自立于世界民族之林，就必须掌握和发现最新的科学技术知识，推动基础研究，这是中国科技界的历史责任。

"光召同志是从事理论物理研究的，但'973'计划几乎涵盖了基础研究的所有领域，为了学习各个领域的知识，他付出了极大的努力。"徐冠华回忆："有生命科学家说，光召同志在生命科学领域提出的问题，有的比这个领域的专家还要深刻和尖锐。我们都很钦佩他对各个领域科学问题的深刻理解和综合分析能力。光召就是这样一位了不起的科学家。"

杨振宁也曾评价说："周光召是个绝顶聪明的理论物理学家，他对理论物理的看法既能从大处看，又能在小的地方想出新的办法来。这就跟下围棋一样，既要有布局的能力，又要有想法的能力，他在这两方面都做得很成功。"这样的思维方式，帮助周光召实现了从科研到领导岗位的成功转身。

有一阵，周光召每星期都要请一两位年轻科学家去聊天，一聊就是几个小时，了解相关领域的进展，同时也会去思考怎么解决科学界的一些问题。"我问过老师，为什么他在多个领域都能做得很好。他告诉我，你必须瞄准一个方向，一直研究到最前沿，做到最好，之后再在这个高水平上把研究和思维方法拓展到别的领域。后来他进入新领域，都是先看这个领域最前沿的东西，看不懂的时候，再去找其他综述等材料。"吴岳良说。周光召总是走在前沿。"他看了很多东西，好些资料我都找不到，有些新书出版我也都是晚于老师才知道。"吴岳良博士毕业后出国做研究，1996年回国时发现，自己的老师可能是全国第一个用PPT作学术报告的人。"我的PPT技术就是跟他学的，而且好多软件都是老师帮我装的。"

2016年2月，整合了"973""863"等多项科技计划的国家重点研发计划正式启动实施，旨在解决一批"卡脖子"问题的"973"计划也完成了其历史使命。重大基础研究怎么抓，项目怎么筛选、怎么组织，在这些方面，"973"走出了一条路。"光召同志是'973'计划的领路人，'973'计划也是他晚年最着力的重点工作之一。没有他，就没有'973'计划的成就。"徐冠华对《环球人物》记者说。

"一个爱人的人"

"老师很少对我们谈他以前的经历，也很少提及他在'两弹'中的贡献。"吴岳良告诉《环球人物》记者："他认为如果事情是团队一起做的，就不要再把主要贡献、次要贡献分得那么清楚，因为大家都很重要，缺一不可。"不强调自己，他的心和情总放在别人身上。中科院办公厅原主任李云玲还记得，周光召刚就任中科院院长那几年，院里经费非常紧张，有的所连发工资都困难。一些中年科技人员长期超负荷工作，积劳成疾，英年早逝，周光召为此痛心不已。1991年他在全院年度工作会议上说到这种情况，哽咽良久，说不出话来。在《环球人物》记者此次采访过程中，所有受访者无一例外都提到周光召的人格魅力。徐冠华认为，这和工作无关，周光召就是一个爱人的人。

这样的故事特别特别多。吴岳良还记得，20世纪80年代在中科院理论物理研究所读书时，老师常在周末带着他们去外面改善伙食，半只鸡或一只鸡，桌上是一定会有的，"改善伙食肯定要有肉嘛"。下班看到学生们在打乒乓球，周光召也会兴致勃勃地加入，他的球技很不错，常常获胜。学生们向他请教问题，他也不坐着，就带着学生在楼下院子里一圈圈地散步，边走边讨论。空闲时，周光召还"发"面包给学生吃，从和面、揉筋、发酵、塑形到烤制都由他一人完成。"是那种欧式面包，他做得很好。我从德国回来时还特地带了专用酵母粉给他。"吴岳良"呵呵呵"地笑。有一年除夕他去拜年，发现老师又新增了一个爱好——摄影，尤其喜欢给别人拍。"他很会拍，招呼大家合影的时候就设置'自动'模式。"

周光召与妻子郑爱琴感情很好。郑爱琴是生物化学家，当年在北京东郊的一个研究所工作，与在西边从事核武器研究的周光召距离遥远，交通也不便。考虑到丈夫的工作性质，她主动调到周光召的工作单位，发挥英语好的优势，改做科技情报调研工作，收集和翻译了大量外国文献，他们并肩作战，一起走过那段岁月。周光召很依赖妻子。该吃饭了，该喝水了，妻子总叮嘱他。"师母一直关注着周老师，她好像明白老师心里想什么。"在吴岳良的印象里，周光召和郑爱琴相互话不多，但非常默契。2009年老两口一起出席了庆贺周光召八十华诞的活动，都高高兴兴的，之后不久，郑爱琴就病倒了。徐冠华去探望了几次，都看到周光召陪护在旁。

再向前"倒带"，时间回到1976年7月，那时周光召还在九院。由于唐山大地震的缘故，九院所有员工和家属都搬到院前的抗震棚里，杜祥琬就在这时患上严重的细菌性痢疾，病倒了。"老周来看我，专门来看我，到我的房间里，什么话都不说。"坐在《环球人物》记者对面，杜祥琬突然哽咽，眼中泛泪："他坐了20分钟，一句话也没说，但是我俩心里都知道。"

这样的爱人之心，也在师生之间默契传递。2007年离世的彭桓武是周光召的老师，周光召非常尊敬老师，每逢大年三十，总要去彭桓武家拜年。

吴岳良也延续了这一传统，要分别上门给周光召和彭桓武拜年。彭桓武曾用一个比喻形容自己在"两弹"研究中所做的工作：我就是老房门口的那一对石狮子，只需要"把住门"，其他的交给年轻人去做。半个多世纪以来，这对"石狮子"从彭桓武变为周光召，如今又换成了吴岳良——他仍然带着学生扎在科研第一线，"发挥年轻人的创造性，这是我特别希望做到的事情"。（文/刘舒扬 朱东君）

"歼-8"总师顾诵芬,九旬"上班族"

顾诵芬，1930 年出生，江苏苏州人，1951 年毕业于上海交通大学航空工程系。飞机空气动力学家，中国科学院、中国工程院两院院士，先后担任歼 -8、歼 -8 Ⅱ 飞机总设计师。

他生于国学世家，却从小痴迷航模，是我国航空领域唯一的两院院士。

2018 年，88 岁的顾诵芬仍是一名"上班族"。

几乎每个工作日的早晨，他都会按时出现在中国航空工业集团科技委的办公楼里。从住处到办公区，不到 500 米的距离，他要花十来分钟才能走完。

自 1986 年起，顾诵芬就在这栋二层小楼里办公。他始终保持着几个"戒不掉"的习惯：早上进办公室前，一定要走到楼道尽头把廊灯关掉；用完电脑后，他要拿一张蓝色布罩盖上防尘；各种发言稿从不打印，而是亲手在稿纸上修改誊写；审阅资料和文件时，有想法随时用铅笔在空白处批注……

这是常年从事飞机设计工作养成的习惯，也透露出顾诵芬骨子里的认真与严谨。1956 年起，他先后参与、主持我国第一款自主设计的喷气式飞机歼教 -1、初教 -6、歼 -8 和歼 -8 Ⅱ 等机型的设计研发；1985 年，歼 -8 入选首届国家科技进步特等奖，顾诵芬在获奖名单上位列第一；1991 年，顾诵芬当选中国科学院院士，1994 当选中国工程院第一批院士，成为我国航空领域唯一的两院院士。

战机一代一代更迭，老一辈航空人的热情却丝毫未减。2016 年 6 月，首批大型运输机运 -20 交付部队；2017 年 5 月，大型客机 C919 首飞成功；2018 年 10 月，水陆两栖飞机 AG600 完成水上首飞，向正式投产迈出重要一步。这些国产大飞机能够从构想变为现实，同样和顾诵芬分不开。

2018 年，《环球人物》记者在中国航空工业集团见到当时已 88 岁的顾诵芬院士，他头顶的白发有些稀疏，与人交流需要借助助听器。尽管岁月的痕迹深深显露，但一提到和飞机有关的问题，顾诵芬依然思维敏捷。他胸前的口袋里插着一支黑色水笔，仍是一副工程师模样。

相隔 5 米观察歼-8 飞行

顾诵芬办公室的书柜上，5 架飞机模型摆放得整齐划一。最右边的一架歼-8 Ⅱ 型战机，总设计师正是他。作为一款综合性能强劲、具备全天候作战能力的二代机，至今仍有部分歼-8 Ⅱ 在部队服役。而它的前身，是我国自主设计的第一款高空高速战机——歼-8。

20 世纪 60 年代初，我国的主力机型是从苏联引进生产的歼-7。当时用它来打美军 U-2 侦察机，受航程、爬升速度等性能所限，打了几次都没有成功。面对领空被侵犯的威胁，中国迫切需要一种"爬得快、留空时间长、看得远"的战机，歼-8 的设计构想由此提上日程。

1964 年，歼-8 设计方案落定，顾诵芬等人向贺龙元帅汇报新机情况，贺龙听完乐得胡子都翘了起来，说"就是要走中国自己的路，搞自己的东西"。贺老总不忘鼓励大家："飞机上天，党、军队和人民都会感激你们的。"

带着这份沉甸甸的委托，顾诵芬和同事投入到飞机的设计研发中。1969 年 7 月 5 日，歼-8 顺利完成首飞。但没过多久，问题就来了。在跨声速飞行试验中，歼-8 出现强烈的振动现象。用飞行员的话说，就好比一辆破公共汽车开到了不平坦的马路上，"人的身体实在受不了"。为了找出问题在哪里，顾诵芬想到一个办法——把毛线条粘在机身上，观察飞机在空中的气流扰动情况。

由于缺少高清的摄影设备，要看清楚毛线条只有一种办法，就是坐在另一架飞机上近距离观察，且两架飞机之间必须保持 5 米左右的间隔。顾诵芬决定亲自上天观察。作为没有经过特殊训练的非飞行人员，他在空中承受着常人难以忍受的过载，用望远镜仔细观察，终于发现问题出在后机身。飞机上天以后，这片区域的毛线条全部被气流撕掉。顾诵芬记录下后机身的流线谱，提出采用局部整流包皮修形的方法，并亲自做了修形设计，与技术人员一起改装。飞机再次试飞时，跨声速抖振的问题果然消失了。

直到问题解决后，顾诵芬也没有把上天的事情告诉妻子江泽菲，因为妻子的姐夫、同为飞机总设计师的黄志千就是在空难中离世的。那件事后，他们立下一个约定——不再乘坐飞机。并非不信任飞机的安全性，而是无法再承受失去亲人的痛苦。回想起这次冒险，顾诵芬仍记得试飞员鹿鸣东说过的一句话，"我们这样的人，生死的问题早已解决了"。

1979 年底，歼 -8 正式定型。庆功宴上，喝酒都用的是大碗。从不沾酒的顾诵芬也拿起碗痛饮，这是他在飞机设计生涯中唯一一次喝得酩酊大醉。那一晚，顾诵芬喝吐了，但他笑得很开心。

伴一架航模"起飞"

顾诵芬从小就是个爱笑的人。如果留心观察，你会发现他在所有照片上都是一张笑脸。保存下来的黑白照片中，童年的一张最为有趣：他岔着双腿坐在地上，面前摆满了玩具模型，汽车、火车、坦克应有尽有，镜头前的顾诵芬笑得很开心。

在他 10 岁生日那天，教物理的叔叔送来一架航模作为礼物。顾诵芬高兴坏了，拿着到处飞。但这件航模制作比较简单，撞过几次就没办法正常飞行了。父亲看到儿子很喜欢，就带他去上海的外国航模店买了架质量更好的，"那是一架舱身型飞机，从柜台上放飞，可以在商店里绕一圈再回来"。玩得多了，新航模也有损坏，顾诵芬便尝试着自己修理。没钱买胶水，他找来电影胶片，用丙酮溶解后充当粘接剂；碰上结构受损，他用火柴棒代替轻木重新加固。"看到自己修好的航模飞起来，心情是特别舒畅的。"

酷爱航模的顾诵芬似乎与家庭环境有些违和。他出生在一个书香世家，父亲顾廷龙毕业于燕京大学研究院国文系，是著名的国学大师。不仅擅长书法，在古籍版本目录学和现代中国图书馆事业上也有不小的贡献。顾诵芬的母亲潘承圭出身于苏州的名门望族，是当时为数不多的知识女性。顾诵芬出生后，家人特意从西晋诗人陆机的名句"咏世德之骏烈，诵先人之清芬"中取了"诵芬"二字为他起名。虽说家庭重文，但父亲并未干涉儿子对理工科的喜爱，顾诵芬的动手能力也在玩耍中得到锻炼。《顾廷龙年谱》中记录着这样一个故事：一日大雨过后，路上积水成河，顾诵芬"以乌贼骨制为小艇放玩，邻人皆叹赏"。

当时中国正值战乱，叶景葵、张元济两位爱国实业家为将流散的典籍集中保存，决定成立私立合众图书馆，力邀原居北平的顾廷龙来上海主持馆务。年仅9岁的顾诵芬就这样跟着父亲来到上海。父辈为民族事业忘我地工作，顾诵芬亦耳濡目染。当时书库上下两层有近百扇窗户，每遇雷雨大风天，顾诵芬就跑来图书馆帮忙关窗。空闲时间，父亲还教他如何为图书编索引。到了晚上，他们就住在图书馆一楼东侧，可以说，顾诵芬就是在图书馆里长大的。

"为了搞航空把我母亲给牺牲了"

七七事变爆发时，顾廷龙正在燕京大学任职。1937年7月28日，日军轰炸中国二十九军营地，年幼的顾诵芬目睹轰炸机从头顶飞过，"连投下的炸弹都看得一清二楚，玻璃窗被冲击波震得粉碎"。从那天起，他立志要保卫中国的蓝天，将来不再受外国侵略。

考大学时，顾诵芬参加了浙江大学、清华大学和上海交通大学的入学考试，报考的专业全都是航空系，结果3所学校全部录取。因母亲舍不得他远离，顾诵芬最终选择留在上海。

1949年初，胡适在赴美之前特意到合众图书馆里认真看了几天书。胡适与顾廷龙全家吃午饭时，曾询问顾诵芬在大学学的是什么专业，顾诵芬答"航空工程"，胡适听后表示："这是实科，不像现在报上写文章的那些专家都是空头的。"

1951 年 8 月，顾诵芬大学毕业。上级组织决定，这一年的航空系毕业生要全部分配到中央新组建的航空工业系统。接到这条通知时，顾诵芬的父母和上海交通大学航空系主任曹鹤荪都舍不得放他走。但最终，顾诵芬还是踏上了北上的火车。到达北京后，他被分配到位于沈阳的航空工业局。

真正工作了，顾诵芬才意识到校园与社会的差距，很多理论、技术他在学校压根儿没学过，只能自己摸索。他开始四处搜集与飞机设计有关的书籍资料，连晚上洗脚也抱着书看。没过多久，航空工业局由沈阳迁往北京。一回到首都，顾诵芬最大的乐事就是在周末和节假日逛书店。天一亮，他就在兜里揣上 5 元钱，跑去王府井南口的外文书店或八面槽的影印书店。看到航空技术相关的书，他就买回去仔细研究。有段时间因项目需要，他还曾去北京航空航天大学的图书馆查资料。白天学生太多，他只能晚上去。那时候没有路灯，顾诵芬向同事借来自行车，摸黑骑了一周后总算把问题搞懂。还车的时候他才发现，自行车的前叉已经裂开，没出事故真是万幸。

一心扑在工作上，顾诵芬没能顾得上家庭。他离开上海后，母亲就陷入"夜不能寐，日间一闲即哭泣"的状态。自 1939 年长子顾诵诗因病早亡，潘承圭就把全部希望寄托在小儿子顾诵芬身上。爱子工作在外而不得见，终致她思念成疾患上抑郁症，于 1967 年不幸离世。这成了顾诵芬一生无法弥补的痛，提到母亲，顾诵芬忍不住叹息："为了搞航空把我母亲给牺牲了……"

"告诉设计人员，要他们做无名英雄"

新中国成立后，苏联专家曾指导中国人制造飞机，但同时，他们的原则也很明确：不教中国人设计飞机。中国虽有飞机工厂，实质上只是苏联原厂的复制厂，无权在设计上进行任何改动，更不必说设计一款新机型。

每次向苏联提订货需求时，顾诵芬都会要求对方提供设计飞机要用到的《设计员指南》《强度规范》等资料。苏联方面从不回应，但顾诵芬坚持索要。那时候的他已经意识到，"仿制而不自行设计，就等于命根子在人家手里，我们没有任何主动权"。

顾诵芬的想法与上层的决策部署不谋而合。1956 年 8 月，航空工业局下发《关于成立飞机、发动机设计室的命令》。这一年国庆节后，26 岁的顾诵芬从北京调回沈阳。新成立的飞机设计室接到的第一项任务，是设计一架喷气式教练机歼教 -1。顾诵芬被安排在气动组担任组长，还没上手，他就倍感压力。上学时学的是螺旋桨飞机，他对喷气式飞机的设计没有任何概念。除此之外，设计要求平直机翼飞到 0.8 马赫，这在当时也是一个难题。设计室没有条件请专家来指导，顾诵芬只能不断自学，慢慢摸索。

本专业的难题还没解决，新的难题又找上门来。做试验需要用到一种鼓风机，当时市场上买不到，组织上便安排顾诵芬设计一台。顾诵芬从没接触过，但也只能硬着头皮上。通过参考外国资料书，他硬是完成了这项任务。在一次试验中，设计室需要一排很细的管子用作梳状测压探头，这样的设备国内没有生产，只能自己设计。怎么办呢？顾诵芬与年轻同事想出一个法子：用针头改造。于是连续几天晚上，他都和同事跑到医院去捡废针头，拿回设计室将针头焊上铜管，再用白铁皮包起来，就这样做成了符合要求的梳状排管。

1958 年 7 月 26 日，歼教 -1 在沈阳飞机厂机场首飞成功。时任军事科学院院长叶剑英元帅为首飞仪式剪彩。考虑到当时的国际环境，首飞成功的消息没有公开，只发了一条内部消息。周恩来总理知道后托人带话，"告诉这架飞机的设计人员，要他们做无名英雄"。

不愿被称作"歼 -8 之父"

在同事黄德森眼中，年轻时的顾诵芬"举止斯文、作风谦和，虽说是极少数的八级工程师，但毫无架子"。当时年龄小的新同事也都叫顾诵芬"小顾"，可见他与大家关系之亲密。

而在生活方面，顾诵芬却是出了名的"不讲究"。任沈阳飞机设计研究所所长期间，有职工向他反映食堂饭菜做得不好，顾诵芬特意做了调研，看完回了一句"还不错嘛！"对方很是无奈："你自己吃得简单，看到食堂有热的饭菜，当然觉得很满意了。"在吃饭这件事上，顾诵芬的确只是为了填饱肚子，他甚至不建议技术人员买菜做饭，"像我一样买点罐头、吃点面包多省事，有时间应该多学点东西"，为此他还受到不少职工的批评。后来人们才意识到，"苛刻"的背后是着急，看到国家航空工业落后于欧美，顾诵芬实在不愿浪费时间和精力。不光是自己，对于家庭他同样"不讲究"。

1983 年，距离第一台国产彩电诞生已经过去 13 年，顾诵芬家里依旧是台 9 英寸的黑白电视机。这种朴素一直延续到今天。从新闻照片中可以看到，他家客厅里摆的是一套枣红色的老式橱柜，沙发上罩了一个白布缝的罩子，家庭装饰仍保持着 20 世纪的风格……

纯粹、淡泊，是顾诵芬进入航空工业系统后一直保持的两种品格。对于物质生活，他几乎提不起欲望，对于名利也长期保持冷淡。一直以来，顾诵芬不愿别人称他为"歼-8 之父"，原因之一是觉得自己并非一开始就担任总设计师。谈及歼-8 的设计定型，他总要提到前任总设计师。原因之二是他从未把总设计师看作是最重要的人，"这是一个团队的劳动成果，从设计师到试飞员，以及厂里的技术人员和工人师傅，每一个人都为飞机献过力"。

几十年过去，曾经的"小顾"已经成为中国航空工业的一代大师。2011 年，为了纪念顾诵芬工作满 60 周年，中航工业集团特意为他颁发了终身成就奖，奖品是一块定制的金镶玉奖牌。几年后，有关部门需要对奖牌和证书拍照留存。工作人员找上门来，顾诵芬却说"不记得放哪儿了"。对于荣誉，他从不放在心上。

退而不休，力推国产大飞机建设

在中国的商用飞机市场，波音、空客等飞机制造商占据极大份额，国产大型飞机却迟迟未发展起来。看到这种情况，顾诵芬也一直在思考。但当时各方专家为一个问题争执不下：国产大飞机应该先造军机还是民机？

2001年，71岁的顾诵芬亲自上阵，带领课题组走访空军，又赴上海、西安等地调研。在实地考察后，他认为军用运输机有70%的技术可以和民航客机通用，建议统筹协调两种机型的研制。各部门论证时，顾诵芬受到一些人的批评，"我们讨论的是大型客机，你怎么又提到大型运输机呢？"甚至有人不愿意顾诵芬参加会议，理由是他有观点。顾诵芬没有放弃，一次次讨论甚至是争论后，他的观点占了上风。2007年2月，国务院常务会议批准了大型飞机项目，决策中吸收了顾诵芬所提建议的核心内容。

2012年底，顾诵芬参加了运-20的试飞评审，那时他已经显现出直肠癌的症状，回来后就确诊接受了手术。考虑到身体情况，首飞仪式他没能参加。但行业内的人都清楚，飞机能够上天，顾诵芬功不可没。

尽管不再参与新机型的研制，顾诵芬仍关注着航空领域，每天总要上网看看最新的航空动态。有学生请教问题，他随口就能举出国内外相近的案例。提到哪篇新发表的期刊文章，他连页码也能记得八九不离十。一些重要的外文资料,他甚至会翻译好提供给学生阅读。除了给年轻人一些指导，顾诵芬还在编写一套涉及航空装备未来发展方向的丛书。全书共计100多万字，各企业院所近200人参与。每稿完毕，作为主编的顾诵芬必亲自审阅修改。

已是鲐背之年的顾诵芬仍保持着严谨细致的作风。记者与工作人员交谈的间隙，他特意从二楼走下，递来一本往期的杂志。在一篇报道隐形战机设计师李天的文章中，他用铅笔在空白处批注得密密麻麻，"这些重点你们不能落下……"（文／祖一飞）

钱七虎：家国天下事，社稷一戎衣

钱七虎，"耄耋之年自有狂，固北疆，战南洋"

钱七虎为自己设想了一个可能的"结局"，"像华罗庚一样，他在讲台上做报告的时候倒下，我希望也如此，那对我而言会是很幸福的事"。

这是 2022 年岁末，85 岁的钱七虎刚从一场发烧中恢复，立即重启工作，并在书房里接待了《环球人物》记者。将近 1/3 的地面上堆满了书稿和资料，还有两个木质书柜各填满一面墙。书柜外沿有一摞纸，最上面是某次学术报告的封面，空白处有他的圆珠笔字迹：聪明在于学习，天才在于积累。"记不得是哪一天写的了。"

这行字看似平常，仔细想想，却是钱七虎一生斗争精神的生动体现。每个人都有终其一生寻找并试图完成的命题，钱七虎也是如此。从少年到暮年，他人生鲜明的主题是：一次次冲破国际上的科技封锁，把关键核心技术掌握在自己手中。而他自己的表达很平实，"我完成了一些任务，感到很高兴"。

"革命到老"

2022 年夏天，"八一勋章"颁授仪式后不久，钱七虎在沈阳出席了一场深地工程领域的论证会。一天前，他还在南京为军事训练营的参训学生做了一场题为"立志成才 报效祖国"的讲座，结束后由南至北赶到沈阳，以专家组组长的身份给出意见建议。

相识多年的东北大学校长、中国工程院院士冯夏庭劝他：你不要做得太辛苦，行程不要那么紧张。钱七虎琢磨了一会儿："这些事都挺重大的，人家请我，我也有一些想法，那就得去。"下午，他又匆匆忙忙从沈阳走了。

《环球人物》记者第一次见到钱七虎，就是他从沈阳回到北京的第二天。距离约定时间还有十几分钟，他步履矫健地走进社区活动室，目光炯炯，记忆力惊人，哪年做了什么项目、出版了什么著作，几乎不需要回忆，只管流畅地说出来。

到冬日再相见时，钱七虎又在忙于第三版《中国大百科全书》土木工程卷纸质版的编纂工作，写字台上厚厚一沓稿子。"这都是大百科，网络版刚编纂完成，纸质版要压缩条目，怎么个压缩法，月底要开会讨论。"2022年是他担任《中国大百科全书》土木工程卷主编的第七年，由于是第一次进行工具书的编纂，他把第一版《中国大百科全书》土木工程卷放在手边当参考书，了解条目内容和写法。编辑张志芳数过，她已经收到过64份钱七虎的审读意见，均为手写，仅她自己给钱七虎打印过的文稿，就有一米高。"钱院士从来没有因为这不是个人著作，就放松编纂工作。"

追踪并了解地下工程领域的技术突破，更是他的主要工作。他高高兴兴地告诉我们，中国科学院金属研究所传来好消息，一款直径8米的主轴承已经研制成功。

主轴承是盾构机——一种隧道掘进专用器械的"主心骨"。中国机动车总量已经位居世界第一，为满足交通需求，隧道变宽是必然趋势。盾构机直径16米，这是什么概念？"一层楼3米多高，也就是4层楼高这么大的盾构在转呢，所以它的主轴承也要做大。现在我们突破了，是个大成果。"这个"大成果"意味着，大型盾构机全国产化和关键技术自主可控的"最后一公里"顺利打通。

所以钱七虎欣然答应研制单位的会议邀请，"它的意义、影响，我也很想讲讲。这是我盼望已久干成的事，现在干成了"。他的语气轻快起来："这一类的事还是不少的，我愿意干、想干、能干，人家也喜欢我去，所以我忙得很愉快。"

当然，钱七虎最关注的还是军队的事——防护工程，他的老本行，他自始至终的工作核心。退休命令早就下了，可枕戈待旦的紧迫感一点儿没少。"美国要遏制我们，要全方位封锁我们，不让我们崛起，经济、科技、教育都是这样的。好多专业，它不让我们去学；好多学校，它认为你有国防的背景，留学生它不接收。在南海挑衅我们，军事上围堵我们，这就是毛主席讲的，帝国主义亡我之心不死啊！"他皱着眉头，语气坚定："所以我们要有准备，包括工程上的。美国的弹一直在发展呢，我们防护工程也要发展，这就是需要我去忙的。"

但钱七虎也懂得"科学地服老"。80岁之后，他不再坚持每天满负荷工作的习惯，改成工作半天、学习半天，晚上休息。游泳几乎是他唯一的爱好，但2020年一次突发的脑梗破坏了他的平衡感，"到水里好像不会呼吸了"，锻炼方式变成了更温和的散步、做操。他遗憾当初没有早点就医，那样后遗症会少一些，"至少不会游不了泳"。

生活中唯一可以称之为"难"的，是照顾患病的妻子。妻子袁晖早期阿尔茨海默病的病情有点加重，变得寡言，吃饭需要人喂，用来延缓记忆力衰退的手指操也做不了了。采访间隙，钱七虎走到客厅，嘱咐保姆，几点几分给妻子吃药。

"钱院士本来就心细，吃药这个事情他一点都不马虎。"钱七虎的学生郭志昆记得，有一次出差走得急，老师没有跟保姆当面交代吃药的事情，马上打电话回家，"保姆手忙脚乱，钱院士急得对着电话直喊"。

袁晖退休前供职于国家机关，工作也很忙碌。她总问丈夫，老钱你今天做什么了？开什么会了？"我说都忘了，但她老记呀记呀的。"袁晖记了几大本"工作日志"：几月几日老钱在什么地方开会，从哪天到哪天，干什么事，做什么报告。件件详细、清楚。

记性这么好的人，"现在记不了了"。钱七虎的声音黯淡下去。袁晖还认得他，由他喂饭时能多吃一些。"我现在感到最大的幸福是家人平安，我的爱人吃得多了，我心里感到很舒服、愉快，她吃不下去，我很难受，不幸福。"

照护妻子告一段落时，他就钻进书房。"克服自己的情绪，集中精力，工作还是要干完的。活到老，学到老，革命到老。"他说。

"这是童年时期最大的痛苦"

1937 年 10 月 26 日，钱七虎出生在一条乌篷船上。此前两个多月，淞沪会战爆发，日军逼近江苏昆山，在镇上任公职的父亲不愿给日本人做事，全家登上这艘小船，前去投奔在上海的姑妈。

啼哭的婴儿大概是逃难队伍中最不受欢迎的成员。钱父担心引来日军，嘱咐妻子捂住孩子的口鼻，情况危急时甚至可以"捂死他"。她没有这样做，钱家的第七个孩子，活下来了。

这一年 11 月 15 日，日军占领昆山，随后派了一个中队驻扎在杨湘泾（今昆山市淀山湖镇中心区域）东城隍庙。这里距离周庄不远，水网密布，是典型的江南水乡。日军驻地位于当地一条有名的老街，四周筑有围墙，内有几间平房和一根挂着太阳旗的旗杆。

钱父在上海一家米店做了几年管账先生，结核病病重后，他携妻小回到家乡，也住这条老街上。点心铺、豆腐店、肉庄、茶馆……从东至西，一家紧挨一家，大都是前店后坊、店家合一的小本经营。

钱七虎 7 岁时，父亲病逝，母亲在老街开起了渔行养家糊口。宅子北面临街，道路狭窄，与对面房屋形成"一线天"景观；南侧枕河，搭有一米宽的木台，河对面吊几个大竹篓，一半没入水中，内有鲜鱼，需要时过桥来抓，摆在门前摊位售卖。

钱七虎在镇上唯一的小学读书，日军的统治是一片浓厚的阴云。他亲眼看到日军拖回来一名被打死的抗日游击队员，将遗体丢在学校操场；他也亲眼看到被日军强迫当慰安妇的受害者们，"都是很恨的事情"。

"恨，但是自己感到没有本领，报国无门，斗争无门，无奈，这是童年时期最大的痛苦。"钱七虎告诉《环球人物》记者，那个时候，他懵懵懂懂地感知到，国家不够强大，百姓就没有自由和安宁的生活。

终于，新中国成立了，但朝鲜战争又很快爆发，中央军委和政务院联合决定，招收青年学生及青年工人参加各种军事干部学校，学习先进的军事科学。1951年，不到14岁的钱七虎报名了，由于红绿色弱，年龄又小，没能如愿。"为什么这么小就想参军？就是童年的影响，新中国成立了，扬眉吐气了，想去抗美援朝战场做斗争啊！"

这一年秋天，在政府助学金的支持下，钱七虎考入上海中学（以下简称上中）。学校在黄浦江边，占地约500亩，实行寄宿制。不少老师都是留学归国、投身新中国建设的，教学水平很高。直到今天，钱七虎还记得，教立体几何的余元庆老师讲，三点决定一个平面，什么叫决定？可以且仅可以做一个平面，叫作决定，"讲得十分形象，我们都记得很清楚"。生物老师褚祈讲进化论，问大家为什么长颈鹿的脖子很长？为什么猴子变成人没有尾巴？"数理化本来是很枯燥的科学内容，但是我们听上中老师的课，感到享受，很有趣、很生动。"不是一位或几位老师，而是一个优秀的归国知识分子群体，"使得我们这批新中国的少年在科学道路上走出了第一步，打好了扎实的基础"。

1953年，中国第一个五年计划开始实行，苏联援助的156个工业项目要建设起来。在一次主题团日活动上，同学们讨论要如何树立伟大理想、如何为建设祖国奉献自己的一生，想为祖国造飞机、造大水电站、炼钢铁，"所有人都热血沸腾"。

那真是一段激情燃烧的岁月。1954年高中毕业，大家都抱着报国的理想去考大学，"拼命往外考，不愿意在上海那一个地方待着"。这一年，钱七虎来到了哈军工。

"交给我的任务没有说干不了的"

哈军工的全称是中国人民解放军军事工程学院，位于哈尔滨，刚成立一年，院长为陈赓。它的直接目标是培养军事工程师，为新中国国防技术现代化服务。毛泽东主席在为哈军工写的《训词》中说：今天我们迫切需要的，就是要有大批能够掌握和驾驭技术的人，并使我们的技术能够得到不断的改善和进步。

原本钱七虎是被派去留苏的，毕业前夕，上中的团委书记找到他：指定你去报考哈军工。他高高兴兴去了，成为哈军工第三期学员。毛主席那句训词，钱七虎至今还背得出来。"我们第一课就是革命人生观，讲人活着为了什么。陈赓院长每次来，都给学员们作报告，讲碰到困难，就想想长征两万五；个人有什么意志上难以克服的事，就想想前辈牺牲的历史。他就这么教育我们不怕困难。哈军工对我性格、信念的养成，影响是很大的。"

钱七虎挨过几次批评。一次是因为丢了教室门的钥匙，一次是因为不吃肥肉。吃饭时学员把肥肉挑出来放在桌上，队长看到了，把它们收起来，开大会批评，说老百姓饭都吃不饱，你们肉都扔掉了！"虽然不是批评我一个人，但是有我，心里很愧疚。"这构成了日后他性格的某些方面。

头一年预科，年末考试，根据成绩报志愿，再读5年本科。空军海军有"大盖帽"、装甲兵穿皮靴，都是英姿飒爽的专业。但作为班长，钱七虎带头填报了相对冷门的工兵工程系，学习防护工程。"上甘岭战役中发挥重要作用的坑道工事就是防护工程的一种，削弱了敌人火力的杀伤效果，保护了志愿军战士的生命，通过持久作战消耗敌人。高年级学生从朝鲜参观回来，绘声绘色地给我们讲。原来我们的胜利是这么来的，这就知道什么是防护工程。"

学习的紧迫感成了一种自发和自觉。6年里，钱七虎只回过一次家，从来没去看过松花江千里融冰的景色。这在哈军工是一种普遍现象。原炮兵工程系政治处主任苏广义星期天曾"押"着学生去松花江玩，还没到江边，人都跑光了，"他们说习题做不完，都半路跑回去赶紧做习题，我们看到这种情况，不批评他们，跑了就算了"。

可想学先进核心技术，是那么难。防护工程的教材全部由苏联教材翻译而来，偏偏缺失了最前沿、最急需的内容。"苏联1949年就有原子弹了，但是这部分内容的设计原理，书里是没有的。"这对钱七虎的触动太大了："美国全面封锁我们，苏联老大哥帮我们，但是人家还留一手的。"

1960 年，钱七虎以全优成绩毕业，第二年被派去苏联古比雪夫军事工程学院研究孔口防护。"防护工程中的人和设备都需要孔口提供空气，但核爆炸产生的冲击波也会通过孔口对人和设备造成伤害，所以孔口要防护好。"此时中苏关系已经破裂，苏联开展相关实验的研究所属于绝密，钱七虎进不去，只能被迫修改方向，改做结构防护研究。

从那时起，20 多岁的钱七虎就深刻明白："我们买专利，这是对一般科技而言的。核心的科技，特别是国防科技，包括防护工程，你是买不来、要不来、讨不来的，只能靠自己。所以我很理解国家提出的关键科技自立自强。"有一次他走到列宁墓附近，看到长长的游客队伍，立即走开了，临行前工程兵政治部副主任李大同的话就在耳边：现在送你们出去，国家为每个人要花多少美元、金条啊，我们好多农民还吃不饱饭呢！"所以我的时间花不起啊，只想抓紧一分一秒学知识，学懂、学通，时间非常紧张。"

1965 年回国后，钱七虎被分配到位于西安的工程兵工程学院担任教员，70 年代初受命开展某地下飞机洞库防护门的设计工作。

原来设计的防护门虽然能扛住核爆炸的冲击，却严重变形，无法开启。"我们国家是积极防御战略，不打第一枪，但要打第二枪。核爆炸时，防护门保护飞机不受损坏，核爆炸后防护门一开，飞机马上飞出去，实施二次反击。"所以这个问题必须尽快得到解决。

变形的原因是计算不精确，这与计算理论和工具不够先进直接相关。理论落后，"相当于套用了设计普通房屋的设计方法"，钱七虎一边推进工作，一边补习理论基础，学习国外先进的计算理论与方法。

设备也落后，当时能满足计算要求的大型晶体管计算机全国只有 3 台，都在别的单位。利用节假日和别人吃饭睡觉的空隙，钱七虎蹭其他单位的计算设备用。冬天夜长，上完机后天没亮，他就裹着衣服在旁边的穿孔室找把椅子"歪"一下，5 点钟乘头班车回去。两年后，他带领团队设计出当时国内跨度最大、抗力最高的飞机洞库防护门。

20 世纪 80 年代，世界军事强国开始研制新型钻地弹、钻地核弹。这些新型武器的钻地深度可达数十米，爆破威力巨大，钱七虎提出建设超高抗力深地下防护工程，研发出相应的材料与结构，为中国防护工程装上了"金钟罩"。

"去追赶这些科技差距，实现从零到一的突破，不会畏难吗？"《环球人物》记者问。

钱七虎的回答很干脆："当时是任务压着你的，没有退缩胆怯的余地，只能坚决完成。这是军队的教育养成的，党交给我的任务没有说干不了的，给我任务，我就要尽量完成。"

"再为国家作一点贡献"

20世纪90年代，钱七虎提出了新的课题，开发利用地下空间。面对城市地面建筑空间拥挤、交通阻塞、环境污染等"城市病"，他认为，城市的出路就是向地下要空间。

那时国外的实践已经开启，他是国内第一批倡导此事的科学家。"沿着他的思路，我们在这个领域越做越丰满、越做越扎实。"郭志昆回忆道。

钱七虎从自己敬仰的偶像钱学森身上领悟到一名科学家应该有的样子：延展研究视角，覆盖更多领域。钱学森是导弹专家，但也关注城市建设，提出生态、宜居，兼具美学价值的"山水城市"；还对虚拟现实技术（VR）很感兴趣，译作"灵境"，"中国味特浓"；曾建议中国汽车工业跳过用汽油柴油阶段，直接进入新能源阶段，在那篇著名的手稿中，他写道："中国有能力跳过一个台阶，直接进入汽车的新时代！"

一名科学家的研究志趣，往往来自他对国家、人民由衷的责任感与爱。1992年，钱七虎接下了珠海炮台山爆破的任务。这是一场举世瞩目的爆破，爆破总方量超1000万立方米，要求一次性爆破成功，并确保山外600米和1000米处两个村庄的安全。难度大是公认的，可要扩建珠海机场，非做不可。

当时钱七虎任院长的工程兵工程学院在南京，接下任务后，他六赴珠海。1992年12月28日下午1时50分，指挥长一声"起爆！"1.2万吨炸药在 38 秒内分成 33 批精确起爆，爆炸当量相当于二战时美国投放日本广岛原子弹的 60%。目击者回忆，"炮台山骤如火山爆发，一条巨龙腾空，土、石块倾泻而下，激起一阵阵巨浪。大地震颤刚刚平静，冲天烟尘尚未散去，围观的上万名群众爆出雷鸣般的欢呼声。"它至今被称为"亚洲第一爆"。

2003 年，南京长江隧道项目获批通过，是当时中国隧道中地质条件最复杂、技术难题最多、施工风险最大的工程，需要穿越 13 种软硬分布不均的土层，复杂程度世界罕见。起初，设计单位提出用"沉管法"施工，这是一种浅埋法，钱七虎不同意："三峡水电站已经在建了，建成后长江水的含沙率会少很多，冲大于淤，河床降低，管道一旦暴露，就存在安全风险。"他力主使用深埋盾构法，更适合长江南京段的地质环境。

当时的盾构机还没有实现国产化，是专门委托德国一家公司订做的，总价值超过 7 亿元人民币。隧道挖到半途，机器突然卡住，"南京长江隧道工程'烂尾'"的声音甚嚣尘上。钱七虎很有信心："不要着急，等我回去开新闻发布会，放心，不可能就此停工。"他从另一个工程现场赶回南京，发现故障是由于盾构机刀具磨损。德国技术专家坚信产品的耐用性，不予承认。在钱七虎的坚持下，国内企业对刀具进行了改良，盾构机可以一口气挖掘 400 米，耐用率提高了 8 倍，关键设备国产化由此向前迈出一大步。

深（圳）中（山）通道海底隧道当初论证时，钱七虎提出的隧道管节方案遭到不少人反对，理由是虽然国际上有过尝试，但国内没有先例，不能贸然做第一个吃螃蟹的人，唯独钱七虎坚持。"最后找了这个领域的许多院士一起讨论，定下来的还是我那个方案。所以他们对我很尊重，现在一直要我去看看。"

实现这些核心技术的突破，有什么诀窍吗？没有。钱七虎引用鲁迅的一句话，"我不过是把别人喝咖啡的时间都用来工作"。多年的爱好如打桥牌、下围棋，"现在都不可能，因为浪费时间太多"。他很少和家人闲聊，更不会出去旅游，亲家曾劝他来趟邮轮行，他拒绝，"不可能"。

听朋友说微信传输文件比邮箱方便，他注册了账号，一段时间后觉得"乱七八糟的消息太多，要么是问候，要么是聊天，净是些占用时间的"，便任凭消息提醒变成了"99+"。"我的时间很宝贵的，哪里有空看这些？所以我跟他们说，有要紧的事还是直接发短信。短信是要钱的，他们不会乱发。"这是他过滤信息的小技巧。

他也知道年轻人的焦虑，什么"内卷"啊"躺平"啊，他笑道："我不会躺平，也不内卷，内耗最不好了。"他认真地讲，百年未有之大变局啊，中国需要抓紧时间办好自己的事情，现在我们军队要建设世界一流军队，我们国家要建设科技强国、现代化强国，没有时间自己内卷，要脚踏实地解决问题、战胜困难。

他希望年轻人立大志，把个人理想和国家、民族的需要结合起来。这听起来有些宏大，落到现实中，就是具体的人生选择。他姐姐的外孙女曾立志成为科学家，"很有抱负的，结果大学一毕业，又想搞金融了"。钱七虎就觉得很遗憾："搞金融哪有当科学家好。"

现在，钱七虎的生活目标是，加强锻炼，保持良好的体魄，避免脑梗复发，"第一步是活到90岁，后面再看情况，争取多活几年，再为国家作一点贡献"。

（文／刘舒扬　冯群星）

"三尺讲台八千日，传师道，育儒将"

刘一鸣牢牢记得自己人生中那个"决定性的时刻"。一个寻常工作日的上午，他和同学两个人在实验室忙活，过道两侧摆着一些大型仪器设备，钱七虎院士走了进来，"亲切又好奇地问我，这是在做什么试验？"

那是 2019 年 10 月前后，刘一鸣临近硕士毕业，他所在的中国人民解放军陆军工程大学（以下简称陆工大）防护工程团队是眼前这位老人一手带起来的。刘一鸣向老院长介绍，自己是山东青岛人，搞的是重要经济目标防护。钱七虎叮嘱他，你这个研究课题很重要啊，得再争取读个博士，把相关的科学问题研究清楚。

"我很幸运，在关键节点听到了非常重要的建议。"刘一鸣原本考虑硕士毕业后可能去基层，"带一支响当当的连队，多好"。钱七虎的话让他重新做了决定，"既然开始做了，我还是要把这个问题搞透彻"。第二年 3 月，他成为钱七虎的博士生，研究如何做一名"守门员"，末端"补漏"，实现理念更新、成功概率更高、经济性更好的拦截防护。

在得知《环球人物》推选自己为年度人物时，钱七虎的第一反应是：请不要选我，这样的机会要留给年轻人。而在防护工程、岩石力学与工程等领域，在许多像刘一鸣这样的年轻人心中，在更多与钱七虎素昧平生的寒门学子心中，钱院士获得的所有荣誉都当之无愧，因为他像火种一般，是深具启蒙性且温暖明亮的存在。

我们记录下了一代代年轻人和钱七虎的故事。

"急"与"慢"

1985 年 8 月底，新生入学第三天，赵跃堂正在操场军训。他是山西人，初来乍到，南京的酷暑让他有些受不了。一个人远远地走过来，穿着橄榄绿短袖军装，头发花白，步伐很快。带队的干部向他汇报，队伍有多少人，正在训练什么课目。

赵跃堂知道，来人是两年前就任位于南京的工程兵工程学院（今陆工大组建基础之一）院长的钱七虎，是军队高级干部。他突然有些紧张，"刚从高中过来，知道的东西非常少，平时也很少见到这种级别的领导"。操场很大，"院长的声音不是特别高亢、特别严厉那种，反而像个学者一样"。这是他对钱七虎的第一印象。

赵跃堂读的是人防工程系防护工程专业。后来，他在学校礼堂听了院长好几次报告，介绍工程、军事领域的发展动态，一个最直观的感受是，"这人学问很深"。求学的时间长了，他逐渐了解到，学校电磁防护、道路桥梁、工程机械等方面的学科建设，院长做了大量工作，"相当于工程兵所要求的东西，都比较完整了，包括硕士点、博士点的申请，都是在他手里做起来的"。

院长的家离办公室三四百米，平时他步行上下班。头些年，碰到儿子、女儿从北京过来，他有时会骑着一辆"二八大杠"，前后一头载一个，行驶在校园里。

院长起得很早。本科生每周一到周六早上出操，6:00 起床号响，6:15 左右 200 多号人跑步至操场，不一会儿钱七虎走过来，听取当值领队汇报。

院长睡得也晚。学生每晚在活动室看《新闻联播》，之后晚自习到夜里9 点。研究生人少，可以在宿舍，两人一间。本科生被统一带到教室，做作业、复习、预习。赵跃堂记得，钱七虎"总是不声不响地就来了"。

军人的纪律性与科学家的学养在他身上并行不悖，也给他管理的这所学校带去相似的痕迹。学校规定，本科生出完操，有半个小时用来背英语。赵跃堂很能理解这样的安排——他记得自己那届防护工程专业的学生参加大学英语四级考试，42 个人仅过线 4 个。"军人素质他很注重，文化素质也没丢，两方面都抓得很紧。"

入学 7 年后，1992 年，赵跃堂成了院长的博士生。

师兄郭志昆比他早一年，是防护工程专业的第一届博士，同期还有两位。因为是第一届，钱七虎很重视，筹划了整个课程体系，包括俄语、英语、数学和专业课，还特别提出，有些课他本人来上。

钱七虎开设的课叫"岩土爆炸动力学"，教材是他从苏联带回来的，作者是莫斯科大学的一名数学教授。因为是俄文写作，这本书并没有被国内学界知晓，学校组织会俄语的老师把它翻译成中文。最开始翻译的是1959年版，后来又陆续更新了1964年版、1974年版、1982年版。赵跃堂用的是1974年版。现在他做了教授，给研究生上课，用的也是这个系列的最新版。"到目前为止，搞岩土爆炸动力学，苏联的研究成果好多依然是奠基性的，研究得很系统，试验做得到位，理论也很精深。钱院士很有心地把这些东西带回来，后面我们再把一些新发展的东西补充进去，与时俱进。"赵跃堂说。

这门课的内容，钱七虎非常熟悉，问题和要点梳理得很清楚，"几乎没有一句多余的话"，讲完师生讨论，课后学生看书、完成其他任务——这个时候，压力就来了。"院长要求高，你要想办法达到他的要求。"郭志昆记得，自己写完博士论文后请钱七虎看，他不太满意，按照他的标准，这项研究中有一个问题没有得到完全的解决。另一名老师忍不住"仗义执言"：院长，小郭这篇论文的分量其实可以写成两篇博士论文的。钱七虎才同意郭志昆参加答辩。论文送外审后，包括时任清华大学教授、后来的中国工程院院士陈肇元等一批土木工程专家认为，这篇文章里面好几点都是国际领先水平。意见返回来，钱七虎很高兴。

赵跃堂的博士论文是关于饱和土的，这是一种土体内孔隙基本被水充满的土。那时国内对这种介质的认识不够，设计规范有偏差，反映到具体的国防工程和人防工程上，就是问题很多，甚至存在重大安全隐患。钱七虎指导赵跃堂结合苏联的科研成果，从理论和计算机仿真模拟方面进一步突破。

博士论文开题前至少有两次读书汇报，要提出自己研究的问题来，这又可以延伸为：问题合理不合理、准确不准确？文献阅读得够不够？钱七虎有个明确的要求：博士在读期间至少读 100 篇外文文献，硕士 50 篇。背后的逻辑是，"你做某个领域的研究工作，至少要涉猎到这个专业的方方面面，然后在这个行业里面要清楚谁最先进，学习它最好的部分。"

开题报告通过后，赵跃堂拿着上万字的手写文稿去复印——别忘了，那是一个个人电脑尚未普及的年代，然后给课题组各位教授送阅、汇报、修改，"整个过程是实实在在的，不是走过场"。

1996 年，赵跃堂把毕业论文的第七稿交给钱七虎。身为全国政协委员，钱七虎即将赴北京参会，论文也随他一同北上，留待休息时间翻阅。会议期间，师生两人的交流仍在继续，有什么问题，钱七虎打电话到学校区队（相当于各专业），接到通知后，赵跃堂再跑过来接电话。

有些修改令人头疼不已，特别是调程序，"是一件很痛苦的事情，它就是算不出来"。那时候没有商业软件，程序全靠自己编，一行一行输入代码，让计算机算出来。这事别人还帮不上忙，几千行的代码输进计算机，错一个字母甚至一个标点符号，整个程序就是错的，可如此不起眼的错漏，除了亲手输入它们的人，其他人极难发现。

赵跃堂"急死了"，这样的时刻，学术上一向是"急性子"的导师反而慢下来，告诉学生别着急，说他原来也调过程序，有些经验；还想起学校里有哪位老师做过这类工作，可以去请教。赵跃堂回忆，电话那头的钱七虎"出了好多点子。他很镇静，不会让你太着急，他知道太着急人就崩溃了"。两个月后，结果算出来了，论文"起死回生"。

钱七虎的人生也进入了一个新阶段。这年 10 月，59 岁的他调任中国人民解放军总参谋部科技委副主任、常委，一家人在北京相聚了。

"丢面子"和"亮灯指数"

调京后，钱七虎仍担任学校教授一职，平日里在南京或者附近出差，他会过来见见大家，问问近期的工作学习情况。李杰就是这样见到钱七虎的。

2004年，22岁的李杰考入陆工大，攻读硕士学位，导师正是被视作钱七虎得意弟子之一的王明洋。学校里流传着老院长和这位弟子的一个细节：王明洋在上海举行婚礼时，钱七虎曾专程从南京前去祝贺。

李杰回忆，当时这位"导师的导师"已年近七旬，却有着极为出色的预见能力和前瞻性。比如，他是国内最早注意到"分区破裂"的科学家之一。在岩石力学领域，深于地面以下600米至1000米可称之为"深部"，在这个深度范围内开挖洞室或巷道时，周围岩体变形和破坏有显著的非线性特征，并往往伴随着大面积塌方等重大工程灾害。"钱院士把国外关于分区破裂的一些研究引入国内，然后带着我们开始攻关，我们团队算是国内最早开始这方面研究的。"李杰说。

每隔一两个月，钱七虎和陆工大防护工程团队有一次面对面交流，有时候听到比较感兴趣的，或是觉得有问题的，他会当场指导。有一次李杰将刚写完的文章交给钱七虎审阅，几天后他从北京过来，拿出特意制作的PPT，一边讲一边在黑板上写写画画，把文章中的核心公式从头到尾推导了一遍，将原文中的错误一一点出，与之相关的要点讲得明明白白。"他时间很紧，能抽出时间这样指导我们，我们是很感动的。"

钱七虎在学校停留的时间不固定。郭志昆说，老师是办公室、食堂、住处，三点一线，办完事就走。"他一直很受大家尊重，大家一打听，老院长来了，都想请他吃饭，他总说：'哎呀，不要去吃饭了！'"有领导来找他，他很直接地回答，我这边跟学生还有一些要沟通的，没时间。李杰笑称："就这么把领导们'挡'在外面。"

钱七虎的时间一般精确到分钟。提前约好，到了几点几分，那个白发的挺拔身影总是准时出现，"从没迟到过"。他自己像一根时刻不肯放松的弦，也不希望学生们虚度光阴。"说下回什么时候检查，就肯定会准时问你。要是觉得你这段时间没做好这项工作，他会很生气。"李杰说。

老师和学生"享受"同等待遇。2000年初，时任某实验室主任的郭志昆有一项课题没有及时完成，拖了一阵，钱七虎批评了他：不要丢面子，要争气。

"丢谁的面子？"《环球人物》记者问。

"不是他的面子，是你自己事情没办出来，丢自己的面子。"郭志昆的语气像在解释一条公理："他在学科讨论会上也常说，我们的学科建设现在到了这种水平，要保持进步，要上台阶，不要丢面子。"

团队中的年轻成员刘一鸣说，自己读博的这些年，工作室的灯似乎从没关过。军校每晚点名，他10点回寝室，点完名再回来，工作室的灯基本是亮的。刚刚过去的上个学期，他每晚加班到凌晨一两点钟，离开时还是能看到三三两两的灯光。

这个关于灯的故事是从什么时候开始的？郭志昆读博士时，一位老师和他说，院长屋里的灯总是亮到很晚，有一天遇到院长，就问，怎么这么晚才走？院长说，明天要给博士生上课，备课呢。后来，王明洋、赵跃堂当了导师，也传承了这个"亮灯指数"——晚上忙到很晚，中间休息时下楼转转，看看哪个办公室灯没亮。"第一天可能不会说什么，过两天看你这个灯还没亮，准会给你打电话，因为你科研工作的质量一定是要靠时间来保证的。"李杰说。

"灯"也"传"到了别处。2009年，国际岩石力学学会（后更名为国际岩石力学与岩石工程学会）提前两年选举下一届主席。主席经投票选举产生，每个国家有一票，都有提名候选人的资格。钱七虎时任该学会中国国家小组组长，根据以往的情况，提名组长为候选人是常见操作。可钱七虎表示，他提名年轻学者冯夏庭参与竞选，并陈述了自己的理由。经投票表决，冯夏庭成为候选人，后又成功当选为该学会主席。

这意味着什么？自1962年成立以来，该学会主席长期来自欧美国家，仅在1995年由日本科学家当选过一次。"科技领域也有话语权的问题，对中国来讲，做主席，是个难得的机会。"冯夏庭说。直到今天，他仍是该学会历届主席中唯一一位中国专家。

几年后，钱七虎任主编的一本英文期刊申请"领军期刊"，他带着冯夏庭共同完成答辩，后来，用冯夏庭的话说，钱七虎把主编的位置让给了他，"有人把机会留给自己，钱院士把机会留给年轻人。我没跟他念过硕士、博士，但他给了我很多成长的机会。所以后来我也按照他的方式去帮助更年轻的人。"冯夏庭对《环球人物》记者说。

东北大学有一个采矿工程专业，这个专业每年的第一志愿报考率总是"勉勉强强过线"，"家长小孩都不愿意学，觉得很苦"。2016 年冯夏庭就任东北大学资源与土木工程学院院长后，提出"本科生进实验室"，"我引导他到实验室里去看看——你看看我们很多都是现代化的东西，跟其他学科都有交叉融合，包括人工智能、自动化，高大上的设备全有，非常漂亮。而且这些是自主研发的，很多就是研究生参与研发的——有孩子就说了，那我以后也能做"。如今采矿工程好几个班级的第一志愿报考率已经达到 100%，不必再为生源发愁。又一代年轻人被吸引到了钱七虎奉献一生的研究领域中。

"瑾晖"

可以想见，做了这么多工作，钱七虎该有多忙。就在这样密不透风的工作安排里，钱七虎还默默做着一件大家都不知道的事。

1998 年，一位老教师找到昆山淀山湖镇时任司法所所长张振泉，说自己有个在南京的表哥，也是淀山湖人，想资助老家上不起学的孩子，老张你经常调解邻里纠纷，熟悉各家情况，能不能帮帮忙？

张振泉也是穷人家的小孩，有一个弟弟和一个妹妹，家里一度穷得供不起他们念小学。读书之于一个人、一个家庭的脱贫意义，他很清楚，这样的好事何乐不为。他连忙问：表哥叫什么名字？

老教师说：钱七虎，按年龄和辈分，你要叫叔叔。

其实，在这之前，钱七虎的爱心助学就默默开始十几年了。他自己从报纸杂志上留意需要帮助的寒门学子，从自己的收入中拿出一部分，捐赠出去。

20 世纪末的昆山农村，经济条件远没有现在好。张振泉第一次和钱七虎联系，就直接说："叔叔，家庭困难的小孩不要太多哦！"钱七虎说好，你去找找看。

张振泉很快找到一个。那孩子家里一共 6 口人，先是外婆去田里种菜时被毒蛇咬到，很快身亡；几年后，罹患癌症的父亲病故；姐姐念高中，妹妹念小学，妈妈和外公供她们读书，很吃力。几个月后，孩子的外公开了条机动船去自家鱼塘，途中遭遇撞船事故，没救过来。经过张振泉的牵线，姐姐、妹妹的学费都解决了。

妹妹李珍珍刚 10 岁，有一天看到家里来了两位客人，一位是"高高大大的爷爷"，一位是"漂亮温柔的奶奶"。爷爷奶奶告诉她，你们家里遇到了一些困难，不要怕，我们来帮你们。李珍珍清楚地记得，老人不断地问她和姐姐在学习和生活上有没有困难，希望她们坚强面对，嘱咐她们好好学习，"自从爸爸走了、妈妈病了，生活好像一下进入寒冬，这是我第一次感觉暖洋洋的"。

两家人的关系源自助学，却早已超越助学。姐妹俩的母亲晕倒在车间，钱七虎和妻子袁晖知道后，马上打来电话，把她接去南京看病，告诉她：我们也是你的亲人，会和你一起带大两个孩子。每年清明节，钱七虎一定回到淀山湖，去父母墓前祭扫。李珍珍会和姐姐一起过来，和爷爷聊聊近况，还参加过钱家的家宴。钱七虎高兴地跟大家介绍：小时候这么一丁点，现在长大了，成大姑娘了，一个做律师，一个进企业，都可好了。

"叔叔就是这样子，他接手以后，不管这个孩子念的几年级，那就一直资助到大学，全部'打包'起来。只要考得上，哪怕读到研究生，他还可以继续供，全部是用自己的退休工资。"张振泉回忆，有几次，或许是想起了自己的童年，钱七虎对他说："振泉，人困难的时候，确实是需要有人帮的。"2003 年以后，张振泉的工资卡会定期收到钱七虎打来的款项，他取出来，一年分两次发给孩子们。钱七虎看到现场照片说，好，振泉，就这样。

有几次，钱七虎跟他表达歉意："振泉，麻烦你。"

"你出了钱，我帮你办，谁麻烦？没麻烦，说不到麻烦的事。"张振泉总这样"反驳"。

有一天，钱七虎和袁晖老夫妻两人，各自吃力地提着一个大包，走进张振泉的办公室。钱七虎把包往桌上一放："振泉，这些人家不要，我想小孩子肯定要的，你帮忙分一分吧。"张振泉打开一看，是铅笔、纸张、笔记本，哪里来的？"我去外面开会，会议结束后他们就扔了，多可惜。"他把这些收集起来，几次会议攒一攒，带回老家。

"每个包我估计起码 30 斤。"想到老两口带着它们，在飞机上拿上拿下，还要走这么多路，张振泉心里很不是滋味："要是肯定要的，但是叔叔你就麻烦了。"钱七虎开心地笑："麻烦也无所谓，小孩子喜欢，我就拿来。"

学生成才，其家庭也能跟着走出困境，这是钱七虎和袁晖的共识，所以他们不遗余力地帮了一个又一个。"那些年，我一共联系了八九个孩子，全部是读了大学的，他们的家庭也全部是脱贫的。"向《环球人物》记者说起这些时，张振泉的语气里带着骄傲的笃定："不是一个人脱贫，是整个家脱贫。我认为，叔叔的贡献是很大的。"

2013 年，张振泉也退休了。钱七虎从母亲和妻子的名字中各取一个字，成立了"瑾晖慈善基金"（以下简称"瑾晖"），由昆山市慈善总会托管。他获得的军队重大技术贡献奖、何梁何利基金"科学与技术成就奖"等科研奖项的奖金，都成为助学的资金来源。他每年提供两万元用于资助淀山湖镇的困难学生和 1 万元支付孤寡老人的护理费用。2019 年，他将 800 万元国家最高科学技术奖奖金如数捐入"瑾晖"，每年的增值部分主要用于资助新疆、贵州地区的家庭困难学生。他的关心和善意，如涟漪般荡漾开去。

钱七虎特别喜欢孩子。昆山市慈善总会秘书长钱瑛记得，在这笔奖金的捐赠仪式上，她站在舞台侧边负责催场，孩子们上台给钱七虎和袁晖献花时，他们慈爱地摸摸小朋友的头，"就像家里的老人对孩子一样，很亲切"。

2020 年，钱七虎向淀山湖镇捐赠 10 万元，用于激励乡镇优秀教育工作者，希望好老师安心在基层，农村的孩子也能享受和城里孩子一样优质的教育。2022 年 7 月，钱七虎和袁晖回昆山时，钱瑛汇报了"瑾晖"的运行情况，他很满意。接着他说，自己还关注两个群体，一个是白血病儿童——他希望孩子们身体健康，一个是事实上无人抚养的困境儿童——他更关心这些孩子是否有心理问题。他考虑再向"瑾晖"捐一笔钱，请昆山市慈善总会来办这两件事。

2007 年秋天，警校大三学生朱相虎在医院见到了正在体检的钱七虎。父亲去世后，他在钱爷爷的帮助下得以继续学业。那天，他们说着淀山湖方言，聊了两个多小时。钱七虎绝口不提自己的成就和贡献，而是说起童年的往事，回忆那个年代的不易与艰苦，谈到如今家乡的发展，鼓励朱相虎好好学习，照顾好母亲。道别时，他执意让朱相虎把送他的水果带回去，"回去给你母亲吃！"

后来，朱相虎成了人民警察，一名贵州孩子成了他第一个资助对象，很快有了第二个、第三个……孩子们叫他"小石头哥哥"，这是他的网名，寓意坚强。有个四年级的小女孩给他写信，说谢谢小石头哥哥，"我会认真写日记的"。2020 年，朱相虎在一次活动上又见到了钱七虎，钱七虎很高兴，留他一起吃晚饭，但得知当天是他女儿的生日后，立马改了口："快回去陪陪家人吧！"

这次相见，朱相虎也绝口不提自己资助孩子的事情。他永远记得钱七虎跟他讲过小时候淀山湖老街的春节——钱七虎的母亲和别人家合买了一只羊，烧了羊杂碎汤，这顿家中罕有的盛筵，母亲却招呼所有的邻居来吃。热气蒸腾中，氤氲出母亲幸福洋溢的笑脸。她说："人如果有能力，应该去帮助别人。"（文 / 刘舒扬）

我生命中的两个母亲

只有在谈起母亲陆素瑾时，一向刚毅的钱七虎才流露出少见的柔情。

童年时期，母亲要为全家人的生计忙碌，钱七虎难得有承欢膝下的机会。后来，他因求学和工作一路远行，从家乡走向上海、哈尔滨、莫斯科、北京、西安、南京……思念只能化作一枚枚邮票、一个个电话，钱七虎在这头，母亲在那头。

一直到母亲80岁时，他们才得以共同生活。但相聚不过6年，母亲便去世了。这几年，钱七虎经常因此夜不能寐，"想着她怎样爱护我"。对于母亲，他有深深的不舍，也遗憾自己未能尽孝。

忠孝不能两全。生于民族危亡之际、学成于国家百废待兴之时，钱七虎像时代洪流中的无数志士一样，选择"移孝作忠"。他几乎把全部的光和热献给了生命里另一个"母亲"，那就是祖国。

以下为钱七虎的口述。

"我经常晚上睡不着思念母亲"

我7岁那年父亲就因病去世了，家里的重担全落在母亲一个人身上。遇到这样的变故，一般人恐怕会以泪洗面，但我几乎没有看到过母亲流泪。她要强啊！我们兄弟姐妹都没有成年，都要依赖她，所以她哪怕心里再难受也不能倒下。

因为长期吃不到什么好东西，母亲一直很瘦。她个子也不高。也许是心理原因，我小时候总觉得母亲是很高大的，等我成年后才发现，她其实只有我肩膀那么高。

就是在这样瘦小的身体中，蕴含着巨大的能量。在旧社会，女性的地位是很低的，但母亲有很强的自信心。用现在的话说，她是一个"女强人"。父亲去世后，母亲开起了鱼摊，她据理力争，从叔伯那里争取到一部分经营权。

在我的印象里，母亲几乎没有休息的时候。她要照顾鱼摊，要养鱼、卖鱼，又要种地、养猪。我每天早上一睁眼，就看到她已经在忙里忙外了。夜里我们睡觉时，她也总是还在忙。

我们老家有个词叫"会做"，形容人能干。母亲是出了名的"会做"，街坊邻居没有不夸她的。我们兄弟姐妹的衣服、鞋子，都是她自己做。家里虽然孩子多，但母亲从来不会忽视我们的需求，方方面面都能照顾到。我的脚经常出汗，可冬天早上醒来，鞋垫总是干的。你说她的心思多细腻、多爱我们啊！

对子女的教育，母亲也很有远见。她认为上海的教育更好，我读完五年级上半学期，她就把我送到上海读书。以我们家当时的条件，作出这样的决定是很需要勇气的。到了上海，学费、生活费都是很大的开销啊！镇上很多男孩像我那么大时已经不读书了。母亲也可以送我去当学徒，让我早些挣钱补贴家用，但她没有这么做。她知道我喜欢念书，就尽她所能地为我提供更好的条件。

在我心里，母亲是一位勤劳、善良、伟大的女性。现在年轻人里有个词叫"躺平"，对吧？母亲一生中从来没有"躺平"休息过。我现在的很多品质，都离不开她潜移默化的影响。用"伟大"这个形容词，你们会不会觉得太大了？但我觉得母亲是伟大的。她经常讲一句话："人不能光想着自己好，还要想到别人。"在生活中她也是这样做的，总是力所能及地帮助他人。那时候我们家里那么困难，她看到贫困、孤寡老人也还是要帮一帮，给人家一些钱。

因为工作原因，我和爱人结婚后两地分居了16年。我到南京后，可以跟组织申请把爱人也调来。但我岳母当时卧病在床、岳父在外地不能回家，所以母亲跟我说，最好先让我爱人留在北京照顾岳母。我岳父得知后非常感动。

母亲就是这样，总是优先想到别人。其实那时候她自己年纪也很大了，也需要人照顾，但是她从来没有让我把她接到身边。她一个人在乡下住了几十年啊！有了小病小痛都是自己默默扛过去。我一直忙于学习和工作，回去探望她的次数也不多。现在回想起来，我每次去看她，她的白发都多了一些，身形也更佝偻了一些。以前那么风风火火的一个人，渐渐地做什么都慢下来了。

1982 年，我把母亲接到南京一起生活，当时她已经 80 岁了。那时候我刚担任学院领导工作，还要兼顾科研，只想兢兢业业把工作干好，就没有动动脑子想想怎么尽孝。母亲在南京人生地不熟，我应该多花时间陪陪她，但我没有。她知道我一心扑在工作上，从来没提过想去哪里玩，或是吃点什么好吃的，每天就默默地待在家里。

夫子庙是南京很有名的景点。有一次，我趁着星期天有空，带母亲去夫子庙吃小吃。大家建议我借用学院的车，让母亲出行时能舒服一点，但我觉得公家的车不能乱用，最后是我儿子骑自行车带她去的公交车站。逛街的人很多，中午吃饭时饭馆没位子，我们就站在别的客人桌边等，等了一个多小时才吃上饭。到我们吃饭时，也有人在旁边等位，母亲不想让别人等太久，所以那顿饭吃得匆匆忙忙的。

后来每次想起这次出行，我都觉得很愧疚——好不容易带母亲出去玩一趟，结果好多事情没安排好，玩得一点也不舒心。可即便是这样，母亲回来后还是笑眯眯的，没有一点不满的意思。

母亲到南京后，只跟我共同生活了 6 年。从我去上海读书开始算，我们母子俩足足有 30 多年的时间聚少离多。也许人生就是这样吧，相聚的时间太短暂了啊！她走后，我才深深理解了什么是"子欲养而亲不待"。她一辈子没为自己提过要求，临终前依然如此，什么话也没说。

这两年,我经常晚上睡不着思念母亲。好像我们还一起住在家乡的老街，我变回了那个无忧无虑的小男孩，母亲则变成了年轻时的样子，依然那么勤劳、能干。等我晚上睡着了，她给我烘干鞋垫，还充满爱意地抚摸我的头。哎呀，有时候我想她想得睡不着觉，想得眼泪都快掉下来了。你们今天来采访我，我提前有心理准备，所以还能控制住情绪，不然真的绷不住。我这一辈子，最愧对的人就是母亲。中国人老说"忠孝不能两全"，古人如此，我也不过如此。

"我的学习机会是用人民的口粮换来的"

我的童年是在战火中度过的。抗日战争对你们年轻人而言是历史书上的内容，对我来讲就是身边活生生的现实。我亲眼见过日本侵略者在农村抢"军粮"，到处烧杀劫掠，所以从小就梦想着要保家卫国。

中学时代，我就读于上海中学，这是当时上海最好的中学之一。上中不是死读书的学校，它通过很多活动让学生树立崇高的人生目标，对我影响很深。

我在上中时读了一些优秀的课外读物，比如《钢铁是怎样炼成的》。里面有一句名言："一个人回顾一生的时候，不要为自己碌碌无为而羞耻，为虚度年华而悔恨。"这本书让我感到热血沸腾，立志为中国和人类最伟大的事业，也就是共产主义事业而奋斗。

上中还请了很多名人来给我们作报告，例如李白烈士的夫人裘慧英、苏联英雄卓娅和舒拉的母亲等。有一位电影演员叫黄宗英，随团去苏联访问过。她说"苏联的今天就是祖国的明天"，这让我很向往去苏联学习，回来后做一名工程师，为祖国建设水电站。

毕业时，学校要选送我到苏联留学。要实现梦想了，我很高兴。可这时，学校传来一个消息：新成立不久的哈军工派人到上中选拔优秀毕业生，我被选上了。

出国留学还是在国内读军校？面临抉择，我意识到，祖国更需要我，军队更需要我。国家成立哈军工，原因之一是我们在抗美援朝中打得很苦。美国的装备先进，我们花了大力气才打赢他们。多少战士倒在了异国的土地上啊！他们没比我大几岁！这让我深深感到，要保家卫国，必须掌握先进的军事科学技术。

坦白讲，去不了苏联，心里起初还是有一点遗憾。但我们20世纪50年代的中国青年有一个光荣的传统：服从组织分配。党的需要，就是我个人的需要，党分配我到哪里，我就到哪里去。我记得当时录取通知书上是这样写的：哈军工是我国培养军事工程师的最高学府，录取你为哈军工的学员，这是你的光荣，也是我们的光荣！这句话把我没有去留苏的遗憾冲得一干二净，我光荣地走进了哈军工。

现在看来，我17岁时的选择，是正确的、无悔的！从此我和防护工程结下了不解之缘。人生有很多岔路口、很多选择，重要的是把个人的命运和国家人民的需要相结合。这是我人生中最重要的感悟。

1961年，我作为全年级唯一的全优生，被保送至苏联莫斯科古比雪夫军事工程学院留学深造。当时，国内的三年困难时期尚未过去。出国前，工程兵政治部副主任李大同少将对我说："你们的学习机会是用人民的口粮换来的。"一想到这话，我就感到肩上仿佛有千斤的重担。不好好学习，怎么对得起祖国和人民？那段日子，我最大的爱好就是逛书店。我带的钱，除了必需的生活费，其他全部用来买书，每收获一本好书，我都会欣喜若狂、如痴如醉。通过不懈努力，最终我获得工学副博士学位。

"我还有什么不能贡献的呢？"

回国后，我被分配在北京的工程兵国防工程设计研究院。我爱人袁晖也在北京，这下我们可以在北京结婚安家了！但没多久，组织让我去新成立的哈军工分院，也就是位于西安的工程兵工程学院。

去西安，意味着我跟袁晖要长年分居。怎么办？我的回答只有一个，服从分配！我的学习机会是国家给的，国家正是用人之际，我能为国做贡献是很难得、很幸福的事，两地分居又算什么呢？袁晖也是党员，她没有给我阻力，所以我就愉快地去工作了。

20世纪六七十年代，我国面临严峻的核威胁。从那时起，为祖国铸就

"地下钢铁长城"，就成了我毕生的追求。坚不可摧的国防工程、完善发达的防护系统是重要的军事威慑力量，可以让潜在的敌人知道：一旦侵略中国，必然付出沉重代价！

后来，世界军事强国开始研究钻地弹。伊拉克战争、阿富汗战争中有数据，钻地弹能钻到地下6米多，一般的防护工程就防不住了。作为有责任感的科研工作者，国家碰到了这些问题，你不想解决它、不想研究它？所以我又开始研究深地下工程。我们把防护工程盖到地下几百米的位置，不怕你钻地弹！

2019年1月8日，在国家科学技术奖励大会上，习总书记亲自为我颁发了国家最高科学技术奖奖章和证书。我深知，这份荣誉和褒奖不属于我个人，它归功于党和国家对我们科技人员的热忱关心，归功于社会各界对科技创新的充分尊重，归功于军队各级领导和同志们的支持帮助。如果没有组织的培养，我不可能获得今天这些成就。

我获得了最高科技奖之后，把800万元奖金捐到了瑾晖基金，主要用于资助边远、贫困地区的学生。瑾晖基金是2013年成立的，从母亲陆素瑾和妻子袁晖的名字里各取了一个字。我想用这种方式，感谢她们对我的深情支持。

资助这个事情其实从20世纪就开始做了。我的工资不是有剩余吗？就拿出来资助贵州、青海、北京郊区、山东的青年学生。我的老家淀山湖镇，我每年也会拿出2万元资助学生、1万元资助困难老人。

我做这些只有一个目的——报答培养我的国家和人民。我是中国人民的儿子，我当年的学习是许多中国农民用辛勤劳动供养的。现在国家的经济发展还不平衡，很多边远地区的青年因为贫困走不出大山，我要帮助他们成才。

我有一个生活的准则，就是知足常乐、助人为乐。我一路走来，看到过新旧社会的强烈对比，深知现在的幸福生活都是由革命先烈流血牺牲换来的。他们把生命都献给了党和国家，我还有什么不能贡献的呢？我能尽我的一份力量，为党分忧、为民解难，是非常有意义而又幸福的事。

我常常在梦里还会梦见母亲。我想，她如果知道我取得了一些成就、做了一些有意义的事、帮助了一些需要帮助的人特别是困难老人，也会为我感到骄傲和高兴吧。

家国天下事，社稷一戎衣。战争形势一直在发展，现在有卫星侦察监视技术、钻地弹、精确制导武器出现，它们的命中率高了，破坏力更大了。当今国际局势也在经历前所未有的不确定性，这对国防提出了新的要求。科学家要有胸怀、有担当，国家的需要在哪里，科研工作者的关注点就要瞄向哪里。在我有生之年，我要继续盯着进攻武器的发展，不断提高我们的抗力，为铸就我国坚不可摧的"地下长城"继续不懈冲锋。

（文／钱七虎 口述　冯群星　刘舒扬　采访整理）

科学家精神意味着什么

钱七虎是中国科学家群体的杰出代表,他不为私心所扰、不为名利所累、不为物欲所动、不计个人得失。无数这样的科学家用自己的血汗铸就了中国的科学家精神。

百年以来,中国共产党人一直高举"民主"与"科学"的大旗,是这两个口号最热烈的拥护者和最忠实的继承者,并且把"民主"与"科学"提到了新的思想高度和战略高度——从1915年陈独秀在《新青年》刊载文章提倡民主与科学,到革命时期党高度重视知识分子工作,再到新中国成立后吹响"向科学进军"的号角,及至改革开放提出"科学技术是第一生产力"的论断;从进入新世纪深入实施知识创新工程、科教兴国战略、人才强国战略,不断完善国家创新体系、建设创新型国家,到党的十八大后提出创新是第一动力、全面实施创新驱动发展战略、建设世界科技强国……在中华民族伟大复兴的征程上,科技事业在党和人民的事业中始终具有十分重要的战略地位、发挥了十分重要的战略作用。

由此更容易理解,科学家精神为什么会入选党中央批准的第一批46个中国共产党人精神谱系。它是党领导下的科技工作者在长期科学实践中积累的以"爱国、创新、求实、奉献、协同、育人"为核心内涵的宝贵精神财富,充分展现了我国科学家胸怀祖国、服务人民,勇攀高峰、敢为人先,追求真理、严谨治学,淡泊名利、潜心研究,集智攻关、团结协作,甘为人梯、奖掖后学的精神特质。

在科研求索中砥砺爱国情怀

中国的科学家精神,首要的和最突出的,必然是爱国。尽管人人皆知"科学无国界，科学家有祖国"，但作为一个群体，中国科学家前赴后继、淋漓尽致地诠释了这句话。

据统计，新中国成立前后有 2000 多位海外优秀学者回到祖国，钱学森就是其中的杰出代表。他和钱三强、郭永怀、邓稼先、周光召等老一辈科学家，不畏万难，投身祖国科学事业，汗水浇铸"两弹一星"伟大功勋，矢志报国支撑国家独立自主。新中国成立后成长起来的一大批科学家，如陈景润、南仁东、黄大年等，在不同的科学领域探索前沿，不断取得重大突破，在世界科学图景中留下浓墨重彩的中国印记。钱七虎也属于这一代科学家。

"振兴中华，乃我辈之责"是中国科学家独有的使命；落后就要挨打是中国科学家深入骨髓的历史教训；科学救国、科学报国是中国科学家独有的情感寄托；为人民服务的意识是中国科学家独有的价值品格；把自己的科学追求融入民族复兴的伟大事业中，汇聚起磅礴的力量来建设世界科技强国，是中国科学家独有的理想和使命担当。

正如黄大年在解释自己潜心科研、矢志育人的动力时说的那样："我觉得对我来说很简单，根源就是情结问题，就惦记着养育我成长的这片土地。我们国家从一个大国向一个强国迈进的过程中，需要很多我这样的人回来参与建设。"中华民族伟大复兴的征程上，是一代又一代科学家的砥砺奋进。

在攻坚克难中实现自立自强

自立，是解析科学家精神的第二个关键词。

2021 年，《中共中央关于党的百年奋斗重大成就和历史经验的决议》明确指出，独立自主是中华民族精神之魂，是我们立党立国的重要原则。走自己的路，是党百年奋斗得出的历史结论。习近平总书记深刻指出："科技立则民族立，科技强则国家强。"实现科技自立自强是支撑国家独立、社会发展、经济进步、国家富强的必要路径，也是我国面对经济全球化机遇、应对国际竞争挑战的必由之路。

今日之世界，科学技术是国际竞争的关键领域，是影响综合国力的关键因素。尤其是，我们正迈上全面建设社会主义现代化国家新征程，世界也正处于新的科技革命蓄势待发、全球科技创新体系面临变革甚至重塑的关键时期。科技创新的意义日益重大。国际竞争在很大程度上体现为科技竞争，并开始向深空、深海、深地、深蓝全方位推进，科技发展水平和科技创新活力成为国家能否保持自立自强，进而取得竞争优势的决定性力量。

回顾近几年，在百年变局与世纪疫情交织叠加的严峻考验下，中国科学家攻坚克难、勇攀高峰、集智攻关，交出了一份份振奋人心的成果。2022年11月29日深夜，神舟十五号载人飞船发射取得圆满成功，并在30日成功对接中国空间站，神舟十四、十五号乘组6人实现太空会师，开创了我国航空航天事业的新时代。我国火箭推进剂创始人之一李俊贤接受采访时说过，他的科研动力"主要就是想怎样把国家急需的东西搞出来，都希望越搞快越好，为国家争口气"。

以"两弹一星"、新体制雷达等成果为代表的军事科技极大地提高了我国的综合国力和国际地位；我国船舶制造业的技术发展使我国在远洋运输等领域稳居世界前列；我国在高温超导、粒子物理等基础研究领域的突破创新，为我国实现基础研究的突破支撑技术创新和产业升级带来了无限可能性；因为5G技术、高铁技术等关键技术的突破，我国在国际市场上拥有了话语权；北斗三号全球卫星导航系统的正式开通标志着我国"三步走"发展战略取得决战决胜，我国摆脱了GPS在卫星导航方面的制约……科技自立成为中国昂首阔步走向新征程的有力支撑。

在前沿探索中凝聚创新文化

毫无疑问，科技的最大魅力在于创新。

习近平总书记在党的二十大报告中指出，必须坚持科技是第一生产力、人才是第一资源、创新是第一动力，深入实施科教兴国战略、人才强国战略、创新驱动发展战略，开辟发展新领域新赛道，不断塑造发展新动能新优势，作出"教育、科技、人才是全面建设社会主义现代化国家的基础性、战略性支撑"的重要判断。这是对科技创新价值的充分肯定，也是对党领导科技事业历史经验的高度凝练。

近十年来，我国基础研究和原始创新不断加强，一些关键核心技术实现突破，战略性新兴产业发展壮大，载人航天、探月探火、深海深地探测、超级计算机、卫星导航、量子信息、核电技术、新能源技术、大飞机制造、生物医药等取得重大成果，进入创新型国家行列。新时代、新征程，科技工作者也面临着全新的挑战与使命，这就需要科技工作者主动承担更多的历史使命。

为了国家和人民，大批科学家在深耕科研创新的同时，投身教育、奖掖后人，使我国科技人才梯队建设取得重大进步：《第四次全国科技工作者状况调查报告》显示，我国科技工作者队伍的平均年龄为35.9岁，"北斗"团队核心人员平均年龄36岁，"神舟"团队平均年龄33岁，年轻的科研队伍体现出我国科技事业的无限活力。

一代人有一代人的使命，一代人有一代人的精神，一代人有一代人的长征。新时代的中国科技工作者要继承和发扬科学家精神，沿着科学前辈的足迹不断向前，面向世界科技前沿、面向经济主战场、面向国家重大需求、面向人民生命健康，以科技成就护航伟大复兴的新征程。（文／陈朴）

从"第一个"到"最复杂"，他们书写的"大科学"工程史

2020 年 4 月 23 日，习近平总书记在给参与"东方红一号"任务的老科学家回信中说，50 年前，"东方红一号"卫星发射成功，我在陕北梁家河听到这一消息十分激动。习近平强调，不管条件如何变化，自力更生、艰苦奋斗的志气不能丢。新时代的航天工作者要以老一代航天人为榜样，大力弘扬"两弹一星"精神，敢于战胜一切艰难险阻，勇于攀登航天科技高峰，让中国人探索太空的脚步迈得更稳更远，早日实现建设航天强国的伟大梦想。

"简单来说，火箭是一种载具，加上战斗部（毁伤目标的专用装置）就是导弹；放上卫星、飞船，就能将其发射上天，所以'两弹一星'中的导弹和人造卫星——有一半与载人航天直接相关。"中国科学院（以下简称中科院）自然科学史研究所副研究员王公对《环球人物》记者说，"两弹一星"是新中国第一个"大科学"工程，即以大规模仪器设备、来自政府或国际组织的雄厚资金支持为特征，通常情况下会形成科学家群和技术人员群共同从事该研究。它留下了一大批人员、技术、设备以及党中央领导下的大力协同经验，这些力量是新中国科研体系的重要组成，在发展载人航天事业上发挥了重要作用——迄今为止，载人航天是我国规模最大、复杂程度最高的"大科学"工程。

从"热爱祖国、无私奉献，自力更生、艰苦奋斗，大力协同、勇于登攀"的"两弹一星"精神，到"特别能吃苦、特别能战斗、特别能攻关、特别能奉献"的载人航天精神，背后是数十万参与者半个多世纪的筚路蓝缕。如今，中国空间站已成功建成，载人航天工程圆满完成"三步走"规划。回顾往昔，它是这样开始的——

初　遇

1957 年，24 岁的北京航空学院（今北京航空航天大学）毕业生戚发轫来到位于北京西郊的一处园区报到。这里是中国第一个火箭、导弹研究机构——国防部第五研究院（以下简称五院），前一年刚成立，院长是大名鼎鼎的钱学森。

时间回到 1945 年 5 月，第二次世界大战即将结束前。时任美国国防部科学咨询团成员的钱学森跟随导师、咨询团团长冯·卡门在一个德国小镇，提审了已向美国投降的世界顶级火箭专家、V-2 导弹总设计师冯·布劳恩。

V-2 导弹最大射程可达 320 千米，破坏力巨大，是现代火箭技术首次成功应用于武器系统。纳粹德国使用它的目的在于从欧洲大陆直接准确地打击英国本土目标。审讯结束后，冯·布劳恩写出的一份名为《德国液态火箭研究与展望》的报告，让钱学森受益匪浅。

20 世纪 50 年代中期，中共中央和中央军委领导基本形成共识，要研制原子弹和导弹。钱学森的归国让这一进程显著提速。1956 年 10 月 8 日，研究导弹的五院最先组建，由回国刚满一年的钱学森任院长。任新民、梁守槃、屠守锷、黄纬禄、姚桐斌等一批知名科学家应邀前来，任各大研究室主任。其中，任、梁、屠、黄后来被合称为"航天四老"；而 23 名"两弹一星"元勋中，这一时期在五院任教的就有 5 位：钱学森、任新民、屠守锷、黄纬禄、姚桐斌。

可问题在于，除了钱学森，不管是刚毕业的大学生、久经沙场的军人，还是知名专家，谁也没见过导弹什么样。任新民回忆，钱学森同志是当时我国唯一在这个领域工作过的专家。为此，钱学森撰写了中国第一部航天专业方面的教材——《导弹概论》，讲最基本的原理，为大家"扫盲"。戚发轫也是台下的学生之一。上课前他还听到有人好奇，这么大的科学家怎么亲自给我们这些毛头小伙子上这门课呢？"钱学森在这门课一开始说，搞导弹绝不仅仅是靠科学家，而要有一批既有实践经验又有理论基础的队伍。"戚发轫回忆道。

当时除钱学森外，还有梁守槃讲火箭发动机、庄逢甘讲空气动力学等，都是应导弹研制需要被调来的航空、火箭领域专家。"我们在做'两弹一星'时，很多事情是不清楚的，包括导弹、核弹应该怎么做，从科技角度说，大家都是一边摸索一边干。从管理的角度看，正是这一时期，开始形成了一种党中央领导下的大力协同的工作方式。"王公对《环球人物》记者分析道。在这种热火朝天的氛围下，新中国的导弹研制队伍逐渐成长起来。

与此同时，对苏联两枚导弹的拆解、仿制工作也在紧锣密鼓地进行中。根据此前中苏两国政府的"国防新技术协定"，苏联将为中国提供两枚P-2教学弹。当苏联专家提出把中国仿制的导弹发动机拿到苏联进行试车时，任新民拒绝了，他说："那我们中国的导弹事业永远无法独立了！"不久后，他主持建成了中国自己的大型液体火箭发动机试车台。当苏联将所有专家撤走时，屠守锷显得很平静——他有思想准备，早就料到会有这一天。85天后，1960年11月5日，仿制苏联P-2导弹而成的东风一号导弹在酒泉发射成功，中国彻底结束了没有导弹的历史。

"国防新技术协定"不仅教给了中国科学家们关于原子能、导弹、火箭建设等领域的知识，更将"自力更生"几个字的写法牢牢刻在众人心上。距离酒泉1万多公里外的莫斯科，一名年轻人的人生也因这个协定改变了。根据协定，苏联将接收中国部分火箭导弹专业的留学生。为了让部分学生早点参加工作，1957年12月，中国驻苏联大使馆安排莫斯科航空学院飞机设计专业三年级的8名留学生全部改学火箭导弹设计专业，25岁的王永志也在其中。在那个个体命运与国家命运休戚相关的年代，他很快决定，服从国家发展需要。1961年3月，王永志来到五院——在这里，王永志与戚发轫这两名年轻人生命轨迹第一次相交。

这时，戚发轫正跟着屠守锷、任新民等人为尽快搞出"争气弹"——东风二号导弹而昼夜奋战。尽管这枚导弹不会在东风一号导弹的基础上做大改动，只是将发动机和弹体结构等各方面尺寸加大，使其射程达到中近程的要求，但从仿制走向独立设计，这对中国年轻的导弹团队来说无疑是一个质的飞跃。1962年3月，东风二号导弹竖立在了发射架上，然而点火后仅仅过了69秒，"轰"一声巨响，导弹在不远处坠落，在戈壁滩上砸了一个大坑。

当时还是基层技术人员的戚发轫第一次参与这样的工作，失败面前，他觉得"对不起党，对不起人民，心里非常难过，无地自容"。此后两年，屠守锷、任新民组织大家重新审查了导弹的总体设计方案，并对各分系统进行了大量研究试验，进行了许多重要修改。1964年6月，就在东风二号导弹再次发射前夕，意外出现了：当地高温天气导致导弹推进剂受热膨胀，所需燃料无法如数灌入，这将大大影响导弹射程，发射任务陷入困境。

带着"把一切问题都消灭在地面"的信念，第一次参加导弹发射工作的王永志"壮着胆子"敲开了钱学森的门，陈述了自己的想法：推进剂的成分之一酒精受热膨胀，密度也随之改变，同时与其他成分的配比会发生变化；若减少600千克燃料，导弹同样可以达到预定射程。钱学森对眼前这名年轻人的方案表示了肯定，并在新一轮讨论会上提出：就按王永志说的办。

6月29日早上7时，中国第一枚自行设计的中近程导弹披着"独立自主 自力更生"的巨幅标语，准确命中目标，发射取得圆满成功，这意味着中国基本掌握了独立研制导弹的复杂技术。3个月后，随着中国第一颗原子弹爆炸成功，"两弹结合"提上日程。

1966年10月27日，在聂荣臻元帅的亲自指导下，东风二号甲导弹（由东风二号导弹改型而来）托举着核弹头直冲云霄，中国首枚导弹核武器发射试验成功，终结了中国核力量"有弹无枪"的历史，中国跻身世界核大国行列。戚发轫记得，为了庆祝胜利，聂帅还请大家吃了手抓羊肉，香喷喷的滋味令他至今难以忘怀。

成　长

"两弹结合"成功之后，由于导弹技术与火箭技术之间的相通性，戚发轫参加了长征一号运载火箭的研制。王永志则在东风二号导弹发射成功后，就在总设计师屠守锷、总体部副主任孙家栋的领导下，分管中程导弹的总体设计和研制工作。

1965年1月，中国第一颗人造地球卫星研制工作正式启动。两年后，中国空间技术研究院成立在即，钱学森担任院长并亲自点名孙家栋负责总体设计工作。

得知这一消息时，38 岁的孙家栋正满头大汗地趴在火箭图纸上搞设计。"我一毕业就从事导弹研制，本想这辈子可能就搞导弹了，没想到和卫星结下不解之缘。"孙家栋感慨道。他按照专业配套，从各部门抽调了后来被称为"航天十八勇士"的 18 名技术骨干，组建起卫星总体设计部。35 岁的戚发轫就是这 1/18，而且还是卫星的技术负责人之一。"这件事情压力太大——'我能干成吗？'"他罕见地犹豫了，可最后，还是向前迈了一步，因为"国家的需要，就是我们的志愿。国家需要什么，我们就去干什么"。

　　"科学家自己的研究旨趣与国家需求之间的平衡问题，长期以来都是科学史研究非常关注的一个问题。"王公说，有时一项研究虽然无法从学术上引起科学家的兴趣，但只要有益于国家，一批科学家的研究就会发生转向。这不仅发生在研制"两弹一星"时，比这更早的 20 多年前，抗战爆发后，众多爱国科学家就将自己的研究方向转向雷达、炸药、营养保障等抗战急需的领域。

　　戚发轫始终牢记几年前东风二号导弹第一次发射失败的教训：为了保证飞行试验成功，必须做充分的地面试验。条件简陋，没有低温实验室，戚发轫就去海军冷库模拟低温，连脚上穿的塑料鞋都被冻裂了；没有可用的计算机，大家就靠人力甩，模拟卫星上天后天线随旋转甩出的状态。

　　1970 年 4 月 14 日，戚发轫从酒泉赶回北京，随钱学森等人向周恩来汇报卫星发射工作的准备情况。他还记得，汇报完后总理问自己，上天之后能不能准确播放《东方红》乐曲，会不会变调？他老实回答："凡是想到的、地面能做的试验我都做过了，就是没有经过上天的考验。"后来中央批准了戚发轫等人写的转场（把已经搭载了载荷的火箭从总装厂房转运到发射塔架）报告，24 日晚 9 时 35 分，搭载卫星的长征一号运载火箭成功发射。5 分钟后，各观测站几乎同时报告："星箭分离，成功入轨。"基地司令一听，高兴地一拍戚发轫肩膀："小伙子，成啦！"戚发轫不放心，说，不成，还得等着，还没听到《东方红》呢！确认乐曲旋律正常播放的时候，他才兴奋地跳了起来。许多人长期积压的情绪也在此刻爆发，戚发轫看到，"确确实实很多同志流泪了"。

东方红一号重 173 公斤，比前 4 个国家首发的卫星加起来还要重，预计工作时间 20 天，实际工作 28 天。今天，这颗"中国星"仍在绕地飞行。就在 4 个月前，它还被观测者捕捉到与中国空间站在太空中擦身而过，这是两项"大科学"工程跨越半个世纪的问候与致意。

这之后，戚发轫集中精力研发了通信卫星、气象卫星、返回式卫星等等。王永志则一直在和导弹、火箭打交道，先后参与了中程导弹、洲际导弹研制，并作为总指挥于 1990 年成功发射了中国第一枚大推力捆绑式运载火箭"长二捆"。曾经的年轻人此时都已两鬓斑白，他们还不知道，两人的生命轨迹将再次交汇在一起。

重　逢

1992 年，王永志 60 岁，戚发轫 59 岁，在快退休的年龄，他们正为同一件事倍感压力——这一年 9 月 21 日，中国载人航天工程正式被批准实施，两人分别被任命为中国载人航天工程首任总设计师和神舟飞船首任总设计师。王永志回忆起当时的心境，笑道："用东北话说，'压力贼大'。"

"王永志此番任命，与钱学森的大力举荐有关。不只是'两弹一星'，中国的载人航天和钱学森也是密不可分的，他在大方向的把控上发挥了很大作用。"王公说。2005 年神舟六号发射成功后，戚发轫等人到钱学森家中汇报情况。钱学森看戚发轫满头白发，还问起孙家栋和王永志的近况："你们三个谁大？他们都好吗？"

载人航天事业是一个规模宏大、高度集成的系统工程，由航天员、空间应用、载人飞船、运载火箭等七大系统组成，要在其中统筹调度，谈何容易？王永志却在一开始就下定决心：大胆跨越，让中国飞船一经问世，就是世界水平。

他主张，飞船一起步就搞三舱方案。有人认为，三舱不如两舱简单，步子迈得太大。一番激烈论争之后，三舱方案最终通过。王永志说，要赶超三四十年差距，想一步到位，不是很容易的事，我这样为自己加压，也为飞船系统加压，是为了载人航天的最大成功。

戚发轫也充分利用了这种后发优势。国外飞船发展了几代，才明确其用途是作为天地往返的运输工具，建造空间站才是最终目的。中国飞船起步比较晚，从一开始研制就有明确的目的性，一步到位建成一种多用途的实用飞船，实现跨越式发展。

根据戚发轫的计算，一般来讲，航天产品的可靠性为 0.97，也就是 100 次中允许 3 次失败，载人航天的安全性指标为 0.997，二者合在一起，故障率为 1/300000。换句话说，每天发射一次，30 年都不能出事。要做到这一点很不容易，要把所有可靠性措施都用上。从神舟五号到神舟十四号，中国共有 14 位航天员飞入太空。"你看他们现在干得多好。有一点我就感到特别欣慰，一直干到现在，这就快 30 年了，我们一直是安全的。"王永志说。

近乎完美的记录背后，是航天人严苛的"归零"五条：定位准确、机理清楚、故障复现、措施有效、举一反三。比如发现一个插头坏了，原因是里面用的铜有问题。那么铜是哪个厂生产的、为什么会出现故障、今后怎么避免，这些问题全部要搞得明明白白、清清楚楚，把每一个环节还原到"零"的地步。

中国载人航天工程现任总设计师周建平就经历过这样的"归零"时刻。那是 2001 年 9 月，神舟三号飞船已运抵酒泉。进入发射准备阶段时，测试发现一个插头的其中一个导点出现故障。有人认为，飞船上还有近百个插头、上千个插针插孔，这个故障点不会影响发射，如果现在更换，飞船发射时间要推迟至少 3 个月。现场还聚集了 500 多名从外地赶来的科学家和工作人员。有老同志不理解：我们航天队伍从来没有过进场后撤场的经历！但进度要服从质量，试验队伍撤场，插头全部更换，发射日期推迟。几个月后，神舟三号飞船发射取得圆满成功，并且保证了飞船往返过程中所有数据的真实、确凿、可靠。

此次飞行试验，连同接下来的神舟四号，都与载人飞行状态基本一致，这一切都是为首次载人航天做准备。2003 年，神舟五号起飞前，中国航天科技集团试验大队 500 多名科技工作者在给航天员的信中这样写道："请放心，我们一定以实际行动实践庄严的承诺：确保神箭入轨，确保神舟正常运行，确保您安全返回！" 2003 年 10 月 16 日清晨，当航天员杨利伟自主出舱，向人群挥手时，王永志"一看到这么健康走出来，心里一块石头落地了"。戚发轫至今觉得，自己这一生受到的最高奖励，是杨利伟说的那句"中国的飞船真棒！"

对工作全情投入，对家庭就难免顾此失彼。戚发轫坦言，自己有这样一个任务在身，确实顾不上别的，也从没和妻子外出度过假。老两口的唯一一次出游，是 1994 年戚发轫在研制风云二号卫星时突遭卫星爆炸，不慎中毒，在昆明疗养了 10 天，他还对妻子承诺："以后咱们多出来玩玩。"可身体恢复之后，戚发轫转头就把这话抛到脑后，再次全身心投入到繁忙的工作中，连妻子身患癌症也没能及时察觉。妻子病重，他才发现，原来老伴一直在偷偷攒钱，希望有生之年两人再相伴出游一次。直到 2001 年病逝，妻子这个愿望也没能实现。

一路走来，面对这么多压力和挑战，戚发轫觉得，说来说去，支撑自己的还是对祖国的热爱："爱国就要爱事业，爱国不爱航天，那不是空的吗？"他还记得 20 世纪 90 年代初，神舟一号研制期间，社会上流行一句话"搞导弹的不如卖茶叶蛋的"。不远处的中关村成为一片开放的热土，科研院所受冲击很大，人才不断流失。"我留不住啊，心里很痛！走的人没有错，但留的人我佩服他们。"花甲之年的他带着尚志、张柏楠几名三十几岁的年轻人坚守岗位，终于在 1999 年成功把飞船发射上天。令他欣慰的是，从飞船总设计师的岗位退居二线之后，当年的几名小伙子也成长为载人航天工程中独当一面的总指挥与总设计师，神舟六号、神舟七号、神舟八号、天宫一号等先后从他们手中升空。

"这种对祖国深厚的爱在几代科学家之间都有非常鲜明的体现。"王公说："王永志、戚发轫是在钱学森等老一辈科学家的培养和教育下成长起来的，他们又把这种热爱传递给更年轻的一代人。所以我们说，从'两弹一星'到载人航天，事业有传承，精神也有传承。"

这样的精神并不只在航天人身上有，在整个科学家群体中都有迹可循。一名在中科院工作的学者向《环球人物》记者分享了他的亲身经历：夜晚11点的园区街道，总能形成熙熙攘攘的自行车流，那是从办公区回到住宿区的人潮；凌晨2点向外望去，还能看到对面研究所里亮着的一二十盏灯。"大家平时也会自嘲这么累干吗，可一旦工作起来比谁都认真。"

从"两弹一星"到载人航天，靠的是一代又一代人的接力。著有"航天七部曲"的作家李鸣生告诉记者，在他看来，中华民族那种吃苦耐劳、无畏艰险、不怕挫折、敢于攀登、积极向上、自强不息、勇往直前的精气神，是孕育"两弹一星"精神和载人航天精神的肥沃土壤，并使其不断被发扬光大。

2013年，中国载人空间站名称正式公布，中国空间站被命名为"天宫"，核心舱被命名为"天和"。如今，"天和"牵手问天实验舱，第二个实验舱"梦天"也已发射成功并完成交会对接。未来，中华优秀传统文化与现代科学技术共同孕育的中国天宫仍将翱翔于九天，继续不断叩问无垠宇宙的边界。

（文／刘舒扬）

"导弹人生"的挫折与美丽:"几度曲折疑无路,众志成城心不灰"

"两弹一星"是什么？

许多人会回答"原子弹、氢弹和人造卫星"。参与了氢弹研制的中国工程院院士杜祥琬告诉《环球人物》记者："其实准确的说法，'两弹'是核弹与导弹，其中核弹包括了原子弹与氢弹，导弹则是装载核弹头的运载工具，现在我们发射各种型号的卫星也离不开导弹。"

相形之下，"导弹人生"更加隐秘。

20 世纪 50 年代，新中国立下了"发展自己导弹"的誓言。1956 年 10 月 8 日，中国第一个导弹（火箭）研究机构——国防部第五研究院成立。次年 11 月 16 日，研究火箭（导弹）控制系统专业技术的研究院——国防部五院二分院正式成立，这就是如今的中国航天科工集团第二研究院，也是我国空天防御技术总体研究院。人们往往称其为"二院"。

2022 年 4 月 24 日，二院正式发布《导弹人生》一书，首度公开了 12 位已过脱敏期的导弹功勋。他们分别是：中国第一代地空导弹总设计师钱文极，红旗一号导弹总设计师徐馨伯，红旗二号导弹总设计师陈怀瑾，巨浪一号、红旗七号导弹总指挥柴志，红旗七号导弹总指挥耿锐（1979 年 5 月上任），红旗七号导弹总指挥谈凤奎（1994 年 1 月上任），海红旗七号导弹总指挥徐乃明，海红旗七号导弹总设计师陈国新，中国第三代防空武器系统总负责人吴北生，中国第三代防空武器系统总指挥沈忠芳（1992 年 1 月上任），中国第三代防空武器系统总设计师张福安，中国第三代防空武器系统总指挥王国祥（2000 年 8 月上任）。这 12 人中，8 位已经离世，健在的是吴北生、沈忠芳、张福安、陈国新。

几经辗转，《环球人物》记者联系到了徐乃明的女儿以及沈忠芳、吴北生的同事，听他们讲述了那一代导弹人激情燃烧的岁月。

徐乃明，连续两次发射失败

见到徐乃明的女儿徐红、徐倩时，她们刚刚送别了自己的母亲。徐红不由自主地回忆起6年前父亲弥留之际的情形。2016年9月20日，87岁的徐乃明已卧病在床多日，徐红忽然听见父亲开口说话了："7103……""会议结束了？""我们下面的安排是什么？"

徐红的眼泪"唰"地流下来，她预感父亲已是弥留，此时以最后一息挂念的，仍是航天事业。她擦了擦眼泪，努力定定神，凑到徐乃明的耳边轻柔地说："会议结束了，接下来我们先午休。"说完，她别过头去，潸然泪下。

几个小时后，这位航天工业部二院原副院长、总工艺师永远闭上了双眼。

在徐红眼中，父亲徐乃明的一生熠熠生辉，在无人知晓处静静闪烁光芒。

"我的父亲生于知识分子家庭，当时祖父母在日本东京留学，父亲也出生在那里。"徐红对《环球人物》记者说。祖父母举家回国后，徐乃明先后就读于北平师范大学第二附属小学和西南联大附中，又凭借优异成绩保送清华大学机械系。

在清华，徐乃明不仅学习用功，还积极参加进步社团。大二时，他成为社团骨干，是老师的左膀右臂，也是同学们心中值得信赖的"领导大哥"。1950年，徐乃明成为清华大学学生会主席。

徐乃明于1951到1954年担任北京市学生联合会副主席、主席。1954年学生联合会换届时，他面临三个选择——去团中央国际联络部坐办公室当领导，或去某航校担任领导，以及进入国营211厂从基层做起搞技术工作。徐乃明毫不犹豫，加入了211厂。工科出身的他，始终不忘科学救国的抱负和为国奉献的理想。他的航天事业生涯就此开启。

在211厂，徐乃明从一个基层技术员逐渐成长为厂长，参加过东风三号、东风四号、东风五号等导弹型号的研制生产。其中，20世纪60年代东风三号的研制足以在我国导弹工艺史上留下浓墨重彩的一笔。

在东风三号的弹头设计上，徐乃明带领团队开展玻璃钢弹头的生产质量攻关。他借助于有限的资料借鉴国外经验，提出了采用新型关键工艺的建议。这不仅为东风三号研制排除了工艺障碍，并且为更大直径的液体导弹箱体的研制排除了工艺障碍，更为后来东风四号、东风五号同类部件的加工提供了经验。

1989 年，徐乃明又担任了东风二十一号甲导弹系统的研制总指挥。该导弹是我国研发的增程导弹，在我国固体导弹发展历程中起到了承前启后的作用，但它的研制过程给徐乃明的职业生涯带来了沉重打击，也让他终生难忘。

1992 年，东风二十一号甲第一次发射试验在众人的期盼中失败了。徐乃明马上组织专家检查。最终发现，失败是由弹上钛合金管路泄漏造成的。他迅速带领科研小组前往俄罗斯取经，回国后改进了钛合金管的焊接工艺。

解决问题后，徐乃明与同事信心满满地开始第二次发射试验，竟然再次失败。发射现场所有人都僵住了，心情几近崩溃。徐红回忆到，试验队回来，父亲的秘书告诉她们，发射失败的那一刻，顶天立地、从未掉过泪的父亲当场哽咽了。然而徐乃明冷静地意识到，要稳住人心。他再次主动承担责任，告诉大家："当务之急是解决问题。"在一次又一次检查中，他发现第二次发射失败源于一个抛盖的压力传感器失灵。

徐乃明带领团队艰难地开展了第三次试验，好在，这次终于成功了。在宣布发射成功的指挥大厅里，徐乃明和专家组成员抱在一起放声大哭。他从试验场捡回一小片导弹残骸，摆在自己的办公桌上对秘书说："我要永远记住这两次失败。"几天后，徐乃明辞去了研制总指挥一职。他为两次失败负责到底，直到成功后才将重担卸下。

由于工作性质特殊，无论成功的巨大喜悦，还是失败的巨大痛苦，他都无法跟家人分享。小时候，徐红只是隐约知道父亲从事航天方面的工作，但具体做什么，"我从没想过要问。父亲在家从来不谈论自己的工作，我们也养成了不问他工作的习惯。不过，我们依然从小以他为榜样，因为我们能感知到，他在从事一项伟大的事业"。

与父亲的交流中，姐妹俩很少"被命令"。"他从来不说'你必须怎么做'，而是常给我们提建议，他更喜欢通过严格要求自己来言传身教。由于忙于工作，他几乎没有时间过问我们的学习情况，但我跟姐姐的成绩一直名列前茅，因为他所树立的榜样激励着我们不停奋进。"

徐乃明去世后，姐妹俩整理遗物，发现好多张他为国家领导人现场汇报、解说的照片。"我们生活的大院,工作区与生活区相连,记忆里每次领导人来视察,我们都是事后才知道,但我们从不知道父亲曾在其中担任过如此重要的角色。"说到此处,徐红十分感慨:"父亲这一生做了许多伟大的工作,但从未跟谁炫耀过。他是技术型管理干部,发表的所有技术论文和文章只能在内部刊物上,完全没有'名扬天下'的机会。他和那一代所有献身国防事业的知识分子一样,一辈子不计名利、任劳任怨地为祖国工作、奉献。"

沈忠芳,造导弹还会"卖"导弹

B610 地地导弹研制队伍的负责人名叫沈忠芳。B610 是他的"得意之作",于 1986 年展开研发工作,1990 年试射成功。该导弹是二院第一枚用于外贸的地地导弹型号。

B610 试射成功时,沈忠芳已是二院副院长、多型号总指挥,更是一位"导弹销售奇才"。

1934 年 8 月 24 日,沈忠芳出生在上海滩,十里洋场,灯影璀璨。他的父亲任职于外资船厂,母亲是纺纱女工,家中虽不富裕,但还算安稳。

平静的生活没能持续多久。1937 年,淞沪会战爆发,沈家举家逃难。好在父亲明事理,始终没有放弃沈忠芳的学业。年幼的沈忠芳聪明又顽皮,成绩在新式小学和私塾都名列前茅,但他会趁私塾先生睡觉时,偷偷给先生画个熊猫眼。

直到上大学,沈忠芳的顽皮也没变。1953 年,沈忠芳考进北京航空航天大学的前身北京航空学院。他生性活泼,成绩优异,是校园里的风云人物,也是潮流风向标。他常穿一条丹宁色的牛仔裤,不羁地走在满是粗布棉裤的北航校园,引得周围人窃窃私语。辅导员为此事十分头疼,多次找他谈话,告诫他"这样穿不像好学生",无效。辅导员想了一招,派好学生、团组织委员徐正年与他谈话,没想到他却对徐正年一见钟情。后来,他的牛仔裤有没有再穿已没人记得,大家只记住了他与徐正年相濡以沫几十年的爱情,以及辅导员"赔了学生又折兵"的趣事。

1958 年，沈忠芳大学毕业，选择到二院工作，开始与导弹打交道的生涯。顽皮新潮的青年永远难忘淞沪会战时，国民党军队痛失制空权，自己目睹家乡被日本军机轰炸；新中国成立前后，不甘失败的国民党势力借美机壮胆，对上海进行 20 多次空中攻击，沈忠芳又差点遭受灭顶之灾；读大学时，国民党与美军仍频繁出动侦察机骚扰我领空，多数时候，我军由于装备落后，只能望机兴叹。

1958 年 10 月，沈忠芳从海淀区柏彦庄的农田出发，穿过菜地与泥泞的道路，来到北京西郊的永定路。这里是国防部五院二分院。

他很快崭露头角。1959 年，苏联导弹萨姆 -2 击落了当时最先进的美国 RB-57D 型高空侦察机，25 岁的沈忠芳听到这条消息后热血沸腾，他心想，在苏联专家的帮助下，中国也可以拥有自己的萨姆 -2！

但事与愿违。1960 年，苏联单方面撤走专家，并销毁大部分技术图纸。沈忠芳感到愤怒，但他明白，不管有没有苏联人的帮助，中国都要有萨姆 -2 类型的导弹。在祖国领空安全方面，这是刚需，不以困难程度为转移。

那几年，沈忠芳为了研究导弹，几近废寝忘食。车间工人们都认识了这个小沈，说他虽是大学生，但与工人们一起上下班，十分"接地气"。付出终有回报，1961 年，二院的地空导弹团队终于攻克了萨姆 -2 导弹的设计参数等科研难题，研制成功，在几年后成功击落来自台湾的 U-2 侦察机，我军俘虏了其飞行员。

20 世纪 70 年代，在沈忠芳的领导下，他所负责的导弹型号在很多方面取得重要成果，并成功完成 4 次飞行试验考核。其中 8 项成果荣获全国科学大会奖。

到了 80 年代，国家工作重心转向了经济发展，许多国营军工厂开始"军转民，搞创收"。在此背景下，已成为二院副总工程师的沈忠芳琢磨起向国外推销中国导弹的事。

事实证明，沈忠芳不光是军工企业的好领导，还是优秀的"产品经理"。他的第一款"拳头产品"，就是前文提到的 B610 地地导弹。为了研发这款导弹，他"厚着脸皮"申请了450万元的研发和团队组建费用。这在当时，可不是小数目。

但沈忠芳对这款导弹的市场很有信心。他琢磨过，当时市面上的地地导弹弹道只能控制半程，而B610能做到全程控制。用现在的话说，他这个导弹研制的总指挥，已经懂得"用产品差异与卖点，狠抓客户痛点"。

后来证明，沈忠芳的判断完全正确。1990年，B610的第一批客户看完打靶试验后，当即表示"要定更多装备"。听到这个消息，沈忠芳震惊了，整个二院都沸腾了。这是二院导弹武器第一次走出国门！这笔订单不仅为二院创造了可观的经济效益，还留住了不少科研骨干。

对待工作，对待困难，甚至对待自己，沈忠芳都是一个硬汉。即便身患重病的情况下，他也能连轴转，一干就是二十余天，堪称铁骨铮铮。但是再硬的汉子也有柔肠——导弹事业让他付出了绝大部分精力，两个孩子在年幼时，爸爸就像个陌生人。及至晚年，沈忠芳和两个孩子相聚时，空气里却时而弥漫着尴尬的沉默。因为保密的原因，时至今日，沈忠芳仍无法向孩子们诉说工作的全部内容，曾经的疏离已在孩子们心中留下了深深的痕迹。

如今沈忠芳已90岁，回顾往事，他已经记不清自己曾获多少奖，只有那次团聚时两个孩子的神情深深刻在他的心里，"这是我始终感到遗憾的事情"。

吴北生，最美丽的生日礼物

当B610在第一批客户面前一展雄姿的时候，沈忠芳的身边还站着一位总设计师，这位总设计师将激动情绪写成了一首诗，名叫《贺试验成功》：

几度曲折疑无路，众志成城心不灰。

"红旗"创新化"东风"，吹向世界扬国威！

写诗的就是吴北生，与沈忠芳搭班子的搭档。吴北生主抓技术，沈忠芳主抓管理，他们一个静一个动，一个儒雅一个爱说笑，工作中彼此支持，互相补位，被称为型号两总中的"黄金搭档"。

吴北生是我国第三代防空武器系统总负责人，曾参与红旗七号、B611等导弹型号的设计、改进工作。红旗七号于 20 世纪 80 年代试射成功，是中国第二代低空防空导弹武器系统，它弥补了中国防空导弹的一个空白。

1929 年，吴北生出生于天津一个小职员家庭。家里祖籍江苏常州，他因此得名"北生"。考大学时，他志在清华，但为保万无一失，一口气报了燕京大学、上海交通大学等五所高校。成绩出炉后，他被五所大学录取，最后选择了心仪的清华电机系。

毕业后，吴北生随建制转入二院，从此在二院生活了几十年。他的命运也和新中国的导弹事业紧紧联系在一起。

在二院，他参与了东风二号导弹的改进，也参与了红旗三号导弹的研制任务，但真正让他成长起来的，是一场战争。1967 年，越南战争的形势不断恶化，美国对越南北部进行大规模轰炸。同年，吴北生被派往越南北部工作。

这是吴北生首次上战场，虽不是上阵杀敌，头顶上轰炸机的轰鸣声还是叫人害怕，但神圣的使命感充斥着他全身。

工作条件如此危险，他们却信念坚定。在破烂的竹屋门前，他们挂上毛主席的诗词："为有牺牲多壮志，敢教日月换新天。"7 个月后，吴北生圆满完成了任务，回到北京。

回国后，吴北生的科研范围已经不限于导弹。二号乙卫星、两部大型预警雷达、光学卫星观测台……这些都是吴北生参与过的项目。

80 年代中期，他被任命为某型号防空导弹的技术总负责人，与沈忠芳一起带领队伍，开始技术攻关。最终，团队成功突破了几大关键技术。1989 年他过六十大寿，本应是子孙满堂接受祝福，然而他过得不寻常。正值一项重要的演示试验期间，吴北生和其他技术人员一样，坚守在茫茫戈壁滩上。第一发导弹试验"很不给面子"，发射前的测试就出现了故障。吴北生暗自咕哝着："真怪了，关键时刻怎么会出现问题……"他的高血压立马犯了。但他很快镇静下来，和技术人员一起分析数据。经过缜密的分析和判断，他顶着风险拍板：采取紧急措施改打另一发！

第二发打得很漂亮,并且打出了验证精度的好成绩。弹道划出的美丽弧线就是献给他生日的最好礼物。

直到70多岁时,吴北生仍奋战在一线。77岁那年,他出访某国指导军贸项目,起早贪黑乘车往返100多公里,大家都很担心他的身体,他却说:"这一生,能为航天多做了一点事,便觉得还算有意义。"

如今,95岁的吴北生就像一位"守望者",看着祖国不断变得强大、富足。

《导弹人生》解密的12位老总的故事扣人心弦。在群星璀璨的科技星河里,他们是刚刚点亮名字的星;而在辽阔的星河深处,还有一代代人继续隐姓埋名,正在为导弹和航天事业奋斗着、奉献着。中国科学院自然科学史研究所青年研究员、吴岳良的学生刘金岩告诉《环球人物》记者:"'两弹一星'前辈们的爱国情怀、求真精神和淡泊名利对我辈影响很大。每一代人有每一代人的任务和使命,正是他们放弃在前沿研究领域做出更具国际影响力成果的机会,转而攻坚尖端武器理论,为中国赢得了重要的国际地位,年轻一代学者才能得以在和平环境下潜心研究,逐渐融入国际科学研究主流。我们要继承和发扬前辈的传统,发挥螺丝钉作用,继往开来,心怀祖国,砥砺前行,在世界科技发展中贡献中国智慧。"(文/隋坤)

家国共同途

徐光宪，改变世界稀土格局

他是"中国稀土之父"，攻破稀土分离关键技术。

2019 年的网络热搜词中有一个名字频频出现：徐光宪。他被尊为"中国稀土之父"，在我国成为稀土第一大国的历程中发挥了不可替代的作用。但仍然很少有人完整知道徐光宪的人生故事，更不了解他何以被称为"中国稀土之父"，不清楚他在哪些关键时刻带领中国稀土走上世界舞台。带着这些疑问，《环球人物》记者于 2019 年采访了北京大学和上海交通大学，循着徐光宪走过的来路，寻找答案。

研究的转向只为国家的需要

在北京大学化学与分子工程学院，一座普普通通的楼房里，有我国稀土基础研究和应用研究的重要基地——稀土材料化学与应用国家重点实验室。这是徐光宪于 1989 年在国家计委批准下筹建的。

《环球人物》记者走进这座楼时，夕阳正斜射进实验室，年轻的科学家们埋首在各种仪器间，忙碌而从容。副教授王炳武从工作中抽出身来，和我们谈起恩师徐光宪。

王炳武仍然清楚地记得恩师最后的那些日子。2015 年 4 月，95 岁的徐光宪在友谊医院住院，不时有学生到医院看望。他们中间，有 80 多岁的老院士，有如王炳武一样的青年科学家。"我们去医院陪徐先生时，他要是醒过来认出我们，还忍不住说一些稀土研究方面的问题。"王炳武还记得那些病榻前的陪伴。徐光宪清瘦，有时还费劲地伸出枯瘦的手，想要比画些什么。

"他年纪再大，都保持着对前沿理论的敏感。"王炳武怀念老师时，总会想起他对科学事业的追求。徐光宪，这是一个注定要写在中国稀土发展史上的名字。他提出的串级萃取稀土分离理论，让中国真正走向了稀土大国。

时间回到 1971 年，"文化大革命"后期，徐光宪从下放的江西鲤鱼洲回到北京大学化学系，从此加入稀土研究行列。这是他学术方向上的一次转折。尽管早期在美国哥伦比亚大学攻读博士学位时，徐光宪的研究方向是量子化学，但1951年回国在北大化学系任教后，他只干了6年就被钱三强点将，抽调出来组建技术物理系，任教研室主任，并开始核燃料萃取的研究。徐光宪曾经回忆："当时大家都以国家需要为第一，坚决服从组织分配的。"在研究核燃料萃取和讲授原子核物理的工作中，一晃就是十多年。重回化学系，开始研究稀土分离，同样源于国家需要——当时，稀土元素中的镨钕分离是世界级的科研难题，因为分离工艺落后，我们只能从国外高价进口，这个难题急需解决。1972年，北京大学接到分离镨钕的紧急任务，徐光宪挑起重担。

接下任务时，国际上分离稀土通行的办法是离子交换法和分级结晶法，但这两种办法都存在提取成本高、提取出的稀土元素纯度低、无法适应大规模的工业生产的问题。徐光宪决定另辟蹊径，采用自己在核燃料萃取中研究过多年的老法子——萃取法来进行试验。

什么是萃取？打个简单的比方：油和水互不相溶，如果将一种混合物放在水和油（溶剂）中，只要其中的某一成分比其他成分更易溶于油，那么在油中所提炼出的这种成分会比其他成分多，也就是说这种成分的纯度高了。化学学科中的所谓"萃取"，就是这样一个过程，只是适用范围更广，所使用的溶剂不只是水和油。

说起来容易做起来难。在实际生产中，加什么溶剂、加多少，这个过程要反复多少次，怎样将某种元素的萃取过程和其他元素的萃取过程统一协调起来等，都需要逐一解决，加上工业生产中的成本和时间等因素，都是徐光宪需要研究的问题。

当时甚至没有人相信萃取法可以用在稀土工业生产中。但徐光宪没有放弃，他无数次地进行试验，探索能给出料液、萃取剂、洗涤剂的浓度比和流量比关系式的串级萃取理论。中科院院士黄春辉，那时也在徐光宪的团队中参与研究。她曾回忆过："那时一个流程的研制，少则几个月，多则一年多，在这些烦琐的劳动中，不管是摇漏斗还是车间的扩大实验的三班倒，大到制定实验方案，小到测定 pH 值，先生都具体参加，直到现在我还保留着许多大家倒班共同书写的实验记录。"

粉碎把中国变成"海外工厂"的企图

就在徐光宪不舍昼夜研究稀土分离的串级萃取理论时，我国很多产业发展正因稀土元素而受到限制。

20 世纪七八十年代，因为技术落后但又急需应用，我国不得不和国外企业谈判购买稀土分离技术。当时，法国的 Rhone Poulenc 公司是稀土产业巨头，与我国几次谈判转让分离技术时，不仅要价很高，而且提出产品必须由他们独家对外经销。这一苛刻条件实际上是要将我国的稀土分离工业变成该公司的海外工厂。

1980 年，徐光宪率中科院稀土考察团访问法国时，被拒绝参观 Rhone Poulenc 公司，法国方面还将所有萃取剂和工艺参数定为"绝密"。可以说，每一次谈判都激起国内稀土工作者的义愤。

在拥有分离技术前，我国长期只能向国外出口稀土矿原料，然后再进口稀土制品，损失极大。对一个稀土资源大国而言，这种受制于人的局面是必须尽快走出的困境。时任副总理方毅和全国稀土推广应用领导小组袁宝华多次勉励稀土科技工作者协作攻破分离难题。

历史最终选择了徐光宪。从 1972 年接下分离镨钕的任务，仅仅 4 年时间，1976 年 10 月在包头举行的第一次全国稀土萃取会议上，徐光宪就向与会专家讲解了串级萃取稀土分离理论，当即引起业界广泛关注。

此后几年，徐光宪将这一理论不断完善，并设计出适用于工业生产的模型。今天已是中科院院士、兰州大学校长的化学家严纯华仍然记得当时参与研究的过程。那是 1983 年到 1986 年，徐光宪带领团队利用串级萃取理论和计算机动态仿真计算建立起专家系统，可以根据我国不同的稀土资源、不同的原料组成以及多种产品纯度规格和回收率要求等市场需要变化，在一周内设计出优化的分离工艺流程和参数，并将设计参数直接应用于工业生产。严纯华就是 1983 年第一次跟随老师徐光宪出差包头，参与这项工作的。

去包头前，他们搜集了包头稀土研究所几十名工程技术人员经过数年艰苦攻关获得的数据。在那个计算机不甚发达的年代，徐光宪和化学家李标国一同指导严纯华，将庞大的数据全部模拟计算了一遍。这花了他们 3个多月的时间。

带着计算结果，他们来到包头，在稀土分离工艺中合理降低了化工原材料消耗，提高了工艺稳定性和效益。数年后，严纯华从徐光宪手中接过接力棒，成为北京大学稀土材料化学及应用国家重点实验室主任、稀土功能材料基础研究项目首席科学家。

1984 年 7 月 10 日，64 岁的徐光宪全然不顾年事已高，专程赶到包头。那个时空下的包头，将决定我国能否改写被国外稀土企业扼住脖子的命运。当时，离包钢有色三厂萃取槽和管道流量计等设备试运行只有 5 天了，徐光宪坚持亲自查看设备和原料，这是根据他提出的原理设计的设备。现场查看后，徐光宪果然发现了问题，充槽液料的浓度是按正常操作时的浓度配比的，但设备初始启动的充槽条件与正常操作时的条件并不相同。他马上将情况反馈给包钢三厂的负责同志，重新调整设置。7 月 15 日，包头迎来了我国稀土产业发展史上里程碑式的胜利——设备开启，运转仅 9 天就拿到了合格的纯钕产品。

他让中国稀土人足以谈笑风生

这次稀土全分离工业试验的成功，使得我国矿企从此绝不可能成为外国企业的"海外工厂"，也为此后的研究和应用打下了基础。包钢的老工程师马鹏起还记得一次扬眉吐气的经历。1988 年 10 月在日本东京举行第一次中日稀土技术交流会时，日本媒体器张地称要坚持三条原则：中国提供原料，日本精制；坚持在需要地点精制；不能向中国提供分离技术。"其实当时我们并不需要日本的分离技术，1988年我们已经形成了自己的分离技术体系。"马鹏起笑着谈及此事。

之所以能形成"自己的分离技术体系"，得益于徐光宪不遗余力地推广串级萃取理论。1976年提出这一理论后，全国各地的稀土工作者都要求学习。为了尽快扭转技术受制的局面，1977年6月，徐光宪组织了一个为期半个月的全国串级萃取理论讨论班（后来叫讲习班），地点在上海。全国9所大学、11个科研院所和7家工厂的100多名科研人员和一线技术人员齐聚上海，学习新理论。此后这个学习活动每年举办一次，培养了大批人才。

很快，全国各地的稀土企业都成功实践了串级萃取理论，极大地缩短了工作周期，并使工艺参数最优化。一排排貌不惊人的萃取箱像流水线一样连接起来，只需要在这边放入原料，在流水线的另一端就会源源不断地输出各种高纯度稀土元素。过去那种耗时长、产量低、分离系数低、无法连续生产的工艺被彻底抛弃。

从20世纪90年代起，由于我国单一高纯稀土大量出口，使国际单一稀土价格下降一半，曾长期垄断稀土国际市场的一些国外稀土生产商不得不减产、转产甚至停产。这一现象被国外称为CHINA IMPACT（中文意为"中国冲击"），影响十分深远。那些曾经站在稀土分离工艺顶端傲慢睥睨中国的人突然发现：这个领域的领头羊已不再是昔日的美国、法国和日本了，而是中国。"这为我们继续研究赢得了宝贵的时间和机会。"王炳武这样评价。

晚年为建立国家储备制度奔走呼告

2009年1月9日，人民大会堂里灯光璀璨，国家科学技术奖励大会召开。时任国家主席胡锦涛将2008年度国家最高科学技术奖证书颁给89岁的徐光宪，全场响起经久不息的掌声。

串级萃取理论将我国稀土分离工艺带到了世界先进水平，但也正因为这一理论具有极强的实践性，一旦管理不善，就容易带来负面效应。北京大学校史研究员郭建荣在采访徐光宪时，曾听他痛心疾首地谈到过稀土资源的浪费和保护意识的薄弱——

"我们的科研经费是国家给的，科研成果能在国营厂里应用我们就很高兴，根本没有想要知识产权、专利费等。我们就去推广，我到上海跃龙厂、珠江冶炼厂、包头稀土厂等三个国营大厂，住在厂里，办学习班。由于我们这个办法比较好，利润比较高，结果地方厂、私营厂都想搞，他们就用高薪从国营厂挖走总工程师、技术人员，这样稀土厂迅速成立了几十个。年产量达到 12 万到 15 万吨，全世界的需求量只有 10 万吨，结果供大于求。恶性竞争，使稀土价格大幅下降到 1985 年世界价格的一半。日本、韩国等大量购买我国廉价的高质量单一稀土，享受我们的技术进步得来的丰厚利润，而我国稀土企业的利润反而很低。1995 年至 2005 年，每年出口稀土我们损失几亿美元。我就拼命呼吁，希望成立像欧佩克那样的行业协会，自觉控制产量，提升价格。多次在各种会议上呼吁稀土行业，但没有得到一致意见。"

"我建议限制在 10 万吨以下，但是不成功。我就给温家宝总理写信，温家宝总理批给国土资源部，2006 年批准限制为 8 万吨，2007 年执行。消息传出日本人就慌了，拼命收购中国的高质量稀土，价格就上升了 1 到 3 倍。2008 年金融危机，稀土价格下降，另外日本已储备了 20 年的稀土，不买了。我们控制世界稀土产量的九成以上，但是我们却没有定价权。我呼吁建立稀土资源储备制度。因为石油、煤炭等能源可以有替代，如太阳能、风力发电、核电等；稀土用完了，没有替代，我们要为子孙后代着想。"

这并非一时冲动的想法，早在 1999 年徐光宪为《中国稀土画报》撰写的一篇文章中，就已经能看到他的焦虑。他在文章结尾处毫不讳言地指出我国稀土生产中存在的问题，包括价格过低、生产分散、集约化程度低、浪费严重等，同时建议生产向集约化转变，大力发展节能产业，提高产品质量，保护稀土资源，加强行业和外贸出口管理。2001 年教师节，时任国务院副总理李岚清前去看望徐光宪时，他就将这些想法向李岚清汇报。

王炳武还记得，老师年届八旬时曾亲赴包头调研，两次写信给温家宝总理，一次是呼吁建立稀土国家储备制度，一次是呼吁妥善保护矿产资源、防治污染。

上海交大有一条"光宪路"

在上海交通大学的校园里，有一条路叫"光宪路"，这是为了纪念校友徐光宪。

1920年，徐光宪出生于浙江绍兴上虞的一个中产阶级家庭。徐家与人合伙开布店，家境殷实。然而，好景不长，徐光宪幼时，布店就因二哥赌博欠债而被迫关闭还款，父亲也备受打击而病故，家道从此中落。那次变故后，母亲常教导徐光宪和其他兄弟："家有良田千顷，不如一技在身。"要他们用功读书，学习技术，不要依赖家庭。

"这对我的一生影响深远。"徐光宪曾在自叙中这样感慨，他从小读书认真就是源于母亲的教导，"每天上学必定要第一个到校，一早站在校门口等着学校开门。"

高中时，为了早日就业，徐光宪转学到杭州的浙江大学附属高级工业职业学校读土木科。但仅仅一年后，杭州就沦陷在侵华日军的铁蹄下，徐光宪不得不随校转到宁波高等工业学校。这段辗转的求学经历，淬炼出一颗火热的爱国心。1939年毕业后，徐光宪投奔在上海教书的大哥，谋了份南洋煤球厂的工作。

当时，有"东方康奈尔"之称的国立交通大学在上海法租界内借震旦大学教室上课。徐光宪有数学天赋，曾在浙江省青少年数学考试中得过第二名，因此很希望考上数理教学有口皆碑的交大。他知道交大课程重、考核严，于是找来很多习题练习。在南洋煤球厂工作的那一年，他把霍尔和奈特著的《大代数》、史密斯和盖尔著的《解析几何学》的全部习题都做完了，1940年顺利考上交大化学系，在四年学习中成绩始终名列第一。徐光宪似乎做题做上了瘾。毕业一年后的 1945 年，抗战胜利，时局稍稳，他被聘到交大当助教，又抽空做完了诺伊斯所著的《化学原理》的全部 498 道习题。这本习题集的复印本，徐光宪在 2009 年捐赠给了母校，上面是密密麻麻的各类公式和计算。

交大的四年不仅为徐光宪打下了学习基础，更促成他日后回国的决心。在 2009 年回上海交大作报告时，徐光宪谈到了 1951 年从美国哥伦比亚大学获得博士学位后回国的心路历程："促使我和高小霞（徐光宪夫人）回国的第一个原因，是因为受到 1946 年到 1947 年交大进步学生蓬勃开展学生运动的影响。"那正是他与同学高小霞新婚不久、在交大担任助教期间。当时，徐光宪已经决定赴美留学，通过了 1946 年的全国留学生考试。他先借钱去了美国华盛顿大学学化工，半年后去哥伦比亚大学暑期班试读，选的两门课考试均得满分，因此转到哥伦比亚大学攻读博士学位，主修量子化学，并被聘任为助教。高小霞也到了纽约大学攻读学位。"我那时没有参加学生运动，但我想中国革命成功了，要建设新中国，我们决心学一点科学技术回国。"

1949 年 10 月，当毛泽东主席在天安门宣告"中华人民共和国中央人民政府成立了"的消息传到美国，徐光宪和朋友们难掩激动，做了一块"胜利酒家"的牌子，带到中央公园野餐庆祝。这些人都是日后回国参加新中国建设的知名学者。

1951 年，徐光宪获得了哥伦比亚大学博士学位。在哥大，他迎来了自己学术生涯的第一个高峰。1949 年 2 月，他当选为美国菲拉姆达阿珀西龙荣誉化学会会员，接受一枚象征开启科学大门的金钥匙；1950 年 10 月，当选为美国荣誉科学会会员，再次接受一枚金钥匙。毕业之后，他可以留在哥伦比亚大学做讲师，也可以被举荐到芝加哥大学做博士后。摆在徐光宪面前的，是一片锦绣前程，但他毅然决定回国。

"第一是交大学生运动的影响，第二是钱学森学长的影响。"徐光宪对钱学森有很深的感情，"我们在念书的时候，他已经是加州理工学院喷气推进中心主任，实际上是航天航空导弹技术的第一把手，但是他决心要回来报效祖国。"当时，抗美援朝已经开始，钱学森回国受到百般阻挠。美国提出法案，要求全体留美学生加入美籍，不准回国。这项法案一旦通过，徐光宪和高小霞可能就再也回不到祖国了。

这时也是高小霞攻读博士学位的最后阶段，她思虑再三，对徐光宪说："科学没有国界，但科学家有祖国。"她决定放弃博士学位，和徐光宪一起回国。1951年4月，他们假借华侨归国省亲之名，登上轮船，带着建设新中国的愿望踏上归途。

为稀土研究留下人才富矿

回到祖国的徐光宪，从始至终都是一位老师。季羡林曾在徐光宪从教55周年时提笔庆贺："桃李满天下，师德传四方。"对中国稀土事业而言，徐光宪身后，留下了一大批人才。

王炳武还记得1998年在北大后湖旁的朗润园初见徐光宪的情景。"家里布置得很简单，只有几个大书柜，两把椅子。徐先生高高瘦瘦，没有一点架子，和我谈了一下午的研究方向。"那时，徐光宪已经78岁，但身体健朗，仍然经常去矿山调研，每日里做研究到深夜。他收下这名年轻的弟子，常常在学术讨论中度过一个下午的时光，让王炳武深深折服于先生的风度。如今，王炳武在稀土的分子磁性研究领域已经颇有建树。

在徐光宪的学生中，有好几位已经是中科院院士。北大教授黎乐民就是其中一位。半个世纪过去了，他还记得1969年北大技术物理系迁往汉中分校时的一件小事。那年冬天的一次小组讨论会上，徐光宪提出搬迁中要采取特别措施，以保证仪器设备完好无损。"先生很细致，除了大型仪器外，提到实验室用的小设备小器皿也要保护好，以便到了汉中可以很快开展科研工作。"

山西大学教授杨频则对1973年从徐光宪那里获赠的一组论文抽印本感念至今。那一年，杨频途经北京，前去拜访徐光宪，想听一听他对自己此前寄去的一束文稿的意见。没想到，徐光宪还赠给他一组论文抽印本。要知道，当时国内所有科学杂志都已停刊多年，尚未复刊，国外杂志更是难觅踪迹。这些论文资料十分难得。杨频回去后将这些论文仔细装订，不时翻阅。1976 年他提出一个新模型，就是基于那本论文集的启发。

春风化雨，润物无声。徐光宪留给中国稀土的，还有一方人才的富矿。

（文／张丹丹）

杨振宁，与家国"共同途"

"35 岁拿诺奖并不是杨振宁的巅峰"，是啊，顶级物理学家的贡献不是一个方程、一次归国能概括的。看得见和看不见的影响力，写进了杨振宁的传奇中。

　　"但愿人长久，千里共同途。"在 2021 年 9 月 22 日举行的杨振宁先生学术思想研讨会上，百岁杨振宁回忆起与邓稼先的一段往事。一句脍炙人口的诗句，被两名科学巨匠改写和诠释得格外富有深意。

　　杨振宁这位物理大师的传奇每每被放到聚光灯下反复审视。23 岁公费留美，35 岁获得诺贝尔物理学奖，50 岁第一次访问新中国，75 岁受聘清华大学高等研究中心名誉主任，82 岁时和 28 岁的妻子再婚……赞赏者有之，诋毁者有之；视之为神话者很多，围观吃瓜者也不少。时代的变迁和世事的起伏一道，共同构成了杨振宁的丰满人生。

　　物理，是一个科学严谨、美丽动人的规则世界。"深究对称意，胆识云霄冲"。无论是 1954 年的杨—米尔斯理论，还是 1956 年的宇称不守恒定律，都让杨振宁毫无争议地跻身世界顶级物理学家之列。在 1957 年诺贝尔奖颁奖典礼上，评委对杨振宁和李政道这样评价道："你们不懈的努力打破了基本粒子物理学中最令人困惑的僵局，也由于你们辉煌的成就，导致了现在的理论和实验工作的蓬勃向前。"

　　一个学科的发展，不是一位领军人物的单打独斗。用杨振宁的话说："我的一生可以算作一个圆，从一个地方开始，走了很远的地方，现在又回来了。"从 1971 年中美缓和开始，到 2003 年回国定居，杨振宁一直努力搭建中国与外界科学交流的桥梁。招揽学术人才、筹集学术资金、激活学术资源……奔波异国他乡，始终心系家国；并未屡见报端，贵在孜孜不倦。有人说，"35 岁拿诺奖并不是杨振宁的巅峰"，是啊，顶级物理学家的贡献不是一个方程所能衡量的，价值也不是一个归国人才所能概括的。那些看得见和看不见的影响力，早就写进了杨振宁的传奇中，写在了中国科技进步的注脚里。

　　和物理世界的原理、规律不同，现实世界运转的法则、逻辑显然更加玄奥。从"成就到底有多大"的争议，到"当年为什么不回国"的质疑，从建不建超大对撞机的讨论，到高龄续弦引发的关注……一切是是非非，都在这场百岁演讲的格局和胸怀面前黯然失色。如此重要的时刻，他最在意的，是新中国的巨变，是中国人自己制造的原子弹，是老朋友邓稼先。这种深沉的情感，让所有的世俗和龃龉自觉远离。杨振宁在《杨振宁论文选集（1945—1980）》一书中写道："在每一个有创造性活动的领域里，一个人的 taste（口味），加上他的能力、脾气和机遇，决定了他的风格，而这种风格反过来又决定他的贡献。"或许，一个眼里既有大千世界又有颗粒微尘的人，这样的 taste 也绝非燕雀所能理解。

时间能给出一切问题的答案。杨振宁总结自己最大的贡献，是改变了中国人觉得不如人的心理。他将西南联大的求学生涯形容为"成长在中华民族史上似无止尽的一个长夜中"。正因如此，十几年前，他给自己的书取名为《曙光集》；时至今日，他的新书唤作《晨曦集》。他用后半生践行了和老友邓稼先的约定：见证曙光黎明。

诺贝尔奖章上，自然女神伊西斯立在中央，右边的科学女神掀开伊西斯的面纱，喻示获奖者是掀开神秘面纱的人。科学是科学家毕生的追求，这或许正是更大意义上的"共同途"。（文 / 于石）

成为袁隆平

走过"八十一难"，成为袁隆平

他出身知识分子家庭，曾有机会翱翔天空，最终把一生献给了稻田和大地。

在成为举世闻名的"杂交水稻之父"以前，袁隆平已度过 30 余年艰难求索的时光。

有无数个时刻，他的研究几乎要中断了：第一篇论文发表之后，杂交水稻的技术路线图确定了，试验却迟迟不成功；在湖南，他宝贝万分的水稻被人连夜拔光，团成泥团扔进废井；在海南，台风来袭，大雨倾盆，试验田顷刻间变成汪洋……

"袁老师是一个坚持创新、矢志不渝的人，他遭遇困难绝不退缩。"当年从湖南安江农校就跟随袁隆平的李必湖、尹华奇，对《环球人物》记者如此评述老师的前半生。如今，他们也到古稀之年了，但研究杂交水稻的苦难与辉煌，依然历历在目。

以为田园很美，却发现农村"又苦又脏"

1930 年，袁隆平出生。他名字里的"平"，取自出生地北平。

袁隆平的父亲袁兴烈，是东南大学毕业的高才生，这一年正在平汉铁路局工作。母亲华静，婚前在安徽教书，是当时少有的知识女性。袁家家境不错，一个至今为人们津津乐道的细节是：袁隆平是在协和医院出生的，为他接生的正是我国妇产科创始人、著名大夫林巧稚。

但在战火纷飞的年代，一个家庭的力量不足以抵挡时代的洪流。光是小学，袁隆平就在汉口、澧县和重庆念了 3 所。他见过日本飞机轰炸，目睹过尸横遍野，很早就明白要想不受欺侮，国家必须强大。上小学时，他开始向往田园，立志"长大后一定要学农"。

到 1949 年填报大学志愿时，父亲希望他学理工或医学，前途很好。母亲则觉得将来当农民，"那是要吃苦的"。袁隆平争辩，母亲是城里人，"不太懂农家乐"。

不久之后，袁隆平对农村的浪漫幻想就要被现实打破，但这样的乐观和理想主义，却成了袁隆平人生的底色——在西南农学院，袁隆平去四川大足县参加了 3 个月的土改。他住在农民家里，和他们一起在土锅里烧饭，在破被子里睡觉，这才发现"真正的农村又苦又脏又累又穷"。但既然看到了农民这么苦，他就想为农民做点实事。

年轻的袁隆平也有过其他的发展可能。抗美援朝开始后，国家决定在大学生中选招一批飞行员。西南农学院仅有 8 人被选中，袁隆平便是其中之一。就在即将前去受训的前夕，袁隆平突然得到通知，"大学生一律退回"。原来，国家决定开始进行为期 10 年的国家建设，需要大量受过高等教育的人才。

这或许也是一种冥冥中的注定。袁隆平曾有机会翱翔天空，但最终还是属于脚下这片大地。此后的近 70 年里，袁隆平执着向前，把人生"插秧"在了中国大地上。

1953 年，袁隆平大学毕业了，要前往一个从未听说过的地方：湖南安江。母亲陪着他，脸贴着地图找了很久，才在密密麻麻的点中找到这个小点。跟 4 年前得知儿子决定学农时一样，华静叹了口气，又一次说："孩子，你到那儿，是要吃苦的呀……"但到了安江农校后，袁隆平觉得"倒还可以"。学校后面就是沅江，袁隆平行李一放，就跑到江中游泳。在后来艰苦的科研生涯中，畅游沅江给了袁隆平不少慰藉。

一篇关键论文，拉开中国杂交稻研究序幕

在安江农校，袁隆平经历了三年自然灾害。他亲眼见过至少 5 个人倒

在路边、田埂边和桥底下，自己也常常吃不上饭，饿极了，米糠、草根、树皮都吃过。他深刻理解了"民以食为天"这句话：没有粮食太可怕了，什么都干不成，粮食是生存的基本条件。

袁隆平因此选择研究水稻。当时学术界认为水稻这种雌雄同株的自花授粉作物没有杂交优势，袁隆平却认定，人工杂交稻可以获得杂交优势，结出又大又饱满的谷粒。他开始寻找可供杂交的天然雄性不育株。

1964年入学的李必湖，一进学校就发现袁隆平"和一般老师不同"。当时的水稻在7、8月间扬花出穗，正是湖南最热的时节，中午大家都在家午睡，唯独袁老师拿着放大镜在田里找来找去。"我问他在做什么，他很耐心地告诉我，是在探索和研究杂交水稻。"李必湖是安江农校特招的农民学员，是抱着"解决老百姓吃饭问题"的迫切需要来的，他决心投入袁隆平门下。

水稻雄性不育的表现，是雄花不开。一株稻穗能开200—300朵稻花，每朵花的直径不过三四微米，从开放到关闭也就1个多小时。袁隆平每天吃了早饭就下田，带两个馒头、一壶水，一直到下午4点左右才回家。一垄垄、一行行、一穗穗，寻找的过程堪比大海捞针。

"袁老师很能吃苦，他不戴草帽，也不戴斗笠，赤脚站在田里。大太阳晒着，脚下是冷水、泥巴和蚂蟥，要有极大的毅力才能坚持的！"李必湖回忆道。

袁隆平妻子邓哲的笔记本里，有这样一段记录："发现时间：1964年7月5日，午后2时25分。发现地点：安江农校水稻试验田。水稻品种：洞庭早籼。"

这是袁隆平发现的第一株天然雄性不育株。找到了，就要抓紧开始繁育工作。袁隆平请学校总务主任帮忙，跟一家陶瓷厂讨要了数十个报废的坛坛罐罐用来育种。他有空便守着这些破烂坛罐，一个人走在路上念念有词。有人私下议论："袁老师是不是快疯了？"

1965年冬天的一个凌晨，袁隆平突然从被窝里钻了出来，拧亮了台灯，开始伏案疾书。妻子邓哲醒来，看见袁隆平在写些什么，没有上前打扰。此刻，两人都不知道，袁隆平所写的这篇论文《水稻的雄性不育性》，即将改变他的一生，也将改写中国农业的历史。

1966年2月，《水稻的雄性不育性》在《科学通报》第17卷第4期发表。5月，来自国家科委的指示一级级传达到湖南和安江：要支持袁隆平做水稻雄性不育性的研究。同年6月，由袁隆平负责的科研小组成立，李必湖和尹华奇成为小组成员。

李必湖回忆，"文革"中的研究并不太平，当时造反派有一句话，"打烂坛坛罐罐"。袁隆平不就有现成的"坛坛罐罐"？一天回家，袁隆平发现，几十个坛坛罐罐全被打碎，一地狼藉，到处是被撕裂的秧苗。

用于试验的秧苗，每一年、每一代都直接关联。秧苗断了代，后面的研究也很难进行下去。夜色降临，袁隆平在家中眉头紧皱，却意外等来了李必湖和尹华奇——"我们两个见情势不对，偷偷藏起了3盆秧苗。"师徒3人经过反复繁育，这3盆秧苗有了数百株后代。

1968年夏天，意外又发生了。那年播种后，秧苗长势喜人，袁隆平每天都像小孩一样快乐。5月18日是个周六，袁隆平离开学校，骑车去了妻子所在的农业技术推广站。夜里下了一场大雨，惦记秧苗的袁隆平第二天一早就往回赶，到了试验田却大吃一惊：田里的秧苗全部不见了。

李必湖告诉《环球人物》记者，这件事，后来被他们称为"5·18"毁苗事件。袁隆平不死心，找遍了学校的各个角落，最后在一个废弃水井的水面上看到了5株漂浮的秧苗，其他的变成泥团沉在井底。这5株大难不死的秧苗，成为袁隆平继续研究的基础。

决定公开"野败"，将秧苗插在祖国的大地上

除了外在的干扰，其实，《水稻的雄性不孕性》发表之后的几年里，杂交水稻的研究本身也进入了瓶颈期。袁隆平决定带两个徒弟南下，寻找更适宜水稻培育的土壤与环境，以便找到野生的不育株。

一路，可是"九九八十一难"了。1969年冬天，袁隆平带领团队来到云南省元江县开辟试验田，但宏伟计划还没实现就遇上地震，房屋受损不能住人。在篮球场搭起的临时棚子里，袁隆平和学生们同住了足足3个月。这是第一难。

袁隆平又到了广州，从华南农学院（现华南农业大学）获得一批水稻，其中几株海南野生稻引起了他的注意。袁隆平在回忆录中说道："搞水稻的周期很长，本来一年只能出两代。但在海南，因为冬天的气候也很温暖，所以每年可以增加一代，即一年三代。"

当时要去海南岛，路途异常艰辛，李必湖至今记忆深刻："光是办介绍信等手续就已经非常麻烦了。先是学校开介绍信到湖南省科委，省科委又把介绍信开到广东省科委，再从那里开到海南当地科委，最后转到陵水县科委。还有交通不便等因素的影响，我们师徒3人在广州苦等了几个礼拜，才登上'红卫号'轮船。当时我们的经费还很紧张，整个团队一年只有2000块钱，所以只能买三等舱，也就是轮船最底层的通铺。船舱在海水下面，没有窗户、闷，换气还要跑到甲板上。"这是第二难。

袁隆平一行人在"红卫号"上度过了两天两夜。为了保持种子生长，他们把种子贴身绑在衣服里，用体温催芽。"水稻种子发芽的生物学最低温度是10摄氏度，温度适当发芽还会更快，35摄氏度是非常合适的温度，而人的正常体温恰好是36摄氏度。"李必湖解释道。

到了海南，师徒3人在南红农场落了脚。秧苗种下去的第十五天，海南刮起台风，倾盆大雨，试验田顷刻变成一片汪洋。情急之下，袁隆平带徒弟们和农场工人冒雨下田抢救秧苗。李必湖回忆，他们用平时睡觉的床板，往返数趟，把带着泥巴的秧苗抬回1公里外的住地。这是第三难。

眼看研究一直不顺利，"直到秋天都没什么进展"，1970年，袁隆平决定北上进京向专家请教，留下李必湖和尹华奇两人在海南继续寻找适合杂交的野生稻。

海南的野生稻田位置偏僻，并不容易发现。好在农场技术员冯克珊带领李必湖，11月终于找到了一片野生稻田。"我站在田边，观察了不到20

分钟，发现在我正前方25米，有3根稻穗的雄花不正常。"

一个疑问涌上了李必湖的心头："这是不是野生雄性不育株？"

顾不了田里的蚂蟥和水蛇，李必湖脱掉上衣和长裤跳进水中。"当我一步步走到3根稻穗跟前时，确定了这就是野生雄性不育株。袁老师平时为我们打下了非常扎实的专业基础，所以我一眼就认出来了。"

袁隆平从北京回来之后，李必湖马上报告了这一发现。一时不敢相信的袁隆平立即回到现场采集样本，通过显微镜观察，最终确定这就是他一直苦苦寻找的野生雄性不育株。他抑制不住内心的激动，大呼："高级！高级！"并正式将这些碘败型花粉败育雄性不育株命名为"野败"。

这一年，袁隆平作出了人生中的又一个重大决定：把海南繁育出的200多粒"野败"种子分享给了全国各地的100多名科研人员。此举让袁隆平真正"将秧苗插在了祖国的大地上"。

但是，"野败"到底有没有杂种优势？要靠试验说话。1972年初，袁隆平和尹华奇从海南回安江播种，途经通道县时，双江的洪水拦住了两人的去路。摆渡船停运了，袁隆平决定在江边捱一夜。尹华奇对《环球人物》记者回忆："我拿着袁老师给的两毛钱，找到附近小商店买了两个饼。一人吃一个饼，等到了天亮。但天亮后依然没有摆渡船，他就在岸边找了个船夫，商量着冒险过江。"船夫说不能保证安全，但袁隆平安慰船夫和尹华奇："没关系，我水性好，能游泳。"最终，两个人涉险过了河。这是第四难。

同年，袁隆平带领助手在湖南省农科院做了试验，但结果让人失望。"稻子的结实率不太高，不能吃的稻草产量倒是增加了七成。"这是第五难。

袁隆平并不气馁。面对其他研究人员的质疑，他说，从表面上看，试验失败了，因为稻谷减产了；但试验证明水稻有强大的杂种优势，本质上是成功的。"至于这个优势表现在稻谷上还是稻草上，那是可以研究、解决的技术问题。"

1974年，袁隆平团队育成中国第一个强势杂交组合"南优2号"水稻。第二年冬天，国务院做出了迅速扩大试种和大量推广杂交水稻的决定，中国成为世界上第一个在水稻生产上利用杂种优势的国家。1981年，袁隆平等人获得新中国成立以来的第一个特等发明奖。 从此,他的名字妇孺皆知。

走出国门,"杂交水稻覆盖全球"

《走近袁隆平》一书的作者、《中国高新科技》杂志社社长姚昆仑对《环球人物》记者说,袁隆平一直有两个梦想,一个是"禾下乘凉",另一个就是"杂交水稻覆盖全球"。"他曾不止一次在公开场合表示:'杂交水稻不仅属于中国,也属于全世界。'"

20世纪70年代,随着中美关系破冰,中国杂交水稻的突破被传到大洋彼岸。美国某大型农业集团发现了袁隆平的"东方魔稻",邀请他来授课。姚昆仑说,当时与袁隆平一起出访的,还有湖南省农科院的副研究员陈一吾等人。"陈一吾是知识分子的模样,而袁隆平皮肤已是古铜色,满脸都是刀刻般的皱纹。来机场迎接的美方代表当场摆了乌龙,他先是淡淡地跟袁隆平握了个手,然后跑去先给了陈一吾一个大大的拥抱,大呼:'能在洛杉矶接待袁隆平这样伟大的专家,我感到无比荣幸。'旁边的袁隆平哈哈大笑,陈一吾为了缓解尴尬,向袁隆平打趣:'人家都说你老袁是刚果布(袁老的绰号,形容他皮肤黑),我有那么黑吗?他拉过美国代表,介绍道:'这才是我们的袁隆平老师,我们是他的助手'。"

曾任国际水稻研究所所长的斯瓦米纳森对袁隆平的成就给予高度评价。他说:"我们把袁隆平先生称为'杂交水稻之父',因为他的成就不仅是中国的骄傲,也是世界的骄傲。他的成就给人类带来了福音!"

20世纪90年代,联合国粮农组织将推广杂交水稻列为解决发展中国家粮食短缺问题的首选战略。袁隆平被聘为国际首席顾问,十几次赶赴印度、缅甸、越南等国指导发展杂交水稻。

为了帮助"人口多、粮食少"的印度,袁隆平派尹华奇到印度工作了几年。1998年前后,尹华奇又在袁隆平的授意下去了越南。"越南农业部主持引进了中国杂交水稻,结果5年之后就从一个粮食进口国变成了粮食出口国。

越南政府给袁老师发了一枚勋章，还有一家公司的老板用黄金铸了一块匾给他，上面写着'粮食救星'。如今这块金匾依然在博物馆里挂着。"

说起袁隆平的逝世，尹华奇沉默良久。这两天，和老师相处50余年的画面总是在他脑海里浮现。"其实，袁老师有慢性胃炎。因为他吃饭总是饱一餐饿一餐的，胃一直不太好。"尹华奇顿了顿，庄重地说："为了解决人类的饥饿问题，这位'杂交水稻之父'自己却挨过很多饿。"

（文／冯群星　隋坤，实习生杨礼旗对本文亦有贡献）

一株稻成为世界性遗产

中国疾控中心主任高福评价说：袁隆平为普通人做普通的事，做出来就是世界顶级的科学。

袁隆平去世后，《环球人物》记者采访了几位学界带头人。他们对袁隆平的评价出乎我们的意料——"袁隆平先生是战略家！"他们不约而同地说。

"他告诉我们，起初他是准备做杂交小麦、红薯的，但他觉得水稻才是全世界最重要的粮食作物，这是最大的科学，就一心扑在了上面。"中国科学院院士、中国疾控中心主任高福说。

"袁先生在20世纪80年代提出杂交水稻从三系法走向两系法，并最终实现一系法的战略设想。几十年了，大家一直在这个框架下努力攻关。"中国水稻研究所水稻生物学国家重点实验室副主任王克剑说。

各国媒体也纷纷发文悼念，称袁隆平的杂交水稻新技术不仅为中国带来了巨大的利益，而且也被其他国家积极采用，"袁隆平的遗产确实是世界性的"。

"本希望他再过几天就能看到我获奖"

水稻具有杂种优势，即杂交水稻比常规水稻更高产，这一特性早在1926年就被美国人 T·W·琼斯发现，但这种杂种优势长期未能得到充分利用。因为水稻作为自花传粉的植物，同一植株上的雄蕊和雌蕊如果都发育完好，它们之间就会发生自交。若想杂交，非得除去母本植株上的雄蕊不可。要靠普通方法人工去除雄蕊来大量生产杂交种子是极其困难的，而且杂种优势只在杂种第一代表现明显，种植过程中必须每年配制第一代杂种才能利用这种优势，这就需要耗费大量人力和财力。

突破水稻杂种优势利用研究的关键，在于培育雄性不育系。1961 年，袁隆平在试验田里发现一株籽粒饱满的杂交水稻。他心想，既然自然界存在杂交稻，也就会有天然的雄性不育株，于是开始寻找天然的雄性不育稻株。1970 年的一天，他的学生李必湖在海南的一片池塘边发现了一株"野败"（野生雄性不育株），袁隆平开始将之用于杂交试验。1973 年，袁隆平收获了"野败"的后代，几万株稻子全部雄性不育。

"袁先生最大的贡献是把杂交水稻从理论可行变成了实际生产。如果没有他从 0 到 1 的突破，就没有从 1 到 100 的进步。"王克剑告诉《环球人物》记者："这个过程需要攻克很多困难，但他相信科学，从开始就坚信这个方向是对的，为此持续攻关，最终实现了通过三系配套的方法利用水稻杂种优势的构想，并成功发现和培育了雄性不育株，三系法得以成功实践。难能可贵的是，袁先生还把三系法的成果无偿分享给国内外的同行。如果没有袁先生的话，杂交水稻不知道什么时候才能做成功。要知道，很多品种有杂种优势，像小麦、大豆等，但至今没办法很好地利用。"

"三系"是指杂交水稻的三个株系，即雄性不育系、雄性不育保持系、雄性不育恢复系。三系配套就是要让不育系的"水稻寡妇"分别跟恢复系和保持系的"丈夫"结合，生下具有不同性质的后代，让杂种优势一代代传下去。"三个株系要同时选育，育种很困难，有时遇到恶劣天气，可能一年的工夫就白费了，所以需要多年心血才能选育成功。而两系法就是可以少选育一个株系，即不育系和保持系合并为一个株系。一系法通俗而言就是可以留种，不需要再去每年制种了，一次制种就可以一直使用，制种成本也大幅下降，能实现杂种优势的最大化利用。"王克剑说。

1973 年，袁隆平宣布三系配套成功。1989 年，首次两系法杂交水稻培育成功。生于 1983 年的王克剑选择研究方向时，一系法攻关多年未能取得突破。"一系法研究当时是冷门方向，但袁先生还是鼓励大家从事这方面的探索，我也是受袁先生的影响，觉得虽然困难很大，但值得去探索。"王克剑说。

2019 年 1 月，王克剑团队利用基因编辑技术，建立了水稻无融合生殖体系，成功克隆出杂交稻种子，令杂交稻性状可以稳定遗传到下一代。该项成果在线发表于《自然·生物技术》杂志。"我们第一次得到杂交水稻的克隆种子，证明了袁先生早年提出的从三系法到一系法构想的可行性。"王克剑说。

袁隆平得知这个消息后第一时间致电祝贺，还说希望能马上见面了解相关情况。王克剑到海南后，袁隆平就把王克剑拉到身边坐下。"令我很惊讶的是，他虽然90岁了，仍然虚心学习，让助手提前把我们的文章详细给他讲了一遍，问了我很多非常专业的问题。他也给我讲了讲他当年的研究情况，面临怎样的困难。问我现在有什么困难、将来准备怎么做，等等。他很开心，因为这也证明了他当年的战略设想是对的。晚上，他把我们留下来吃饭，继续了解一系法研究计划。我能感受到他对水稻事业的一片深情。"

兴奋之余，袁隆平告诉王克剑，自己要推荐他参评陈嘉庚青年科学奖。2020年，王克剑获奖了。由于疫情，颁奖仪式推迟到2021年5月底的两院院士大会上进行。"本希望再过几天他就能看到我获奖的，袁老走得太突然了。"

王克剑坦言，他们团队的科研成果目前还不完美，结实率（一株水稻上的种子数量）有所下降。"袁先生的愿望还没有完全实现，我们还要继续奋斗。"

"袁先生是获得诺贝尔和平奖的不二人选"

袁隆平最早是在《水稻的雄性不孕性》一文中提出的三系配套方法，该文1966年发表于第17卷第4期的《科学通报》上。50年过后，2016年，中国科学院院士、时任中国疾控中心副主任、《科学通报》主编高福提议，在《科学通报》上编辑出版杂交水稻专辑，纪念这一重大科学事件。

"当时，我们倡导让中国的科学期刊和中国的科学一起腾飞。这就需要我们中国的科学期刊产出更多像《水稻的雄性不孕性》这样有学术地位的文章。"高福告诉《环球人物》记者。

为了出版专辑，2016年4月，高福带队到长沙拜访了袁隆平。当时，袁隆平刚做过眼科手术，戴着墨镜，一见面就打趣道："看我像不像黑老大？"又打趣高福："哎呀，你长得很帅！"

"老先生挺兴奋，回忆起当年发表论文的细节。他的记忆力太让人感动了，什么都记得。他说当时还挣了40块钱稿费，也回忆了跟编辑的沟通过程，最初写的是长篇文章，最后压缩成一篇小文章，但是把主要的想法都写进去了。"高福说。

那次见面，高福给袁隆平带了一本书。2013年，高福组织翻译了1996年诺贝尔生理学或医学奖得主彼得·杜赫提著的《通往诺贝尔奖之路》，并请作者给中文版写了自序。"我什么也没跟他强调，就说请他写个序，没想到他提到了袁隆平。"原著作者在中文版自序中写道："我深信，在不久的将来，我们将见证中国出现诺贝尔奖获得者或者是一个获奖团队。其实，如果有农业诺贝尔奖的话，恐怕袁隆平先生早就得了。他的杂交水稻工作是超一流的。我认为，袁先生是获得诺贝尔和平奖的不二人选。"高福把一本带有彼得·杜赫提签名的书送给了袁隆平，也在接受《环球人物》记者采访时逐字念了这段话。

2014年，袁隆平获得诺贝尔和平奖提名，因为他解决了亚洲乃至世界的粮食短缺问题。在高福看来，袁隆平是"把论文写在祖国大地上"的最好践行者。"把论文写在祖国大地上，是习近平总书记站在中国社会发展的历史节点上，号召大家选择课题要为祖国、为人民服务，这是战略布局。但有些人把这句话错误理解为是一种战术上的具体方案，以为可以不发论文了，农业科学家卷起裤腿到田里干活去就可以了，这是片面的、错误的。一篇优秀的科技论文既可以是人类认知突破的'顶天'之作，从而开辟新的学科领域、引领科学潮流，又可以是推动社会进步、造福人类的'立地'成果。《水稻的雄性不孕性》既引领了国际科学前沿研究，又福泽了全人类，所以它是写入教科书的传世巨作。"高福说。

袁隆平在高福心目中一直是偶像人物。"这么多年，我们把他放到'神坛'里了。但我通过多次接触发现，他本人追求做一个普通人，为普通人做普通的事。而这些普通的事做出来就是世界顶级的科学，是中国社会顶级的需求，是人民生命健康顶级的需要。"

高福想过，如果能像袁隆平一样做到"4个D"，每个人都可以成为袁隆平。"Diligence，要勤勉、努力；Dedication，要用心、投入；Devotion，要有奉献精神；Determination，要有决心、信心。这4个D在他身上彻底地体现出来。他一直在坚持自己的信念，用心、努力、奉献，直到牺牲在战场上。"

"人性的光辉使袁隆平得以在艰难中开展工作"

另一位公众知名度很高的科学家，首都医科大学校长、北京大学生命科学学院原院长饶毅，在2016年写了一篇科普文章，讲述了《水稻的雄性不孕性》一文的重要意义。文中写道，这篇论文发表于"文革"前夕。袁隆平在"文革"中能顺利开展杂交水稻研究工作，就是这篇论文救了他。

当时国家科学技术委员会九局的熊衍衡读到袁隆平的论文后，推荐给了九局局长赵石英。赵石英认为水稻雄性不育研究，在国内外是一块未开垦的处女地，若能研究成功，将产生重大影响，立即报告给国家科委党委书记聂荣臻。聂荣臻元帅在领导"两弹一星"等国家大力支持的、很多大科学家参与的大项目之余，拍板支持了形单影只的袁隆平和当时看来距成功遥遥无期的杂交水稻研究。1966年5月，国家科委给湖南省科委和安江农校发函，要他们支持袁隆平的工作。

袁隆平还得到时任湖南省革委会主要负责人华国锋的支持。1970年6月，湖南省革委会召开湖南省第二届农业科学技术大会。"华国锋同志还破例把我请到主席台上，在他身边就座，并让我发言。会上，他还给我们研究小组颁发了奖状。这真是雪中送炭，使得孤独前行的我们，在一片阴霾中感到了巨大的力量。"袁隆平生前回忆道。

"袁隆平从前人的科学积累中得知杂交优势，1964年开始寻找雄性不育系，和团队通过多年研究，于1974年得到提高产量的杂交水稻，很快得到推广。这时距他开始科研已经 18 年、找杂交水稻逾 10 年。"饶毅写道，"人性的光辉使袁隆平的重要工作在艰难的环境中得以开展。"

"真正的、最值得我敬佩的学者"

袁隆平去世后，同为"共和国勋章"获得者的钟南山院士缅怀道："隆平大哥，我的挚友！天堂里好好休息。你已经将论文写在祖国的大地上，有空就指导一下学生继续'三系'攻关。你是一个真正的、最值得我敬佩的学者！"

有网友留言道："泪目！袁爷爷管我们吃饱饭，钟爷爷管我们健康，'医食无忧'组合再难同框了。"这源自 10 年前两人同台的一段视频。2011 年 12 月 10 日下午，在广州举办的"2011 中国梦践行者致敬盛典"现场，坐镇主场的钟南山为获奖的袁隆平颁奖。钟南山对观众介绍身边的袁隆平说："我叫他隆平大哥。为什么呢？他只比我大几岁，他的身体特别好。我今天早上还特别检查了一下。"接着，钟南山又对袁隆平说："唯一（要注意的）就是以后不要再抽烟了，好不好？"袁隆平大笑，台下观众也笑成一团。

2010 年两人在海南见面时，钟南山就劝过袁隆平戒烟。袁隆平说："我这是小循环，没吸进肺里，把烟吸进嘴过把瘾就吐了。"钟南山则劝道："在房门口烧一把烟，总会有些飘进屋来。"可是自 1949 年就开始吸烟的袁隆平烟瘾太大，还跟钟南山振振有词讲吸烟的十大好处。2011 年 12 月颁奖当天上午，钟南山给他检查身体，又劝他戒烟，可当天中午一回到酒店房间，袁隆平就点上了一根。下午颁奖前几分钟，钟南山专门问工作人员，袁隆平有没有听话，工作人员把中午的事告诉了钟南山。就这样，领奖台上，钟南山再次当众劝诫。第二年，2012 年 11 月 15 日，袁隆平宣布正式戒掉了 63 年的烟瘾。

两人都是国之栋梁，同在 20 世纪 30 年代出生。1971 年，就在袁隆平发现"野败"第二年，钟南山被调到广州第四人民医院，当上了一名医生，开始了他的临床和科研之路。两人又都是运动健将——钟南山曾在 1959 年夺得首届全运会 400 米栏冠军，袁隆平年轻时多次在游泳比赛中夺冠，许多人觉得两人长命百岁不成问题。"隆平大哥"已去，钟南山仍以高龄继续在祖国的大地上书写论文，他深情的缅怀着实令人泪目。

从"30 后"钟南山，到"60 后"高福、饶毅，再到"80 后"王克剑，以及无数"90 后""00 后"学子，他们经历不同，却都被袁隆平为天地立心、为生民立命、将终生献身科研的精神所触动。隆平已逝，隆平不朽。（文/田亮）

袁隆平，最后的时光

袁隆平的学生、秘书、同事没有预想到，袁老的逝世会引起全国上下这样大的悲恸。2021 年 5 月 24 日追悼会当天，有近十万百姓潮水般从全国各地涌向殡仪馆，所以他们要收拾心情，负责组织接待工作。追悼会当天晚上，我们终于联系上了袁隆平的秘书辛业芸，她说了句："我的脑子都迷糊了。"但就在这样的疲惫又悲痛的状态里，他们依然同意接受我们的采访，因为他们希望人们了解袁老生命中最后的光华。

青年学生李建武：守灵一夜，我一直在流泪

我是湖南杂交水稻研究中心助理研究员李建武，跟随袁老师工作有十几年了。追悼会上，我望着袁老师躺在那里，在鲜花和绿叶中，他像是睡着了。这次追悼会极尽简单，甚至没有念悼词，这是袁老师家属的想法，也可能是袁老师生前对他们表达过此意。有人说，袁老师身上穿着红蓝格子衬衫和深蓝色西装。其实我看不见他的衣着，他身上盖着国旗，但我知道，他生前特别喜欢格子衬衫，他的衣服百分之八九十都是格子衬衫和条纹衫。若穿着这套衣服，他应该满意。

袁老师 5 月 22 日去世，23 日一大早就有很多市民来我们杂交水稻研究中心悼念，当天至少来了三四万人。研究中心一进门有个很大的广场，市民们悼念的鲜花早早把那里摆满了。24 日来悼念的人就更多了，研究中心外面是一条长长的马路，两侧也被摆满了鲜花，再往外走是袁老师安排种植的早稻试验田，田边也都是悼念的鲜花。研究中心大厅的三面墙上贴满了唁电，电梯旁边的空白处也贴满了，就这样，还有很多唁电没贴出来。

24 日一大清早，在明阳山殡仪馆，来悼念的市民队伍排了两三公里，

他们都是自发过来的，其中不少是从很远的地方坐飞机坐高铁赶来。他们看了袁老师的遗体后都在哭，不是无声地流眼泪，是真的泣不成声。那场景令我深感震撼。

这两天，我和很多同事负责参加追悼会人员的组织接待工作。23日那晚，我和另外3名同事在研究中心的灵堂守护了一个通宵。我想，这可能是我和老师最后的相处时光了，再多陪陪他吧。那一夜，我脑海里闪现着一幕幕往事。我想到袁老师的慷慨激昂，他曾讲："如果实现（单季稻）亩产1200公斤，那就是我们给党的百岁生日献礼！"我想到，在海南过2021年新年，他手写了新年祝福语，还大声说："中国最牛！""今年（必定）牛气连连！我们要实现（双季稻）亩产3000（斤）！HAPPY NEW YEAR！"我还想到，我跟他说要完成科研目标拿到他自掏腰包设置的10万元奖金。还有我们最后一次照相，最后一次他给我题字，最后一次握手，最后一次谈笑风生，最后一次开会，最后一次我给他汇报工作……守灵一夜，我一直在流泪。

听到袁老师去世的消息，我脑子一片空白，到现在都不愿意接受。不只是我，这两天我接待一些熟悉的领导、同事，大家都觉得很不可思议，很多人在几个月前见过他，很多人感叹："袁老走得太突然了！"

2020年12月起，我一直在三亚负责杂交水稻的栽培工作。袁老师在11月底到的三亚。那时，他的精神状态还比较好。先前他就提出了双季稻亩产3000斤、单季稻亩产1200公斤两个目标，12月20日，他又在三亚主持召开杂交水稻高产攻关的会议。会议开了两小时，他全程参会，中间没休息，还在会上发言。在三亚，我们常见面交谈。如果不见面，袁老师就打电话问我杂交水稻试验田的情况。有时候早上八九点打来，问行程的问题，是到试验田还是到别的地方；有时候下午三四点打来，他猜测一些试验结果可能要出来了；有时候是晚上八九点打来，他可能突然想起与杂交水稻相关的事。所以，他一天到晚想的都是杂交水稻。

在三亚，我们给袁老师安排了一个小别墅样子的住处，但是他一直不去住，坚持住在科研基地。科研基地住所的条件很一般，类似于一个普通的招待所，里面有一张床、一个厕所……设施简单得不能再简单。但是为了及时了解科研进展，袁老师坚持住在那里。3月上旬的一天，他在上厕所的时候摔了一跤。我听到消息马上从田里赶回去。我们叫了救护车，一起把他从二楼抬下来送到医院。我当时万万没想到，情况会这么严重，这竟然就是我们的最后一面。

对我来说，袁老师是很亲的亲人。在追悼会上拜别他时，我在心里默默向他保证："您最想达到的两个目标，我们一定会替您实现！感谢您十几年对我的关心、帮助和指导。袁老师，一路走好！"

研究员辛业芸：他从不表露痛苦

我是湖南杂交水稻研究中心研究员辛业芸，也是袁院士的秘书和学生，从1996年起就在袁院士身边服务了。

这几年，袁院士生病后，我们陪他到北京、长沙的名医院看病。袁院士经常笑说"医生的话不能全信"，可能因为这样，医生嘱咐吃药住院的话，他并不是完全照做。记得2021年春节，我们提醒他吃药时，他要么"谢绝吃药"，要么接过药就扔掉。给他看过病的医生都有印象：这个老人"依从性"差。

我有时候会思考，他不想吃药时，是不是代表心里有疑问："这个药到底是不是治我的病？对症不对症？"他可能想要这样说出来，也可能想通过这样的举动表明想了解病情到底怎么样，但他没有直接表达出来。我觉得正因为他是科学家，所以做事讲究依据，要把道理讲透，他才会真正接受，才会配合。

在袁老身边这么多年了，我慢慢感觉到他的老去。

2010年前后，袁院士出现肺功能降低的症状。他有60多年的烟龄，曾经还有一套抽烟理论，大谈抽烟的好处："友谊的桥梁、寂寞的伴侣、纳税的大户、灵感的源泉、痴呆的良药……"但疾病使他意识到必须要戒烟了。他给自己制定了一套计划：先把焦油含量高的改成含量低的，然后一支烟只抽半支，再又变成只抽 1/3 支，慢慢地吸烟也不过肺了，直到 2012 年，他把烟完全戒掉了。

他戒烟是为了对杂交水稻无尽地追求，他不但每天要去田间看水稻，还要到各地的杂交水稻试种示范点考察，没有健康的身体可不行。但他还是没好好爱惜，2015 年、2016 年的时候，他真是像年纪轻点的人一样到处去看点，我觉得是透支了，后来身体看着就不如从前了。早前，他可以下到水田里查看水稻，慢慢地他只能站在田边，不能下到田里了，不然一脚踩下去，会拔不起来。以前能走路上下班，后来需要开车接送了。

他患上了慢阻肺。以前，在海南南繁时他常常带着大家去海里冲浪、游泳，慢慢地游泳次数减少了，只能到那种很僻静、水很清澈又没有浪的地方游。再后来，他就不游了。我曾经很疑惑地问过他："袁老师你以前那么热爱游泳，怎么不游了呢？"他答："我下水以后会气喘。"我听了心里真是好难受。不光是游泳，他热爱的气排球也慢慢不打了。身体锻炼就是他自创的一套动作舒缓的体操，每天坚持做，直到这次入院前，他都一直在坚持。

他生性要强，生病了，也不表露病痛，也不讲悲观的话。所以为什么他的去世让很多人感到突然和震惊，可能是因为他在人前尽力地展现良好的状态，在此前的各种媒体报道中，他一直是精神饱满的，充满活力的。

他不但对外展现良好状态，还会给我们表现出良好的心态，比如打麻将和唱歌，他好嗨。打麻将上午打一场，晚上打一场。晚上临睡觉前唱半个小时到一个小时的歌，他的"歌单"里有三四十首歌，我们陪着他一起唱歌。有时候，他用俄语唱苏联歌曲，我们都不会唱，他就独唱。我在想，打麻将和唱歌都成为他抵抗病痛的方式了，这样可以使他从病痛中分心。

作为他身边的工作人员，我们知道他其实病重了，但是到了什么程度，有时候却有点迷惑，因为从他的表现和状态很难判明。从 2020 年 12 月份以来，他一直处于治疗中，治疗的过程也是很痛苦的，肯定不舒服，但不舒服到哪种程度，他宁愿自己承受，也不说"不好受""不舒服"这样的话。哪怕到了临终前，我们还是没听他说"痛""不舒服"这样的字眼。

最后在医院的这段时间，尽管他有时像梦呓一样，但我认为他还是头脑很清晰的。仔细听，他的话语都围绕杂交水稻，而且很有逻辑性，或是关于第三代杂交水稻研发，或是关于杂交水稻某个技术环节，杂交水稻播种、制种的每一个环节，他都关心得很细致……他的头脑里就像在放一部杂交水稻的电影大片，他像个总导演，指挥着每一项具体的工作。他有时会说"要开会""有几点要注意"。我想他还是有事情要交代，他要通过开会来布置杂交水稻的各项任务。

我还记得他过 90 岁生日的场景，大家围绕着他，唱着生日祝福歌。我听见他在许愿："要实现亩产 3000 斤的目标……"而此刻，我想说，袁院士，您就放心吧，这个愿望一定会实现的。

年长弟子邓启云：他带我们这些晚辈一路狂奔

我是袁隆平老师的弟子邓启云。我从 1983 年大学毕业分配到湖南省安江农业学校工作时就认识了他，至今已陪伴他老人家 38 年了，现在是杂交水稻国家重点实验室主任。

我 5 月 21 日赶到医院时，袁老师身上已经插着输氧机，临危了。我跟他说了几句话，老人家有反应，但是不能回答了。我说："袁老师，邓八克来看您来了。我们现在超级稻研究又取得了新的进展，把您的事业继续往前推进。""邓八克"是他 2002 年给我起的绰号，因为我当时选育了一个超级稻品种，每穗稻谷重达 8 克，所以他就这么叫我。我去医院看望他时，他已经好几个小时发不出声音了。可当他听到我来了，比较激动，努力答应了一声，轻微地点了下头。我看到他的血压、心跳等数据又上来了一些。在他临危之前，弟子们和他的儿子们跟他讲杂交水稻科研的发展、产业化推广这些事情，他都有反应。他在弥留之际，念念不忘的还是杂交水稻事业。

他被人们称为"杂交水稻之父"，而杂交水稻真的就像他的孩子一样，他十分爱惜。他曾写道："从把它（杂交水稻）播种到田里面，一直到收获，我每天只要有时间都要到试验田里去看一看：它长得好不好，要不要肥料，要不要水，有什么虫，有什么病。如果虫来了，那赶紧要治，如果治不好，被虫吃掉了，那我会伤心的。每天看着它成长，心中无比欣喜。"袁老师也喜欢对水稻有感情的年轻人，他希望他的学生都能懂得这份牵挂的心情。

有一次，我陪袁老师从香港中文大学回内地，从温室带回了 7 株苗子。路上火车一路颠簸，快到长沙的时候，我一看苗子快死了，当时就傻了。结果被袁老师骂得要死哟，也没敢吭声。一回到实验室，他就集中精力，好歹救活了 5 株，我这才松了口气。袁老师骂人，当场骂完就完了，第二天见面该干啥干啥，好像什么事情也没发生一样。他着急是对事不对人。

在我印象中，他好像永远年轻。平时，很多事情他都要身体力行地参加。其实他做一些指导，口头说说就可以，但他不是。2004 年，很多科学家到海南参加一个国家高技术研究发展计划会议。74 岁的袁老师也在其中。会上，科技部有位处长说，以后像袁院士这样的老科学家慢慢退出一线了，可以主要培养年轻人，为他们做顾问和指导。袁老师当时就站起来说："我不是裁判员，我是运动员！"大家都吓了一跳，然后哈哈大笑起来。后面这十几年，他一直是这个心态。

袁老师是中国杂交水稻研究的先行者和总设计师，他带领团队不断攻关，走向了科学的高峰，让我国杂交水稻技术一直遥遥领先世界。他得过很多奖，早已功成名就，但他觉得那是包袱，人的心思不能停留在过去的成绩，要向前看。所以我认识他这 30 多年来，他一直带着我们这些晚辈一路狂奔，年轻一代的步伐有时候甚至追不上他。有时候一个目标还没实现，他已经定好了下一个目标。杂交水稻的亩产数字不断更新，对他和我们而言，像是一场没有终点的马拉松。大树虽倒，浓荫满地。祝袁老师一路走好。

（文／王媛媛　田亮）

为什么人人都爱袁隆平

> 他自称"普普通通的农民",自带有趣灵魂,挠头、撸猫、说英文都能上热搜。

2021年5月22日,袁隆平逝世当天,许多人在社交媒体上晒出了吃完饭空盘的照片。"不浪费粮食是对袁老最好的告慰。""中午吃饭的时候,我很认真地一粒一粒都吃干净了。袁爷爷,一路走好。"

当天下午,灵车从湖南省长沙市的湘雅医院驶出,人们夹道相送。一位B站博主拍摄了14分钟的送别视频。为了能多送一程,好几次灵车远离了视线,她和周围许多年轻人又跑着追了上去,直到跑不动为止。她在字幕里写道:"是什么样的人能促使我们这样追逐呢?我想应该就是国家脊梁、民族骄傲吧。"

哀悼、悲痛、感激、怀念……很少有一个人的逝世能引起14亿中国人如此强烈的情感共鸣。为什么大家热爱袁隆平?有人写了一句话作为答案:"我好像与他有一面之缘,在课本上,在饭桌上,在人间里。"

袁老的学生、湖南杂交水稻研究中心助理研究员李建武也给出了自己的答案:"从20世纪60年代到现在,从亩产量三四百斤到1000多公斤,袁老师和他研究的杂交水稻解决了中国的吃饭问题,让我们端牢了自己的饭碗。我们每个人都看到了,我们每个人都感谢他。而这样一个人,只要你接触他,就会发现,他是个很普通的农业工作者,吃得简单,穿得简单,朴素极了。他又是那么好玩,像老顽童一样。这样一个'星',你很难不去追。"

"他不仅是杂交水稻之父,还是我们农民的'父亲'"

在湖南,人们会亲切地称呼袁隆平为"袁嗲嗲"。很多人都见过袁隆平陪着夫人邓哲一起逛市场的样子，也见过袁隆平独自在超市看完米价，高兴走掉的样子。在去往杂交水稻中心的路上，许多小店的招牌都有袁隆平的题字。没架子、接地气的普通人袁隆平，让大家总有一种亲近的感情。

曹小平是袁隆平18年的"专属"理发师。她和她的理发店见证了袁隆平许多重要的日子。2019年去北京领"共和国勋章"前，2020年90岁生日前一天，袁隆平都特地来理发。袁隆平对发型有自己的主张，他喜欢短短的板寸，脑门处带点圆弧度。每次剪完头，他总会俏皮地说上一句："哈！我又年轻了！"

2021年袁隆平住院期间，曹小平经常向工作人员打听他的身体状况，得到的回答是"还好""还可以"。但她心里还是放不下。她记得之前有一次，袁隆平住了21天院，回来时连家门都没进，第一件事就是找她理发。见面时袁隆平用一种求安慰、求关心的语气说："小曹，我住了21天院，你知道吗？"所以她想，这次有机会一定去医院给袁老理个发。但没料到，这成了一个永远的遗憾。

5月23日，在长沙明阳山殡仪馆，一位来自湖南沅陵的农民带着全家，驱车400公里赶到长沙，送袁隆平最后一程。在接受媒体采访时，她哽咽着说："他是我们的恩人，我们是农民，靠种庄稼吃饭的……他不但是杂交水稻之父，更是我们农民的'父亲'。"

采访中，李建武也向《环球人物》记者提到农民朋友和袁隆平之间的特殊情结："十几年里，我们出差到基地，都是和农民打交道。每到一个地方，都有很多人要和他合影。袁老师从来都是很配合很和蔼，哪怕十几二十个人排着队来。逢年过节，农民朋友会给他寄很多土特产，土豆啊芋头啊，各种各样的。"

《湖南日报》原科教部主任谭毅挺和袁隆平认识几十年，也提到了一个印象深刻的场景。早年采访时，他经常看到农民们忙碌一天，收完稻子都去袁隆平家喝茶聊天，"就像在自己家一样"。

袁隆平一直关心农民的生活和处境。2019年，他给政协提案，希望"政府以比较高的价收购农民粮食，以平价供应市场，这样子粮价不涨，通货不膨胀，国家可以补助农民，让农民有积极性。"2020年，为了给扶贫出份力，他自己拿钱，买了1万斤"超优千号"种子，捐给了云南澜沧县。

更本质的是，袁隆平一直把自己看作是农民群体的一分子，下田永远是他最快乐的事。"这么多年，袁老师经常说，自己就是一个普普通通的农民。他是这么说的，也是这么做的。一直没变过。"李建武说。

"我啊，handsome！"

"今年是牛气连连，牛气冲天。我们要实现亩产三千！"2021年春节前，李建武上传了一个抖音视频，袁隆平对着镜头开心地许下愿望。结尾他还中气十足地说了句："HAPPY NEW YEAR（新年快乐）！"

李建武给袁隆平拍了很多小视频，这是他和老师之间特别的互动方式，"想记录一下和袁老师相处的日子"。袁隆平的公开活动不多，于是人们常来李建武的主页看看"新鲜的"袁老——他还是爱穿格子衬衫，吃早饭喜欢米粉配旺旺雪饼，收到郎平的签名排球时，他摸着排球赞了声："好家伙！"

袁隆平身上这种感染力极强的快乐气息，《环球人物》记者其实很熟悉。2019年7月，我们在长沙一处稻田旁见到了袁隆平。当时是长沙最热的时节，袁隆平穿着黑鞋、黑裤、条纹衫走过来，脚步有点蹒跚，但精神挺好。田边有几位技术人员正在等待，一见到他，就开始了汇报。袁隆平听着，不时点头，不时询问。过了一会儿，家人朋友也跟了出来，有人拍了一只落在他身上的蚊子。袁隆平跟技术人员交流完后，转过头，眼神亮晶晶的，故意提高嗓门，喊了一句"是谁打了我？"大家都笑了。

更早之前的2006年，也是炎热的夏天，《环球人物》记者在稻田边见到袁隆平。那时他76岁，行动敏捷。助手介绍记者是"80后小年轻"，他立即说："那我比你大一点，我是'70后'嘞！"说完哈哈大笑。

在网上，更多类似的有趣瞬间被做成了动图、表情包、小视频，保留了下来。人们喜欢这个有着小精灵一样发型和耳朵的老爷子，喜欢他一举一动无意间透露出来的反差萌。

于是，他说句英文都会上热搜。2020 年第三代杂交水稻双季稻测产突破了亩产 3000 斤，记者问他什么心情。他用力鼓完掌咧嘴笑："more than excited（非常高兴）！"也有记者问过他，觉得自己帅不帅？他眯着眼乐呵呵的，好像没必要谦虚："我啊，handsome（帅）！"

接受央视《面对面》采访时，他吐露了小烦恼，说不带博士生了，"要指导他搞试验，要修改他的论文，麻烦得很，死脑细胞的"。问他带队伍难不难，他顿时皱着脸双手使劲儿挠头，那副"别提了，不愿多说"的发愁样子被做成了经典动图。

"老小孩"的一面也被记录下来，广泛流传。

他爱吃零食，网友专门剪了一个袁爷爷吃播集锦，工作人员在视频里评论他："吃甘蔗是压榨机，吃西瓜是挖掘机，吃糖是粉碎机。"民警上门为他补办身份证，录指纹的时候，他得意洋洋地说："我的手有 10 个螺咧！"周边人很捧他的场："十全十美！"

袁隆平有哮喘，医生不建议他养猫，但他还是养了两只。其中一只是他亲自去宠物店挑选的。当时陪在身边的工作人员用哄小孩子的语气问他："就喜欢这只啊？那就买这只了啊？不再看别的啊？"他点点头："噢！"后来，他给这只小猫取名叫花花。在他听汇报的时候，袁花花常常安静趴在他身边。

他对小动物似乎有种天然的喜爱。两年前参观三亚南繁科研育种基地时，观光车司机特意停下来让他看看碧绿湖面上的鸭子群。在那个视频里，袁隆平侧脸望向水面，不停地小声感叹："鸭子好漂亮啊。""好漂亮好漂亮啊。"沉默了几秒钟，他突然学着鸭子叫了起来，"嘎嘎嘎嘎"，快乐极了。

除了可爱，人们还觉得袁隆平总是"有梗"。对于一些事情，他很有一套自己的说法，常常冒出金句。他说自己上班不打卡，爱好自由散漫，"不是在家，就是在试验田，不在试验田，就是在去试验田的路上"。

他对年龄很敏感。过去参加活动时，主持人介绍他是 83 岁高龄，他反应极快地纠正："青春，83 岁青春。"步入 90 岁，他喜欢叫自己"90 后"，也欣然接受了"90 后"资深帅哥的称号。

他还有一套预防痴呆的办法，其中之一就是打麻将，做"脑力训练"。他提醒年轻人注意锻炼，常以自己为例，以至于全网都知道他是游泳冠军和排球高手。

不过，曾经热爱的排球近两年已经打不动了。在李建武印象里，2020年老爷子也就打了一次。不像以前，他在球场上拖着长音喊一句"打球咯！"召集球友后就能打个痛快。"哪个球打好了，他喊：'好球！'哪个球打差了，他嚷嚷：'筐瓢（湖南话：搞砸了）。'还故意喊你'瓢师傅'。他就是个老顽童。"李建武说。

柔软的心

在追悼会现场，袁隆平的夫人邓哲坐在轮椅上，痛哭着和丈夫告别，无疑是全场最让人难过的一幕。

过去，在袁隆平出现的那些影像里，邓哲常常是那个站在他身后，笑着看向他的人。袁隆平拉小提琴时，她是弹钢琴的人；袁隆平买猫时，她在一旁笑着逗猫；袁隆平过90岁生日，切蛋糕时把第一口递给她，她吃了，大家鼓起掌欢呼，她笑得有点不好意思。

此前，袁隆平二儿媳接受采访时，提到了两位老人的日常相处细节。"我公公很细心，反而我婆婆还粗心一些。比如说，他出门，每到一个地方，一定要给我婆婆打电话。每天至少一个电话。如果我婆婆出去旅行了，他在家一定要打给我婆婆。都是他主动打。在这方面基本上我婆婆属于被照顾被呵护的。他出门给我婆婆买裙子，他自己说的，买一条大码的，买一条中码的，你穿哪一条合适就哪一条。"

在纪录片《时代 我》里，袁隆平的三个孙女也见过爷爷对奶奶的温柔。"有一次我们去香港买东西，爷爷觉得奶奶的手表小了，想给她换一块，去了一个很贵的手表店，但当时不知道很贵，爷爷出来说不要手表了，就剥了一块山楂片给奶奶吃。"说完，三个小姑娘哈哈哈笑起来。

在这个大家庭里，袁隆平是一个什么样的家长？

"我们肯定有做得不好的地方，但（他）从来没有指责过你，没有批评过你。至少我在袁家做了25年儿媳妇了，他从来没有说过我们。有时候我会跟我父母讲，我跟公公婆婆住一起，比跟你们住一起更加轻松。他们特别民主开明。"袁隆平二儿媳曾对媒体这样说。

学生也是袁隆平某种程度上的"家人"。李建武跟了袁隆平十几年，说话时很亲近、不拘谨，汇报时还经常趁机撸猫。他熟悉袁隆平家里的情况，有记者去采访，他可以做导游。他结婚时，袁隆平给题了字。他带着孩子来基地玩，袁隆平会包红包。

得知学生舒服结婚，袁隆平临时许诺做主婚人，还带着全家参加了婚礼。看到学生吴俊有点胖，他说："小吴，我那里有一件衬衫买大了，你穿刚好合适，拿去穿吧。"对于自己的学生，袁隆平表扬写道："我的学生多数是能下田的，晒得很黑的，他们以事业为重，不怕辛苦和劳累，很可爱、很不错的！"

在查阅袁隆平的资料时，《环球人物》记者有种感觉，袁隆平写下的文字总是带着沉甸甸的真诚，让人窥见了他心底的那份柔情。最让人动容的，应该是那封他写给母亲的信，信里有对母亲的思念和愧疚，也有对稻田深沉的爱。信的结尾是——

"稻子熟了，妈妈，您能闻到吗？安江可好？那里的田埂是不是还留着熟悉的欢笑？隔着21年的时光，我依稀看见，小孙孙牵着您的手，走过稻浪的背影；我还要告诉您，一辈子没有耕种过的母亲，稻芒划过手掌，稻草在场上堆积成垛，谷子在阳光中毕剥作响，水田在西晒下泛出橙黄的味道。这都是儿子要跟您说的话，说不完的话啊。"

采访的尾声，李建武说："如果袁老师还在，这个时候他应该忙着给大家开三亚的总结会和长沙的启动会。"眼下这个季节，三亚的稻子已经成熟了，长沙的稻子才刚刚出苗。两处的稻田，金黄的、嫩青的，应该都是好看的。而这也是祖国和人民对袁隆平说不完的话啊……（文/崔隽）